名师名校名校长

凝聚名师共识
回应名师关怀
打造名师品牌
培育名师群体

　　　　　聪明造势

指向思维品质培养的
问题链课堂教学实践研究

赵 蕾 杨兴婕 杨永忠 主编

西安出版社

图书在版编目（CIP）数据

指向思维品质培养的问题链课堂教学实践研究 / 赵
蕾, 杨兴婕, 杨永忠主编. -- 西安 : 西安出版社,
2024. 10. -- ISBN 978-7-5541-7798-3

Ⅰ . H319.3

中国国家版本馆CIP数据核字第2024RT8677号

指向思维品质培养的问题链课堂教学实践研究

ZHIXIANG SIWEI PINZHI PEIYANG DE WENTILIAN KETANG JIAOXUE SHIJIAN YANJIU

出版发行：西安出版社

社　　址：西安市曲江新区雁南五路 1868 号影视演艺大厦 11 层

电　　话：（029）85264440

邮政编码：710061

印　　刷：北京政采印刷服务有限公司

开　　本：710mm×1000mm　1 / 16

印　　张：16.25

字　　数：283千字

版　　次：2025 年 3 月第 1 版

印　　次：2025 年 3 月第 1 次印刷

书　　号：ISBN 978-7-5541-7798-3

定　　价：58.00 元

前　言

　　本书旨在探讨如何通过问题链课堂教学法来提升学生的思维品质。问题链课堂教学法是基于马赫穆托夫的"问题教学"理论，针对传统问题式教学中存在的问题而提出的，它强调将教学内容设计成一系列紧密相连、层层递进的问题链，以引导学生积极参与课堂互动，促进知识的迁移与创造。

　　本书首先阐述了问题链课堂教学法的理论基础和实践意义，分析了问题链的设计原则、实施策略以及在不同学科中的应用效果。通过问卷调查、访谈和课堂观察等方法，对问题链课堂教学法在学生学习兴趣、学习态度、学习方法、探究能力以及学习成绩等方面的影响进行了实证研究。结果显示，问题链课堂教学法能有效激发学生的学习兴趣，改变学习态度，提升学习方法和探究能力，进而提高学生的学业成绩。

　　本书还详细介绍了问题链课堂教学法的具体实施策略，包括创设问题情境、设置问题激发思考、自主探究形成知识、师生互动激发思维、总结反思形成体系、迁移拓展解决问题以及评价激增等七个方面。这些策略旨在通过系统性的问题链设计，引导学生从被动接受知识转变为主动探究知识，培养学生的高阶思维能力。

　　此外，本书还探讨了问题链课堂教学法在助力乡村振兴教育中的作用，通过深入农村学校开展培训活动，帮助农村教师提升教学能力，助力农村学生提高学业成绩，促进城乡教育均衡发展。

　　本书还提供了"吸引·设疑·建构·调控·应用"五步教学法和"一核五环五思"教学策略的问题链课堂教学法的变式以及课堂教学的一些实例，对一线教师具有指导意义和实用价值。

　　本书由赵蕾编写12万字，由杨兴婕编写11万字，由杨永忠编写5.3万字。

目 录

第一章 绪 论

第二章 概念界定与理论基础

第三章 问题链课堂教学调查的设计与实施

第四章 问题链课堂教学的现状与问题

第五章 问题链课堂教学典型案例

第六章 问题链课堂教学的变式

第七章 问题链课堂教学设计策略

第八章　问题链课堂教学研究成效

第九章　问题链课堂教学实践案例

附　录

第一章

绪 论

　　进入21世纪后，社会对于人才的要求出现了本质的变化，教师的教学和学生的学习也随之发生了改变，现代社会对学生的思维品质要求越来越高。2019年发布的《国务院办公厅关于新时代推进普通高中育人方式改革的指导意见》（国办发〔2019〕29号）明确提出，积极探索基于情境、问题导向的互动式、启发式、探究式、体验式等课堂教学方式。问题链课堂教学的研究能够适应新时代教育需求，培养学生的批判性思维、创造性思维、解决问题的能力；能够改变传统的课堂教学模式，促进教学改革；并且问题链课堂教学实践研究可以为教育教学实践提供新的思路和方法；问题链课堂教学实践研究也可以促进相关学科的发展，为教育心理学、教育技术学等学科领域提供新的研究课题和理论支持。

第一节　问题缘起及价值

一、问题缘起

开展问题链课堂教学的研究，形成指向思维品质培养的"问题链课堂教学"实施策略和框架，形成相对成熟的实施措施，使个案研究上升到理论层面，使实践经验能够相互借鉴，为教育理念相对落后地区提供教育帮扶的经验样本，推动教育质量的提升。

开展问题链课堂教学的研究，形成指向思维品质培养的"问题链课堂教学"的成功经验，将有助于助推区域协调发展，实现城乡教育均衡，为学校提供实践参考。

开展问题链课堂教学的研究，在课堂教学中实施"问题链课堂教学"，引导学生积极思考、自主探究，有利于发展学生思维能力，可以培养学生提出问题与解决问题能力。同时在课堂教学中可以改变单靠教师进行单边知识灌输的现状，可以引导学生对问题进行思考、形成质疑批判能力，最主要的还是能够培养学生的思维能力。

开展问题链课堂教学的研究，有利于课堂教学效率的提高。现代的知识观，除原有的知识外，还包含了知识产生的过程和对知识获得的思维过程，所以教师利用问题链课堂教学，可以将知识重难点层层深入地解决，学生也能慢慢地思考、扎实地思考、进行小组探索，在新旧知识点之间建立联系并提升，通过问题链构建新的知识体系，改变了学生死记硬背的现状，从而使课堂效率得到提升，教学效果得到保障。

开展问题链课堂教学的研究，有利于教师技能专业水平的获得。设计问题链需要教师认真地思考，就督促教师要去学习更高水平的专业知识，形成较强的教学能力。教师在设置问题链时，一定要针对性地根据所教学科的知识类型、课程目标、学习者背景和经验基础，设计符合学生实际的，思路清晰、设计合理，难度螺旋上升的问题链，落实教学目标、提升教师的专业水准。

二、研究价值

指向思维品质培养的问题链课堂教学实践研究，具有重要的研究价值。

（1）能够促进教学改革：通过研究问题链课堂教学实践，可以为教学改革提供理论支持和实践经验，促进教师在课堂教学中更好地培养学生的思维品质。

（2）能够促进学生发展：研究可以帮助了解问题链教学对学生思维品质发展的影响，为学生的综合素质提升提供理论指导和实践借鉴。

（3）能够促进教学评价：通过研究问题链课堂教学实践，可以建立相应的评价体系，更好地培养学生的思维品质和评估教学效果。

（4）能够丰富教学理论：研究可以为教学理论提供新的思路和范式，丰富教学理论体系，推动教育教学理论的发展。

（5）能够践行教学实践：研究成果可以为教师提供实际操作指导，促进问题链课堂教学在实践中的应用和推广。

总之，这项研究有助于深入了解问题链课堂教学对学生思维品质的影响，包括逻辑思维、创新思维、批判性思维等方面的提升情况。通过研究问题链课堂教学实践，可以为教育教学改革提供可行的教学模式和策略，为提高学生的思维品质提供有效的教学方法。还有助于促进教师专业发展，提升教师的教学水平和教学能力，从而推动教育教学的持续改进和发展。因此，开展这项研究对于教育教学领域具有重要的理论意义和实践价值。

第二节 研究价值

一、学术价值

提出指向思维品质培养的"问题链课堂教学"实施策略和框架，形成相对成熟的实施措施，使个案研究上升到理论层面，实践经验能够相互借鉴，为多民族聚居教育理念相对落后地区提供教育帮扶的经验样本，推动贵州教育质量的提升。有以下学术价值。

（1）探索教学方法：通过研究可以探索如何通过问题链课堂教学来培养学生的思维品质，为教育教学提供新的方法和思路。

（2）提升教学效果：通过研究问题链课堂教学实践，可以评估其对学生思维品质培养的效果，为提升教学质量提供思路。

（3）促进教育改革：通过研究可以为教育改革提供理论支持和实践经验，推动教育教学模式的创新和发展。

（4）丰富学科理论：通过对问题链课堂教学实践的研究，可以深化教师对教育学、心理学等学科理论的认识，为学科理论的发展提供新的思考和启示。

（5）推动学术交流：研究成果可以促进学术界对思维品质培养和课堂教学的讨论与交流，推动相关领域的学术研究和交流。

二、应用价值

指向思维品质培养的"问题链课堂教学"的成功经验有助于区域协调发展，实现城乡教育均衡，为乡村振兴提供智力支撑和实践参考。具有以下应用价值。

（1）提升学生思维品质：通过问题链课堂教学实践，可以培养学生的批判性思维、创造性思维和解决问题的能力，从而提升学生的思维品质。

（2）提升学生学习兴趣：问题链课堂教学能够激发学生的好奇心和求知欲，使学生更加积极主动地参与学习，提高学习的积极性和主动性。

（3）培养学生的合作能力：问题链课堂教学注重学生之间的合作与交流，可以促进学生之间的团队合作意识和能力，培养学生的合作精神。

（4）培养学生解决问题的能力：通过问题链课堂教学，学生将在解决问题的过程中培养分析问题、提出解决方案、实施方案和评估结果的能力，从而提高学生解决问题的能力。

（5）促进教师教学方式的转变：问题链课堂教学需要教师更多地扮演引导者和促进者的角色，促使教师转变传统的教学方式，更加注重学生的主体地位，从而提高教学效果。

综上所述，"指向思维品质培养的问题链课堂教学实践研究"对学生的思维品质、学习兴趣、合作能力和解决问题能力的培养具有重要的应用价值，同时也有助于促进教师教学方式的转变，提高教学效果。

第三节　国内外研究现状

一、国内相关研究学术梳理及研究动态

（一）关于使用"问题链课堂教学"功效的研究

北京师范大学林崇德教授提出："科学精神这一核心素养的培育，要求学生具备批判质疑的能力，重点要具备问题意识，创新思维能够独立辩证地分析问题、解决问题。"在教学过程中，"问题链课堂教学"能够促进教学活动的顺利开展，引导学生在问中求知，在问中解疑；能够让学生跟着教师的步步引导去探究问题，有利于缓和灌输式课堂教师自问自答的尴尬局面，能够建立和谐、融洽平等的师生关系，有效互动能够活跃课堂气氛，提高课堂效率，增强课堂教与学的有效性；有利于激发学生的学习主观能动性，培养学生的问题意识和发现问题的能力，进一步培养学生的思维能力。"问题链课堂教学"倡导以学生为主体，符合新课程标准的要求。"问题链课堂教学"有利于教师转变教学理念，推动新课程标准理念在教学中的落实。"问题链课堂教学"对教师的专业知识和教学技能提出了更高要求，促进教师不断学习，增加知识储备，提升教学技能。袁筑英研究表明："基于问题链的高中英语阅读教学实践，不仅能够引发学生思考，还能够将各个部分的知识内容更好连接起来，这种情况不仅使得学生更加全面系统地掌握所学知识，还能够更好地锻炼学生的逻辑思维能力，是一种十分有效并值得在高中英语阅读教学中运用的教学模式。"可见，将"问题链课堂教学"引入多民族聚居教育理念相对落后地区的课堂教学实践具有极为重要的意义。

（二）关于"问题链课堂教学"原则的研究

安徽省教育科学研究项目"高中物理单元教学中培养核心素养的案例研究"得出结论："问题链课堂教学要依据课程标准、注重统筹兼顾、注重启发

性与开放性相结合、注重科学性与趣味性相结合、注重针对性与层次性相结合。"隆固妹提出，"问题链课堂教学"要体现思维的整体性，从整体到部分，再从部分到整体，并将部分融入整体当中去，首先建立的是大的思维框架，再来考虑具体教学内容的融入，每一个环节更好地实现，追求思维的完整性，这意味着传统观念的转变，也意味着传统教学行为方式的转变。让学生的思维流程保持完整性和连贯性，遵循思维逻辑，注意问题与问题之间的衔接和推进。江炜炜提出：明确目标、有的放矢原则，了解学情、因材施教原则，引导探究、启发拓展原则，注重梯度、循序渐进原则。

（三）关于"问题链课堂教学"溯源的研究

"问题链课堂教学"的理论依据源于"问题教学"和"问题解决"。孔子是我国问题教学的创始人，他在《论语》中指出："不愤不启，不悱不发，举一隅不以三隅反，则不复也。"在他看来，在教学过程中，当学生遇到疑难问题时，教师就要去启发他们，而不是把知识结论直接告诉他们。此外，他还提出"学起于思，思起于疑"的主张，此后朱熹、陆九渊等人也都陆续指出问题在教学过程中的重要性。人们继承和发扬了中国古代的这一优秀教育思想，尤其是新课程改革以来，更加提倡问题教学，反对传统教学的"满堂灌"。西方最早的问题教学可以追溯到苏格拉底，他的"产婆术"可以算是西方问题教学的开端。近代以来，美国实用主义教育家杜威提出解决问题的五个步骤：发现问题、确定问题、提出假设、接受或拒绝试探性假设、得出结论。这就将问题教学的基本形式固定下来了。到了20世纪60年代，苏联心理学家和教育家开始对问题教学进行理论研究，形成了问题教学的理论基础。郑毓信编著的《问题解决与数学教育》一书对"问题解决"的概念分为三种不同的理解：一是将"问题解决"看作教师教学过程中调动学生学习积极性的重要手段。二是将"问题解决"看作获得解题技巧、方法的一种技能。三是"问题解决"是通过分析问题、提出问题、猜测探求适当的结论或规律，给出解释或证明的一个教学发现、探索和创新的过程。在这一过程中激发了学生学习数学的兴趣，同时也培养了学生的创新性思维能力。

（四）关于思维品质与问题链关系的研究

通过知网查找，涉及思维品质培养与问题链的关系主要在英语学科，在《普通高中英语课程标准（2017年版）》将思维品质列为英语学科核心素养之一之后研究较多。如鞠翠美提出：基于"问题链"导入话题，可以激发学生的阅读兴趣，培养学生的质疑能力，培养学生查找、预测信息的能力，培养学生归纳信息的能力，培养学生的创新迁移能力。熊兰云提出：高中英语教学中教师常常以问题链来进行导学，以问题激发学生兴趣，以问题环环相扣，以问题引申，通过问题引领，引导学生真正走进文本，掌握相关知识，并在此过程中，引发学生积极思考，能培养学生创造性思维能力。该文探究如何借助问题链培养学生创造性思维品质。另外一个内容是利用思维导图来培养学生的思维品质。姚盛春提出：在新知识引入环节构建问题链，利用反差问题构建问题链，利用诊断性问题构建问题链，利用探究性问题构建问题链来培养学生的思维品质。主要在英语学科中有研究，在其他学科中涉及较少。

二、国外相关研究学术梳理及研究动态

"问题链课堂教学"的理论依据源于"问题教学"和"问题解决"。

（一）问题教学的研究在国外受到重视

国外学者对问题教学的研究可以追溯到古希腊时期，古希腊哲学家苏格拉底提出"产婆术"亦"精神接生术""助产术"的理论，是问题教学最初的萌芽。他认为："一切知识，均从疑难产生，教育者不是直接告诉学生知识是什么，而要通过诱发、引导学生去探寻知识的背后，通过讨论、问答或辩论的方式揭露对方认识中的矛盾，逐步引导使之达到普遍性的认识。"近代教育家杜威提出的培养学生在学习中发现问题、分析问题并解决问题的思想是问题教学的开端。二十世纪六七十年代苏联教育家列尔耐尔、马赫穆托夫专门研究问题教学并提出影响较为深远的"问题教学理论"。21世纪对问题教学的研究从理论转向实践，许多学者从不同学科或不同教育阶段研究提问与课堂效率、学习成绩、思维能力等关系。苏联马赫穆托夫在其著作中，详细地论述了问题教学的理论，为问题教学的发展奠定了基础。

（二）问题解决的研究已经成为国外的教学理念

著名数学教育家波利亚研究的数学启发法是现代"问题解决"的理论基础。随着数学教育改革的进行，"问题解决"在不同的国家得到推崇。20世纪80年代以来，"问题解决"作为一次运动在教育界愈演愈烈。1982年，英国《cockcroft报告》中指明了"问题解决"的重要性。同时，有关"问题解决"

的论著和教材在美国以各种形式呈现出来，并以各种规模在不同的层次下得到了实践。1980年，美国数学教师全国联合会（NCTM）的文件《行动的议程》（An Agenda for Action）指出："问题解决"要作为数学的核心。从此，"问题解决"得到越来越多的教育工作者重视。接着美国发表了许多改革数学教育的文件，如《学校数学课程与评估标准》《重塑学校数学：课程的构思与框架》《数学教学的职业标准》《学校数学的评估标准》等，这些文件更进一步强调了问题解决的重要性。1989年3月，日本的《中学校数学学习指导要领》（修订本）中正式设置了"课题学习"这样一种学习指导的形式，即以"问题解决"为数学教育核心，以解决智力型的实际问题为主要内容的教育形式，强调创造能力、探索能力、解决非常规问题的能力，并使"问题解决"的教育思想以法律的形式固定下来。1994年，日本将"问题解决"纳入实施的《中小学课程改善的方案》中去。

（三）国外对问题链的研究主要在作用方面

查阅文献可知，国外很多学者对问题教学法做了大量研究，但关于"问题链课堂教学"的研究较少。美国学者凯文·霍根和詹姆斯·斯皮克在著作《说服你其实很简单：从NO到YES的心理营销战术》《场景说服的艺术》中谈到"问题链"的设计可以提高提问效力，改变他人选择和说服别人赞同你的观点。

三、国内外研究简评

问题链是伴随我国基础教育课程改革产生的，针对问题教学过程中出现的提出的问题零散不成系统、提出的问题脱离学生真实情况、提出的问题缺乏逻辑性和系统性等问题所提出的。随着西方问题教学理论的传入，国内兴起"问题教学热"。但部分教师缺乏对问题教学理论的深入理解，导致在课堂中出现了"满堂问"的现象，并且所问的问题没有中心主题。还有就是课堂教学中提出的问题数量过多，一节课提问问题的数量超过10个甚至几十个，看起来课堂形式热闹，但学生应付回答，欠缺对问题的深入探究和留给学生思考的空间。另外，部分教师提出的问题虽涵盖面广，但缺乏逻辑性和系统整合，只见树木不见森林。"问题链课堂教学"能够促进教学活动的顺利开展，引导学生在问中求知，在问中解疑；顺利探究问题，同时能够建立和谐、融洽平等的师生关系，活跃课堂气氛，提高课堂效率，增强课堂教与学的有效性，培养学生的问题意识和发现问题的能力，进一步提升学生的思维能力，提高教学质量。"问题链课堂教学"要遵循一定的原则，是在"问题教学"和"问题解决"中发展起来的，对培养学生的思维品质具有重要作用。课题组所在地区为国务院规定的试验区，留守儿童比例偏高，认知能力有限或固化等，培养学生思维品质迫在眉睫，也是师生所期盼的。之前"问题教学"和"问题解决"已经研究够多，且在我国主要从2017年普通高中新课程标准出台后开始研究，但主要集中在英语学科的阅读方面，其他学科方面涉足较少。国内学者对问题链课堂教学的研究主要集中于问题链的含义、设计要求、问题链类型、教学策略、教学效果等方面。国外学者对"问题教学"的研究趋于成熟，但对"问题链课堂教学"的研究相对不足。大部分学者通过引用教材中某部分教学内容阐述如何利用问题链提升课堂教学效果，为本研究提供了借鉴。但大多数研究限于案例，缺乏系统全面特别是在整堂课中开展研究。在课题组所在的多民族聚居地区，还没有人开展过基于思维品质培养的"问题链课堂教学"研究。

第四节 研究目标与研究内容

一、研究目标

指向思维品质培养的问题链课堂教学实践研究的研究目标有以下几方面。

（1）探索问题链课堂教学对学生思维品质培养的影响。包括逻辑思维、创新思维、批判性思维等方面的提升情况，以及思维的敏捷性、创造性、严密性、深刻性、系统性、广阔性、批判性等。

（2）分析问题链课堂教学在激发学生学习兴趣、转变学生学习态度、掌握更好学习方法、发展学生探究能力、提高学习动机和培养自主学习能力方面的效果。

（3）调查问题链课堂教学对学生解决实际问题能力和实践能力的影响。包括学生在课外活动中应用所学知识解决问题的情况，教师对"问题链课堂教学"的认识情况，教师对"问题链课堂教学"的重视程度，"思维型课堂"思维链的形成情况，教师利用"思维型课堂"的频率情况。

（4）探讨问题链课堂教学对学生合作学习、沟通能力和团队协作能力的培养效果。

（5）研究问题链课堂教学对学生自我反思、批判性思考和判断能力的影响。

这些目标旨在全面了解问题链课堂教学对学生思维品质培养的影响，为教学实践提供科学依据和指导。

二、研究内容

本课题研究的主要内容如下。

（一）在指向思维品质培养的"问题链课堂教学"的现状调查方面

通过文献研究法、问卷调查法、访谈法、课堂观察法等，对8个县216所学校开展调研，对535名教师发放问卷，对20人进行重点访谈，深入课堂听课问诊300节以上，确定了"指向思维品质培养的问题链课堂教学研究"的思维流程（图1-1）。

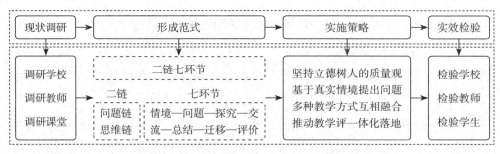

图1-1　问题链课堂教学研究的思维流程

（二）指向思维品质培养的"问题链课堂教学"的课堂教学范式方面

提出"问题链课堂教学"结构框架。构建"二链七环节"（二链：问题链、思维链，七环节：情境—问题—探究—交流—总结—迁移—评价）教学范式（图1-2）。

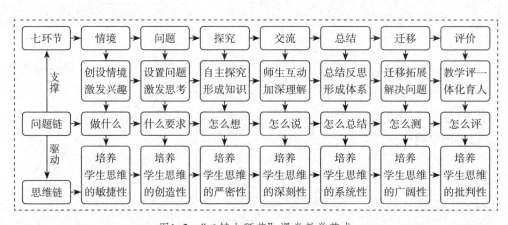

图1-2　"二链七环节"课堂教学范式

（三）在指向思维品质培养的"问题链课堂教学"的课堂实践方面

开展指向思维品质培养的"问题链课堂教学"访谈及课堂观察，厘清课堂教学中问题链课堂教学存在的问题及原因分析，总结指向思维品质培养的"问题链课堂教学"的课堂实践对策。

（四）在指向思维品质培养的"问题链课堂教学"的对策研究和检验方面

坚持立德树人，树立科学的课堂教育质量观；运用基于情境，问题导向的互动式、启发式、探究式、体验式的教学方式，落实教学评一体化。按做什么—什么要求—怎么想—怎么说—怎么总结—怎么测—怎么评的实施路径，实施"问题链课堂教学"教学，达成立德树人目标。探索总结了"问题链课堂教学"具体策略为创设情境激发兴趣、设置问题激发思考、自主探究形成知识、师生互动加深理解、总结反思形成体系、迁移拓展解决问题、教学评一体化育人。对552名学生经过两个学年度的实践检验，得出学生学习的兴趣明显得到提高、学生学习态度有明显转变、学生学习方法掌握更好、学生探究能力得到发展、实验班学生成绩明显提高的结论。说明"问题链课堂教学"实施效果明显，具有实效性。

第五节　研究思路、研究方法及研究假设

一、研究思路

（1）研究背景与定位：深入分析当前教育领域对学生思维品质培养的重要性，明确研究"问题链课堂教学"的必要性。定位研究目标，旨在通过系统的研究与实践，探索出有效培养学生思维品质的问题链课堂教学方法。

（2）文献回顾与理论准备：广泛收集国内外关于"问题链课堂教学"和思维品质培养的相关文献，梳理相关理论和发展脉络。分析已有研究的成果与不足，为本次研究提供理论支撑和参考。

（3）实地调研与数据收集：设计详细的调研方案，明确调研对象、调研内容、调研方法。对216所中小学的535名教师进行实地走访，通过问卷调查、访谈、课堂观察等方式，全面收集关于"问题链课堂教学"实践的第一手资料。对收集到的数据进行整理和分析，挖掘目前各地在"问题链课堂教学"方面的成功经验和存在的问题。

（4）经验提炼与策略形成：对调研中发现的成功案例进行深入剖析，提炼出有效的教学策略和方法。结合理论分析和实践经验，形成具有普遍适用性的指向思维品质培养的"问题链课堂教学"策略体系。针对调研中发现的问题，提出相应的改进措施和建议。

（5）理论构建与范式总结：在经验提炼的基础上，构建指向思维品质培养的"问题链课堂教学"理论体系，明确其核心概念、基本原理和操作方法。总结出成功的"问题链课堂教学"范式，包括教学设计、课堂实施、评价反馈等关键环节的具体做法和要点。对理论构建和范式总结进行反复验证与修订，确保其科学性和可操作性。

（6）成果应用与推广：借助课题组成员的省级名师工作室和教研员身份，

将研究成果在更大范围内进行推广和应用。

二、研究方法

（1）文献研究法：通过查阅核心素养培养的"问题链课堂教学"的相关专著、工作报告、期刊、学位论文等，对此文章涉及的思维品质、问题教学、问题解决、问题链课堂教学进行界定。借鉴前人在学科教学中关于问题链课堂教学的主要观点和基本思路。

（2）问卷调查法：设计调研问卷，对216所学校535名教师开展问卷调查，在6所中小学552名学生开展课题实践研究，针对"问题链课堂教学"运用现状发放问卷，针对调查结果展开系统的反思和分析，剖析实施"问题链课堂教学"的原因，并提出相应的对策。

（3）访谈法：选择不同学校的教师20人开展面对面访谈，了解教师在课堂中采用的教学法以及对问题链课堂教学法在课堂教学中运用的认识和看法，并做好访谈记录。

（4）课堂观察法：通过课题组成员深入课堂随堂听课，记录教师经常采用的教学方法，课堂问题的设置情况及问题链课堂教学的运用现状、运用效果，使调查更为全面客观。

（5）案例研究法：案例分析法主要是对研究对象的相关行为情况做充分深入描述的一种方法。在研究中选择一定的案例进行研究，看是否达到研究预定的实施目标，以个案的形式加以佐证。

三、研究假设

（1）开展对教师"问题链课堂教学"的现状调研，假设"问题链课堂教学"教师理解不透，但对提升教学效果极其重要，对促进学生的发展至关重要，在中小学学科教学中开展"问题链课堂教学"是必需的。

（2）假设创设情境激发兴趣、设置问题激发思考、自主探究形成知识、师生互动加深理解、总结反思形成体系、迁移拓展解决问题、教学评一体化育人教学流程能够提升学生的思维水平，提升教师的教学质量，并能借助在设计的教学流程中实施"问题链课堂教学"策略。

（3）假设指向思维品质培养的"问题链课堂教学"的对策是可以总结的，

是适宜的，是能够应用于课堂教学的，能够形成多个学科培养学生核心素养的教学设计案例。

（4）通过实践，假设"问题链课堂教学"是具有实效性的。实验前测阶段，运用李克特五级量表对学生的"问题链课堂教学"对教学的影响进行问卷测试；实验后测阶段，实验完成后，对同一批学生使用同一"问题链"问卷进行效果测试，验证培养学生思维品质是有实效性的。

第六节　研究过程与创新点

一、研究过程

（1）2021年1月—2021年3月，立项准备。课题组成员收集资料、论证课题、拟订方案，撰写申报书，上报申报材料参评。

（2）2021年4月—2021年7月，实地调研。对216年中小学校中535名教师开展实地调研，深入挖掘目前各地在指向思维品质培养的"问题链课堂教学"成果以及存在的问题，获取第一手调研资料。

（3）2021年8月—2021年9月，归纳总结。根据调研资料和访谈基本情况，以及课堂问诊基本情况，对实地调研的指向思维品质培养的"问题链课堂教学"进行资料整合和归纳总结，凝练各地在指向思维品质培养的"问题链课堂教学"中涌现出的可供借鉴的经验和对策。

（4）2021年10月—2022年3月，理论探究。根据总结的经验和对策，探究指向思维品质培养的"问题链课堂教学"的整堂课的实践理论，并总结出成功的范式。

（5）2022年3月—2022年10月，构建模式。根据总结出的指向思维品质培养的"问题链课堂教学"范式，提供结题研究报告，结题。

（6）2022年11月—2022年12月，申报结题。形成最终报告并上报结题。

（7）2023年1月—2023年12月，进一步检查阶段。将研究成果在课堂教育教学中进行检验，验证其正确性的实施性。

二、研究的创新点

（一）学术思想上创新

（1）提出"二链七环节"的问题链教学方法。该研究提出的教学范式，通过设计一系列有机联系的问题，从问题链到引发思维链，引导学生思考、探究和解决问题，从而培养他们的思维品质。

（2）注重思维品质培养：该研究突出了思维品质的培养，强调培养学生的批判性思维、创造性思维、逻辑思维等方面的能力，以提升学生的综合素养。

（3）实践研究结合：该研究结合了实际的课堂教学实践，通过实地观察、教学实验等方式验证问题链教学法对思维品质培养的有效性，具有一定的实践意义。

（二）学术观点上创新

（1）该研究提出的"二链七环节"问题链教学方法，能引导学生逐步深入思考和探究，培养其批判性思维、创造性思维和解决问题的能力，有助于激发学生的学习兴趣和主动性，促进他们的思维品质发展。提出吸引·设疑·建构·调控·应用五步教学和"一核五环五思"教学策略变式，为思维品质的培育提供了新的理论支撑和实践路径。

（2）该研究将课堂教学的重点放在了思维品质的培养上，强调培养学生的批判性思维、创造性思维、逻辑思维等高阶思维能力，而非仅仅注重知识的传授，这种关注思维品质的教学理念是该研究的重要特色。

（3）该研究不仅提出了新的教学方法和理念，还通过实际课堂教学实践进行验证和探索。通过实践研究，研究者可以更好地了解教学方法的有效性和可行性，为教育实践提供有力支持。

（三）研究方法上创新

（1）问题链设计：该研究采用了问题链设计方法，通过构建一系列有机联系的问题，引导学生逐步深入思考和探究。这种问题链设计方法有助于引导学生思维的连贯性和深度，促进他们批判性思维和创造性思维的发展。

（2）行动研究：研究者将教学实践与研究相结合，采用行动研究方法进行课堂教学实践，并不断反思和调整教学策略。这种行动研究方法有助于研究者深入了解教学过程中的问题和挑战，从而不断改进教学实践。

（3）定性和定量相结合：该研究在研究方法上结合了定性和定量研究方法，既通过观察和访谈等定性方法收集数据，又通过问卷调查等定量方法进行数据分析，再通过实践数据进行检验，这种方法的综合运用有助于全面深入地了解教学效果和学生思维品质的培养情况。这些为教育科学研究提供了新的思路和方法。

（四）破解难题上创新

（1）融合实践与理论：将指向思维品质培养的"问题链课堂教学"与实际课堂教学相结合，鼓励教师在教学实践中进行科学研究，并将研究成果应用到课堂教学中，从而提高教学质量。

（2）跨学科合作：指向思维品质培养的"问题链课堂教学"鼓励教师进行跨学科合作，促进不同学科之间的交流与融合，从而促进教学内容的创新和教学方法的多样化，能帮助学生从不同学科的角度去思考和解决问题，促进综合素养的培养。

（3）依托工作室和人才团队：本研究结合省级名师工作室赴县区乡开展课堂问诊的研修活动中吸引大量一线教师参与，能够实现课题研究与实践的整合，容易获取课题研究成果。

第二章

概念界定与理论基础

实践是在一定理论的指导下进行的活动，探究指向思维品质培养的问题链课堂教学需要相应的理论作为支撑，所以我们必须重视基础理论的研究，在指向思维品质培养的"问题链课堂教学"研究的过程中，紧紧围绕问题链课堂教学这一核心，不断创新，探讨问题链课堂教学的理论基础，为解决现实教学问题提供理论依据。

第一节　概念界定

概念是认识事物和进行研究的基础与起点，在进行指向思维品质培养的问题链课堂教学研究的时候，首先需要对思维品质、问题链、思维链和问题链课堂教学等概念进行界定。

（1）思维品质：思维品质是核心素养的重要组成内容。思维品质指思维能力的特点及其表现形式，人们在思维活动过程中表现出来不同方面的特点及其差异，就构成其思维品质。本课题中研究的思维的主要品质有：思维的敏捷性、创造性、严密性、深刻性、系统性、广阔性、批判性。

（2）问题链：问题链是根据学生原有的知识水平和已有经验，为达成教学目标，针对学生学习活动已经产生或者可能产生的疑难，将知识设计成层层递进、具有系统性的一连串教学问题。本研究中所涉及的问题链主要是指课堂教学中教师设计的问题链以及学生在学习过程中产生的问题链。

（3）思维链：思维链是一种思维工具，它通过逐步延伸和拓展一个主要思路，帮助人们进行更深层次的思考，并得出更复杂、更全面的结论。是将一个主要想法视为一个链条的起点，通过逐渐延伸这个链条，使得这个主要思路不断衍生出更多的相关思路。本研究中，主要是用英国柯尼布赞发明的思维导图来实施思维链。在本研究中，按照做什么—什么要求—怎么想—怎么说—怎么总结—怎么测—怎么评的路径实施。

（4）问题链课堂教学：问题链课堂教学是指在具体学科课堂教学中，教师依据教学目标，将教学内容设置成以情境为基础、以问题为导向、以知识发展为主线、以培养学生思维能力为目标、以师生互动合作为基本形式的新型教学范式。在研究中按照情境—问题—探究—交流—总结—迁移—评价七环节来开展教学。

第二节　指向思维品质培养的问题链课堂教学相关理论

"指向思维品质培养的问题链课堂教学实践研究"涉及多个相关理论，其中包括：

（1）认知心理学理论：探讨学习者的认知过程、信息加工、记忆、思维等方面的理论，以及如何通过课堂教学实践来促进学生的认知发展。

（2）教育心理学理论：关注学习者的心理特点、学习动机、学习方法等，以及如何通过问题链课堂教学实践来激发学生的学习兴趣和积极性。

（3）课堂教学设计理论：包括教学目标的设定、教学内容的组织、教学方法的选择等方面的理论，以及如何通过问题链教学实践来设计有效的课堂教学活动。

（4）问题解决能力培养理论：关注学生的问题解决能力、批判性思维能力等方面的理论，以及如何通过问题链课堂教学实践来培养学生的思维品质。

以上理论都可以在"指向思维品质培养的问题链课堂教学实践研究"中发挥作用，帮助教师更好地理解和实践相关教学策略。

在七环节实施过程中，还涉及如下理论。

（1）情境方面：理论依据是李吉林情境教学理论、美国心理学家阿诺德的情绪兴奋学说。

（2）问题方面：苏格拉底的"产婆术"、孔子的启发性原则等。

（3）探究方面：林崇德的三棱智力结构模型，美国《国家科学教育标准》。

（4）交流方面：美国爱德加·戴尔的"学习金字塔"理论。

（5）总结方面：苏联教育家维果茨基的最近发展区理论、皮亚杰的建构主义理论。

（6）迁移方面：桑代克和武德沃斯的情境与学习迁移理论。一种学习上的进步能转移到另一种学习上去。

（7）评价方面：中共中央、国务院印发的《深化新时代教育评价改革总体方案》。

第三节　指向思维品质培养的问题链课堂的类别

一、引入性问题链（情境创设）

引入性问题链主要用于课堂导入或者新知识引入环节，通过设计一系列与主题相关的问题，激发学生的学习兴趣，吸引学生的注意力，同时引导学生进入新的学习主题。它的主要目的是通过精心设计的问题链，引起学生的注意力，激发学生的学习兴趣，并引出新的课题。这些问题链通常具有情境性、生活性和趣味性，旨在充分激活学生的背景知识，帮助他们熟悉与新课相关的旧知识，使新知识成为一个容易以旧知识进入的"最近发展区"。

引入性问题链可以用于课堂教学的导入环节，教师可以通过这些问题作为导引，通过学生的问题分析和解答实现新知识、课题的引入目标。为了帮助学生理解和掌握基础知识，在数学概念、原理及规律等的教学中，教师都可以设计引入性的问题链，实现新旧知识之间的过渡。

引入性问题链的优点主要体现在以下几个方面。

（1）激发学生的兴趣和好奇心：通过设计具有情境性、生活性和趣味性的引入性问题链，教师可以迅速吸引学生的注意力，激发他们的好奇心和求知欲。这种对知识的渴望将促使学生更积极地参与课堂讨论和学习活动。

（2）激活学生的背景知识：引入性问题链能够帮助学生回忆和激活与新课相关的旧知识，为新知识的学习提供有力的支持。通过这种方式，学生可以将新旧知识建立联系，形成更为完整的知识体系。

（3）顺利实现课堂过渡：引入性问题链能够有效地实现从课外到课内的过渡，帮助学生顺利地进入新的学习状态。同时，它还能帮助学生明确本节课的学习目标和重点，为后续的深入学习做好准备。

（4）培养学生的思维能力：引入性问题链通常包含一系列相互关联、层层递进的问题，这些问题能够引导学生逐步深入思考，培养他们的逻辑思维能力、分析问题和解决问题的能力。

（5）提高教学效果：通过引入性问题链的引导，学生能够更加主动地参与到课堂学习中来，与教师和其他同学进行积极的互动与交流。这种互动与交流能够激发学生的学习兴趣和热情，提高课堂的教学效果。

具体实施：教师可以利用生活中的实例、故事、现象等作为引入，提出问题，引导学生思考，从而引出新的知识点或主题。

例如，在初中生物教学中，可以这样设计问题链：你能举出几个例子说明生物是如何适应环境的吗？（引出生物与环境的关系）为什么生物需要适应环境？这对它们的生存有何重要性？（探讨适应性的必要性）在你所知道的生物中，有哪些特别的适应性特征？（具体分析适应性特征）如果没有这些适应性特征，这些生物会面临什么挑战？（假设分析，强调适应性的重要性）

在高中物理教学中，可以这样设计主问题链：你是否有过观察物体运动的经历？你发现了什么？（引出运动的概念）为什么物体会运动？是什么力使它们运动？（探讨力的概念）力的方向和大小如何影响物体的运动？（分析力与运动的关系）如果没有力，物体会怎样？（假设分析，强调力对运动的影响）

在高中英语教学中，可以这样设计主问题链：你能回忆一下你最近阅读或听到的一篇英语文章的主题吗？它为什么吸引你？（引出英语文章阅读的话题和兴趣点）在这篇文章中，你遇到了哪些生词或短语？你是如何猜测它们的意思的？（探讨词汇学习的方法和策略）你是如何理解这篇文章的主要观点的？文章的结构是如何帮助你理解的？（引导理解文章结构和主旨）；如果你要向别人介绍这篇文章，你会如何组织你的语言？（激发口语表达和复述的能力）

二、探究式问题链（问题引导）

探究式问题链强调学生的自主探究和发现，通过设计一系列富有思考性的层次性、递进性问题，引导学生逐步深入探索，发现知识。相比一般的问题链，探究性问题链更具综合性、探究性、实践性和开放性。这种教学方法的特点是通过探究过程，学生的合作意识和控制变量意识得到了增强，通过结论的得出，锻炼了学生对实际问题的分析能力和总结能力。同时，这种教学方法还有助于培养学生的创新思维和实践能力，提高学生的综合素质，满足学生的学习需求，使学生更好地适应未来的社会发展。

　　具体实施：教师可以先提出一个核心问题，然后围绕这个核心问题设计一系列子问题，引导学生逐步深入探索。在探究式问题链的设计中，教师可以根据事物之间的必然联系，利用正向或逆向思维，逐渐提出由浅入深的问题，引导学生思维，增加学生对知识的深度理解。同时，教师还需要为学生留有充足的自主发挥空间，让他们能够充分发挥想象力和创造力，进行自主探究和学习。

　　例如，在初中生物教学中，可以这样设计问题链：什么是遗传？为什么遗传对生物来说是如此重要？（引出遗传的概念）遗传信息是如何在生物体内传递的？（探讨遗传信息的传递方式）基因突变对生物体的影响是什么？能否举例说明？（分析基因突变的影响）如何利用遗传学原理来改良作物或动物品种？（迁移应用，将遗传知识用于实践）

　　在高中物理教学中，可以这样设计主问题链：什么是牛顿的第一定律？它告诉我们什么？（引出牛顿定律）牛顿的第二定律是如何描述力与运动的关系的？举例说明。（分析牛顿第二定律）如何通过实验验证牛顿定律？（提出实验方法）牛顿定律在日常生活中的应用有哪些？举例说明。（将物理原理应用于实践）

　　在高中英语教学中，可以这样设计主问题链：在英语学习中，词汇积累的重要性是什么？你通常是如何扩大词汇量的？（引出词汇学习的重要性）如何通过阅读英文原著来提高自己的阅读理解能力？举例说明。（探讨通过阅读原著提升能力的方法）写作时，你如何确保文章逻辑清晰、连贯？有哪些写作技巧可以分享？（分析写作技巧和方法）在英语听力练习中，你遇到了哪些困难？你是如何克服的？（讨论听力练习中的问题和解决方案）

三、诊断性问题链（探究学习）

　　诊断性问题链是围绕教学内容中的重点、难点、疑点和易错处，精心设计一系列具有针对性的问题，以揭示学生的错误和薄弱环节，从而进行有针对性的教学。诊断性问题链的设计旨在通过学生的回答，判断学生在哪些知识点或方面存在误区，然后根据学生的错误进行纠错和引导，以此达到"对症下药"的教学目的。这种教学策略有助于学生在出错、指错、究错、纠错的过程中获得真知和技能，从而提高学生的学习效果。诊断性问题链主要用于评估学生的学习效果，通过设计一系列具有诊断性的问题，发现学生在学习过程中存在的问题和困难。

具体实施：教师可以在教学过程中穿插一些诊断性问题，以检验学生对知识点的掌握情况。

例如，在初中生物教学中，可以这样设计问题链：假设你是一位生物学家，你会如何利用你所学的生物知识来解决环境问题？（将生物知识迁移到环境问题上）生物多样性与生态系统稳定性有何关系？举例说明。（探讨生物多样性对生态系统的影响）如何通过保护生物多样性来维护生态平衡？（提出保护生物多样性的策略）在日常生活中，我们可以做哪些事情来支持生物多样性保护？（将保护策略应用于日常生活）

在高中物理教学中，可以这样设计问题链：如果你要设计一辆能够在不同路面上行驶的汽车，你会如何考虑力学原理？（将力学原理迁移到汽车设计上）；在宇宙探索中，如何运用力学原理来分析航天器的运动轨迹？（将力学原理迁移到宇宙探索上）如何利用力学原理来优化体育运动的动作？（将力学原理迁移到体育运动上）力学原理在工程技术中有哪些应用？举例说明。（将力学原理迁移到工程技术上）

在高中英语教学中，可以这样设计问题链：如英语阅读理解问题，发现学生已经学习了基本的阅读技巧和策略，但在实际阅读理解中仍然存在问题，特别是在理解文章主旨、推断作者意图和识别文章中的关键信息等方面还有差距。

（1）基础理解问题：你能简要概述这篇文章的主要内容吗？文章主要讨论了什么主题？

（2）主旨把握问题：你认为这篇文章的中心思想是什么？作者试图通过这篇文章传达什么信息？

（3）细节识别问题：文章中提到了哪些关键的事实或细节？你能否找到支持文章主旨的具体例子？

（4）推理判断问题：根据文章内容，你如何推断出作者的意图或态度？如果你是作者，你为什么会选择这样的例子或论据来支持你的观点？

（5）词汇理解问题：在这篇文章中，有哪些生词或短语你不理解？你能否根据上下文猜测这些生词或短语的意思？

（6）语境分析问题：在某个特定的句子或段落中，作者使用了哪些修辞手法或语言技巧？这些手法或技巧对理解整篇文章有何帮助？

（7）批判性思维问题：你同意作者的观点吗？为什么？你能否提出与作者不同的观点，并给出支持你的观点的理由？

四、迁移性问题链（迁移拓展）

迁移性问题链旨在帮助学生将已学知识迁移到新的情境中，通过设计一系列具有迁移性的问题，引导学生运用所学知识解决新问题。迁移性问题链是教师为了使学生能够将以往学习的知识改变后应用于新的情境而设计的一系列问题。这种问题链能够横向或纵向地孕育其他问题的解决方案，并且更加注重知识的宽度和广度，促进学科间的迁移以及理论与实践的结合。迁移性问题链的应用可以帮助学生深化对方法的理解、熟练规律的使用，并从中获得新的认知发展。它通常应用于问题情境之间存在研究方法、规律应用等紧密联系的情形，要求学生能够充分发现问题情境之间的联系，并启发学生提出新问题的解决方案。

具体实施：教师可以设计一些与现实生活相关的实际问题，引导学生运用所学知识进行解决。

例如，在初中生物教学中，可以这样设计问题链：你认为自己在生物课堂上的表现如何？举例说明。（自我评价，回顾课堂表现）在小组讨论中，你的贡献是什么？你觉得有哪些地方可以改进？（评价小组讨论中的表现）你对生物课程的学习态度如何？是否愿意投入更多时间和精力来学习？（评价学习态度）你认为生物课程对你的未来学习和生活有何帮助？举例说明。（评价生物课程的实用性）

在高中物理教学中，可以这样设计问题链：你认为自己在物理课堂上的表现如何？举例说明。（自我评价，回顾课堂表现）在物理实验中，你的观察和分析能力如何？有哪些需要提高的地方？（评价实验能力）你对物理概念和原理的理解程度如何？能否举例说明？（评价知识掌握程度）你对物理课程的学习态度如何？是否愿意深入探索物理世界的奥秘？（评价学习态度）

在高中英语教学中，可以这样设计问题链：如果你有机会去一个英语国家留学，你会如何利用这个机会来提高自己的英语能力？（将英语学习迁移到实际情境中）假设你是一位英语导游，你会如何用英语向外国游客介绍中国的名胜古迹？（将英语应用于文化交流中）在商务场合中，英语交流的重要性是什么？你如何准备自己的商务英语表达？（将英语应用于职场环境中）如何通过网络资源和社交媒体来拓展自己的英语学习渠道？（探索多样化的英语学习途径）

五、总结式问题链（体验运用）

总结式问题链主要用于课堂教学过程或学习过程总结环节，通过设计一系列具有总结性的问题，帮助学生梳理和巩固所学知识、总结知识要点、深化理解。这些问题通常围绕教学或学习的核心内容进行设计，旨在引导学生对所学内容进行回顾、分析和总结，以形成完整的知识体系。总结式问题链可以帮助学生梳理知识脉络，强化记忆和理解，同时也可以促进学生的思维发展和提升问题解决能力。这种问题链的设计应该具有层次性和逻辑性，能够逐步引导学生深入思考，达到深化理解和巩固知识的目的。教师可以根据教学内容和学生特点，设计符合实际情况的总结式问题链，以提高教学效果和学习效率。

具体实施：教师可以在课堂结束前设计一些总结性问题，引导学生回顾和总结本节课所学内容。

例如，在学习生物的过程中，你是如何整合所学知识，并将其应用于解决实际问题的？可以设计如下子问题链：回顾你所学的生物知识，哪些内容给你留下了深刻的印象？为什么？假设你是一位生物学家，你将如何运用所学生物知识来研究一个具体的生物现象（如植物的光合作用）？在日常生活中，你有没有遇到过与生物知识相关的问题？你是如何运用所学知识来解答或解决问题的？你认为生物学习对你未来的学习和生活有哪些帮助？请举例说明。

例如，在学习物理的过程中，你是如何运用所学知识来理解和解释生活中的物理现象的？可以设计如下子问题链：请列举几个你在日常生活中观察到的物理现象，并尝试用所学的物理知识来解释它们。在学习物理的过程中，你发现哪些物理原理或定律对你的理解造成了挑战？你是如何克服这些困难的？假设你是一位物理学家，你将如何利用所学的物理知识来解决一个实际的物理问题（如设计一个简单的电路）？你认为物理学习对你的逻辑思维能力、问题解决能力和创新思维有哪些影响？请举例说明。

例如，在学习英语的过程中，你是如何整合和应用所学知识来提高自己的语言运用能力的？可以设计如下子问题链：请回顾你在英语学习中所学的语法、词汇和句型等基础知识，你是如何运用它们来构建和表达句子的？在阅读英文文章时，你是如何运用所学的阅读技巧和策略来理解文章大意与作者观点的？在写作中，你是如何整合所学的词汇、句型和篇章结构等知识来撰写一篇逻辑清晰、连贯的文章的？你认为英语学习对你的跨文化交流能力、批判性思维和创新能力有哪些影响？请举例说明你是如何在实际生活中应用这些能力的。

六、评价式问题链（课堂评价）

评价式问题链主要用于对学生的课堂表现进行评价，引导学生结合自身的认知和经验，以审辨式思维来思考，通过设计一系列具有评价性的问题，综合运用语言发表主观性评价，通过评价式问题链了解学生的学习态度、方法和效果。这种问题链常用于评判推断类活动和建构创造类活动，聚焦文本重构、思想借鉴、观点形成和创新表达等。评价式问题链的设计旨在超越文本本身，要求学生在深入理解文本内容及其传递的信息的基础上，结合自身的经历、情感以及更高层次的语言能力和独立思考能力，对文本中的观点、做法等进行评价。这种问题链能够激发学生的思考能力和批判性思维，培养他们的独立见解和判断力。

在教学实践中，教师可以通过小组合作等方式来降低评价式问题链的难度，分步骤、分层次地引导学生进行评价，保证学生的语言输出。同时，教师还需要注意问题的设计要具有启发性和引导性，能够激发学生的思考兴趣，引导他们深入思考和探讨。

具体实施：教师可以在课堂上穿插一些评价性问题，以了解学生的学习情况。

例如，在初中生物教学中，在小组讨论环节，教师可以提问："你们小组是如何解决问题的？你觉得你们小组的表现如何？"通过学生的回答来评价他们的学习态度和方法。同时，教师也可以设计一些自我评价或互评的问题，让学生对自己的学习情况进行反思和评价。

例如，在高中英语学习中，你认为自己在英语课堂上的参与度如何？有哪些地方可以做得更好？（自我评价课堂表现）你对最近的英语作业或项目的完成质量有何评价？你遇到了哪些困难？（评价作业和项目完成情况）你觉得英语老师在课堂上使用的教学方法对你有什么帮助？你希望老师如何改进？（评价教学方法并提出建议）你在英语学习中的最大收获是什么？你对自己的英语学习有何期待？（总结学习成果和展望未来）

问题链课堂教学调查的设计与实施

　　本研究主要以赫章县等3个县30所中小学为调查研究对象，有535名教师参与问卷调查。问卷内容包括教师的基本信息、教师对"问题链"的了解程度、教师对"问题链教学"培养的重视程度和教师在教育教学中构建"思维型课堂"对学生问题链意识的实施情况四个维度。

第一节　问题链课堂教学问卷的设计及实施

一、调查问卷的设计

调查问卷为教师问卷，问卷包括四部分内容。

第一部分是对教师基本信息的了解，包括性别、年龄、教龄、任教学科、任职单位等内容。

第二部分是调查教师对"问题链"的了解程度，包括教师原来是否知道"问题链"、认为"问题链"对学生未来的发展是否有影响等内容。

第三部分是了解教师对"问题链教学"培养的重视程度。

第四部分是教师在教育教学中构建"思维型课堂"对学生问题链意识的实施情况等内容。

以上调查工具是笔者认真设计拟定、征得课题组修改意见和建议、多次反复修改等一系列工作后才得以最终确认的。在设计上具有严密的科学性，在使用上有切实的可行性。

二、研究对象的选择

为保证调查对象的代表性和调查的可行性，本研究主要实行抽样调查的办法。以赫章县等3个县30所中小学为调查研究对象，有535名教师参与问卷调查。

研究对象主要是面对贵州西部不同类型学校的教师，开展关于问题链课堂教学现状的调查研究。

并研究主要有216所学校535名教师参与，主要来源于百里杜鹃管理区沙厂中学、毕节市第二实验高中、毕节市第一中学、毕节市民族中学、毕节市实验高级中学、大方理化初级中学、大方县第六中学、大方县第四中学、大方县第一中学、大方县黄泥塘鸡场中学、大方县黄泥塘中学、大方县理化中学、大方县实验高级中学、大方县思源实验学校、赫章县财神中学、赫章县德卓镇初级中学、赫章县第八中学、赫章县第二中学、赫章县第六小学、赫章县第七小学、赫章县第五中学、赫章县第一中学、赫章县结构乡初级中学、赫章县六曲河镇初级中学、赫章县民族中学、赫章县朱明镇初级中学、赫章县实验中学、赫章县野马川镇中心小学、纳雍县第一中学、纳雍县库东关中学、七星关区思源实验学校、七星关区燕子口中学、黔西第一中学、黔西县定新中学、威宁县第九中学、威宁县十一中学、威宁县石门民族中学、织金县第二中学、织金县第六中学等216所学校。

以不同学校的教师20人为访谈对象，在6所中小学课堂教学中开展课题实践研究。

三、数据处理

此次问卷调查的实施从2021年9月开展，得到了被调查学校教师的大力支持。问卷调查采用问卷星发放。在教师填问卷之前，笔者向被调查的教师阐明了此次调查的主题、的目的与意义、问卷填写的方法及填写过程中应注意的事项，强调了此次调查是为了学术研究之用的匿名调查，消除了被调查者的疑虑。调查问卷回收情况统计如表3-1所示。调查所收集的所有数据均采用Excel 2003和Spss 20.0统计软件进行分析处理。

表3-1　调查问卷回收情况统计表

选项	小计	比例	
1. 性别			
A. 男	277		51.78%
B. 女	258		48.22%
2. 年龄			
A. 20～29岁	30		5.61%
B. 30～39岁	265		49.53%
C. 40～49岁	192		35.89%
D. 50岁以上	48		8.97%

续 表

选项	小计	比例
3. 您从事教育教学工作的时间		
A. 0~5年	44	8.22%
B. 6~10年	131	24.49%
C. 11~15年	112	20.93%
D. 16~20年	104	19.44%
E. 20年及以上	144	26.92%
4. 您任教的学科		
A. 语文	128	23.94%
B. 数学	138	25.79%
C. 英语	48	8.97%
D. 物理	86	16.07%
E. 化学	20	3.74%
F. 生物	12	2.24%
G. 政治	14	2.62%
H. 历史	10	1.87%
I. 地理	10	1.87%
J. 其他学科	69	12.9%
本题有效填写人次	535	

第二节　问题链课堂教学的课堂观察量表的设计

根据问题链课堂教学的原则和相关资料，为获得在课堂中的问题链设计和使用信息，设计此表，供课题组成员深入课堂进行观察和记录。

一、基本情况

此部分为常规记录，主要内容有：听课教师、听课教师单位、听课学校名称、授课教师、班级、人数、学段学科、授课时间等，如表3-2所示，主要目的是获得基本信息，便于对症分析。

表3-2　基本情况记录表

听课教师：　　　　听课教师单位：　　　　听课学校名称：××××初级中学

授课教师		班级		人数		学段学科	
授课时间	2022年　月　日（星期　　）　午第　　节					课型	
课题				听课范围及人数			

二、教学行为观察

主要用正号记录该事件在课堂上发生的频数，内容有：听课次数、阅读次数、板演次数、思考环节次数、集体回答次数、个别回答次数、练习次数、分组讨论次数、提问次数、观察次数、实物操作次数等。主要是观察教师上课中的新理念实施情况，以及采用问题的情况。具体设计如表3-3所示。

表3-3　教学行为观摩统计表

一、教学行为观摩											
学生学习行为	听课	阅读	板演	思考环节	集体回答	个别回答	练习	分组讨论	提问	观察	实物操作
计数（正）											
合计											

三、教师提问行为

具体包括简单提问次数、认知提问次数、元认知提问次数、是否形成问题链次数、教师深入教室中部次数、教师设置情境次数、教师板书情况次数等。具体设计如表3-4所示。

表3-4　教师提问行为统计表

二、教师提问行为							
教师提问行为	简单提问	认知提问	元认知提问	是否形成问题链	教师深入教室中部	教师设置情境	教师板书情况
计数（用正字记）							
合计							
备注	1. 学习行为是指在教师的组织下，大部分学生表现出来的不间断学习行为，其中"思考"专指由教师提出明确的思考问题和要求，并给予学生思考时间和空间的学习行为； 2. 教师提问的"简单提问"指机械性、记忆性或复述性再现的提问；"认知提问"即对知识的内在本质、特征等方面的提问或需要推理推断、综合分析等思考过程才能回答的提问；"元认知提问"指对认知过程的提问或反思性提问、追问或反思性追问等，如"为什么""你是怎么想的""过程方法有什么问题""请说说理由"。						

四、课堂情况描述

具体包含四个方面。

（1）照本宣科，基本上照着教材、讲稿、PPT念或讲解。

（2）借助历史事件、图片图表、典型案例、情境故事、实验演示、问题引导、归纳抽象、类比推理等讲授。

（3）能突出重点、抓住难点、提炼关键，时间控制好：讲授富有思想性、启发性，情感融入与调动较好。

（4）能观察关注学生学习亮点、特点、障碍和重要细节，及时进行点评、提问、激励、引导、互动等。

用五个等级予以评价，持续有效呈现、有较明显呈现、基本有呈现、偶尔有点呈现、没有呈现。具体设计如表3-5所示。

表3–5　课堂情况描述统计表

序号	描述（在相应栏目打√）	持续有效呈现	有较明显呈现	基本有呈现	偶尔有点呈现	没有呈现
1	照本宣科，基本上照着教材、讲稿、PPT念或讲解					
2	借助历史事件、图片图表、典型案例、情境故事、实验演示、问题引导、归纳抽象、类比推理等讲授					
3	能突出重点、抓住难点、提炼关键，时间控制好：讲授富有思想性、启发性，情感融入与调动较好					
4	能观察关注学生学习亮点、特点、障碍和重要细节，及时进行点评、提问、激励、引导、互动等					

五、教学内容概要和瞬时评价

主要设计如表3-6所示。

表3–6　教学内容概要和瞬时评价统计表

三、教学内容概要		瞬时评价
对这堂课的总体评价：优秀（　　　），良好（　　　），中等（　　　），较差（　　　），差（　　　）		
同时听课教师 2人签名	授课教师 签名	听课学校 签章

六、课堂的总体评价

具体分为优秀、良好、中等、较差、差五个等级，如表3-7所示。

表3–7　课堂的总体评价统计表

对这堂课的总体评价：优秀（　　　），良好（　　　），中等（　　　），较差（　　　），差（　　　）	

第三节　问题链课堂教学访谈的设计及实施

本次访谈涉及20位来自赫章县等3个脱贫摘帽贫困县30所中小学的教师，包括2名校长、14名中学教师和4名小学教师。教师年龄分布广泛，教学经验从0至20年以上不等。访谈主要围绕"问题教学"与"问题链教学"的区别、实施效果、困惑以及常用的教学方法等方面展开。

存在的问题。大多数教师认为两者有区别，主要集中在问题链教学强调问题的逻辑性和关联性，有助于培养学生的思维能力和问题意识，而问题教学可能更侧重于单个问题的解决。少数教师认为，两者无区别或不清楚问题链教学的概念。许多教师表示会在课堂中采用问题链教学，认为它能激发学生思维，培养学生的思考能力，并使知识体系更加逻辑缜密。问题链教学被看作一种有效培养学生思维品质的方法，能够帮助学生深入理解知识，促进师生之间的合作与交流。

实施中的困惑。部分教师在实施问题链教学时遇到了问题设计难度难以把握、学生基础差异大、师生互动不足等困惑。一些教师担心学生不思考、问题设计不聚焦核心、课堂时间管理等问题。

常用的教学方法。讲授法是教师们常用的教学方法之一，但许多教师也结合了其他方法，如讨论法、小组合作学习法、实验法等。不同教师对于各种教学方法的教学效果评价不一，有些能达到预期，有些则不能。

问题教学的效果与困惑。问题教学在激发学生思考、衔接知识点等方面被认为是有效的，但实施中也存在学生基础薄弱、问题设计难度掌握不当等困惑。

访谈结果表明，教师们普遍认识到问题链教学在培养学生思维品质、促进知识逻辑构建方面的优势，但在实施过程中也面临一些挑战。此外，讲授法仍是教师们常用的教学方法之一，但结合其他方法如问题链教学等，能更有效地提升教学效果。未来，教师们需要进一步深化对问题链教学的理解，并在实践中不断探索和完善。

一、访谈情况

20个访谈对象，来源主要是赫章县等3个脱贫摘帽贫困县30所中小学教师。有校长2人，中学教师14人，小学教师4人。按年龄结构分：20~29岁7人，30~39岁8人，40~49岁3人，50岁以上2人。按从事教育教学工作的时间分：0~5年7人，6~10年8人，11~15年3人，16~20年1人，20年及以上1人。

二、部分人员访谈摘录

1. 问：您认为"问题教学"与"问题链教学"有区别吗？区别在哪里？

A1：我认为"问题教学"与"问题链教学"是有区别的，主要区别在问题解决是由一定的情境引起的，按照一定的目标，应用各种认知活动、技能等，经过一系列的思维操作，使问题得以解决的过程。"问题链教学"是把这些问题按照一定的顺序连接起来组成一条或几条问题链，课堂教学过程紧紧围绕解决这些问题而开展。

A2：没有区别。

A3：有区别，各有各的好，如果问题提得好的话都好。问题教学问题如果提得差的话课堂缺乏逻辑性、课堂衔接不好、学生激情差。问题教学问题提得好的话学生会努力思考、激发学生思维。在时间充分的情况下，学生是会思考的。问题链教学逻辑性比问题教学缜密。

A4：我认为"问题教学"与"问题链教学"是有区别的。问题链教学是将一系列有逻辑关系的问题连在一起，有利于教学的逻辑性。

A5：有区别，问题教学可以针对单独的一个问题进行解决并且不需要考虑任何逻辑性，而问题链教学，要考虑到整个知识的难易程度，对知识进行分解，分解后，对每一个知识都设置一个问题，注重问题之间的逻辑，使学生能通过解决第一个问题，从而解决第二个问题，依次解决所有的问题。

A6：我认为问题教学与问题链教学是有区别的。问题教学是简单的提问式教学，而问题链教学，我认为它能够助推学生思维的扩展。

A7：我认为它们有区别，问题教学只是针对某个知识来提出问题，学生想办法解答，而问题链教学着眼于学生的学情。针对思考中存在的问题，而将知识设计为层层递进、有序有中心又相互独立又关联的问题，这是两者的区别。

A8：我认为"问题教学"与"问题链教学"有区别，区别在于问题教学的问题可能是零散的，问题链教学的问题是关联的有逻辑性的。

A9：我认为"问题教学"与"问题链教学"有区别。问题链教学是成串性的，有中心有区别，独立而又互相关联。

A10：我不了解问题链教学。

A11：我的认识是问题教学可能设置的问题之间关联性不是特别大，而问题链教学讲究的是问题与问题之间要有较强的联系，它们是层层递进的。区别是问题教学可能会比较单一，而问题链教学可能比较系统，符合学生的认知过程。

A12：我认为问题教学与问题教学练教学是有区别的。主要区别在于问题链教学是对关键知识的层层拨开和理解，从而逐渐掌握知识的精髓和实质。而问题教学可能只是解决了某一个层面或者某个因素的问题。

A13：我认为"问题教学"与"问题链教学"还是有一定区别的。我觉得就问题链教学，主要还是问题之间要有逻辑关系。

A14：问题教学比较单一，而问题链教学注重培养学生的思维能力、问题意识。

2. 问：您会在您的课堂中采用"问题链教学"吗？您怎么看待"问题链教学"在课堂教学中的作用？

B1：会。问题链问题设计得好的话是很能激发学生思维的。作用：a.培养学生思考能力。b.知识成体系、逻辑更缜密。c.更能发挥教师的主导作用和学生的主体作用，在教师的引导下，学生能自主获取知识点。

B2：在课堂教学中我会经常用到问题链教学，问题链教学对于物理教学有很大的作用。

B3：我会在课堂中进行问题链教学，而且我觉得这种方法比较好。例如，我在设计学生推导动量守恒定律的时候，会让学生在解决第一个问题时回顾之前的知识。

B4：我会在课堂中采用问题链教学，一节课如果很好地设计了问题链教学，则课堂会充满跌宕起伏，容易让学生对知识点深入理解、深入领会、深入悟透。

B5：我在课堂中会采用问题链教学，问题链教学能让教师很好地理解教材，明确教材编写的意图，而且能够让课堂氛围活跃，有中心，能够让教师或学生产生思维上的碰撞，促进师生之间的合作。

B6：有时候采用，我认为问题链教学是有效培养学生思维能力的方式之一。

B7：在课堂教学中，我会尝试用问题链教学这种方法，我会将问题内容设置成问题，以知识为线索，培养学生的思维能力。

B8：通过学习我会尝试使用。

B9：会的，平时在教学过程中，我也时常采用问题链教学，问题链教学有助于启发学生的思维，培养学生的思维品质。

B10：在教学中我会采用问题链教学，但很少采用。通过近一两年的实践，发现采用问题链教学后，学生理解起来比较轻松，不但成绩有所提升，学生的核心思维也得到发展。

B11：我觉得我会。因为问题链教学，它设计的问题必须具有启发性、针对性、探究性，还要层层递进。我认为，在课前不一定老师来设计，可以让学生自己设计，所以不管是老师设计还是学生设计都对学生的帮助非常大，不仅能够轻松地让学生掌握新知识，在逻辑思维方面、推理论证能力方面、创新能力等方面，学生都会得到发展。

B12：我偶尔也会采用问题链教学，我觉得它对培养学生的思考能力以及逻辑能力比较好。我在教学中会根据具体的章节内容采用问题链教学。

B13：我在教学中使用过问题链教学，我认为：一是问题链教学能够照顾到班级绝大部分学生的知识基础。二是它能够同时实现多种不同的教学目标，内容由浅入深、由个别到一般、由简单到复杂。

3. 问：您认为采用"问题链教学"能否培养学生的思维品质？您将怎么做？

C1：能，问题链教学可以让学生自主思考，进而培养学生的逻辑性。问题设计得好的话，还能培养学生在物理上的建模能力。在问题链教学中，设计问题要具有时效性及逻辑性。

C2：问题链教学能很好地培养学生的核心素养以及思维品质，我在今后的教学中会经常用到问题链教学法。

C3：我认为问题链教学可以培养学生的逻辑思维能力、解决问题的能力、分解问题的能力。

C4：我认为问题链教学能培养学生的思维品质，在教学中，我会根据问题的难易程度，结合学生的特点，课前精心设计好每一个问题，问题之间有递进关系，通过逐个击破的方式，使学生明确知识的本质特征。

C5：我认为问题链教学能很大程度上培养学生的思维品质，还能提升学生思维的严谨性和逻辑性。在以后的教学中，我将重新构思教学的目的、本质，并逐步改进问题链的难易和合理性，以及在教学中学生思维品质和问题链之间的构造。

C6：能，我将尝试多设置链式问题来完成以后的课堂教学。

C7：问题链教学对学生思维能力的培养作用是非常大的。

C8：通过学习我会尝试使用。

C9：我认为是可以的，在接下来的课程中，我将尝试在每一堂课中都设置一些问题，让问题链教学贯穿在我的课堂中，从而提高课堂效果。

C10：我认为采用问题链教学能够培养学生的思维品质，我将从以下四个方面做起：一是在课堂中将知识方法迁移应用串联起来。二是启发学生思考不同的方法来解决同一问题。三是在实验中多让学生尝试思考解决问题的不同方式，以及用不同的方法来解决同一实验。四是在习题教学中加深对课本理论知识的内化，达到思维的内化。

C11：我认为能，我觉得通过这个问题，我发现我必须向有经验的老师学习，或者说抽时间查阅一些相关的资料，然后尝试在自己的课堂当中采用问题链教学。

C12：我认为能够培养。在实际的教学中，我会这样做：一是营造多元化的问题情境，提高学生探索的能力。二是开展小组合作交流活动，提高学生学习发展。三是锻炼学生思维能力，提高学习效率。总之，在初中物理教学中，通过问题链的使用，不但可以锻炼学生们的自主学习能力，还能使学习能力得到显著的提高。在这一过程中，可以通过创设情境、小组合作探究等教学模式进行实质性的实施与开展。

4. 问：您常用的教学方法有哪些？教学效果能否达到预期？

D1：常用的教学方法：传统教学方法、课改法、传统教学+课改。能达到预期，但每个章节所用的方法不同。

D2：常用的教学方法：问题探究法、任务驱动法，能达到预期。

D3：常用的教学方法：各种方法都用，每堂课都会用到问题教学法。教学的效果不错，能够达到预期。

D4：常用的教学方法：讲授法，小组合作学习法，直观演示法。我的教学效果没有达到预期。

D5：我采用的教学方法有讲授法、问答法、练习法和启发法。对于不同难度的课程效果有所不同，但大多数时候教学效果不能达到预期。

D6：我采用的教学方法有讲授法、讨论法、小组任务驱动法、实验探究法，教学效果基本能够达到预期。

D7：我常采用的教学方法有讨论法、讲授法、小组合作学习法、自主学习法等，但这些教学方法都不能达到预期效果。

D8：我常采用的教学方法有思维导图等方法，如果学生积极使用的话可以达到预期。

D9：我常采用的教学方法主要有讲授法、演示法、启发法、实验法等一些方法，教学效果基本能达到预期。

D10：我常采用的教学方法主要有讲述法、讲解法、引导法、复习巩固法。因为有条件限制，很少采用实验法，但已达到了预期的效果。对九中的学生来说，讲述、讲解、引导以后让学生自己复习巩固，让学生自习，就可以达到一定的效果。

D11：我常用的教学方法一般有讲授法、讨论法，如果遇到需要做实验的，那我就用演示法、实验法。教学效果我觉得没有预期的好。

D12：我常用的教学方法主要是讲授法，引入常常会有问题形式，引导学生怎样解决问题，教学效果能达到预期，但是学生思考过程比较少。

D13：我在教学中常用的教学方法有讲授法、讨论法、实验法，有时也使用问题教学的方法。教学效果基本能达到预期。

从以上访谈的摘要中可以看出，教师离不开讲授法，新理念的深入学习不够，新课改的意识还需要加强。

5. 问：您认为采用"问题教学法"效果如何？实施过程中有哪些困惑？

E1：①主要是用于课堂引入、知识点的衔接及一些比较复杂的物理问题及物理模型，以问题的形式反馈给学生，激发学生思考。②担心学生不思考、问题浪费、时间分寸感差、师生互动性不强。

E2：我采用的问题教学很有效。

E3：①效果一般。②问题不聚焦本堂课的核心问题、没有逻辑、问题描述不清晰。

E4：我认为问题教学法很好，能够激发学生深层次思考，但在设计问题的时候常常会遇到困难，所设计的问题没有达到预期的效果。

E5：我采用问题教学时，效果大多达不到预期。在实施问题教学时，学生的基础薄弱，不主动去思考。对于简单的问题，学生可以从书中找到，而对于有一定难度的问题，学生就不会将简单的问题与深度结合思考，从而不能答完整，如何高效让学生深入思考，是我现在的困惑。

E6：我认为问题教学法能够激励学生思考和增加师生互动，困惑在于学生基础有差异，问题的设计难以顾及所有学生。

E7：按照我对问题教学的了解，我觉得效果可以。困惑在于在一堂课的教学中如何设置问题。

E8：我认为让学生带着问题学习，效果很好，实施过程中问题的难度不好掌握。

E9：在实施讲授法和启发法的过程中，我会使用到问题教学。教学效果比较理想，实施过程中主要有两点体会：①设置问题的难易程度，如果太难学生答不上来，如果太简单学生不太感兴趣。②问题设置以后，可能学生给出的答案和我所要的结果不一致。

E10：我认为问题教学的效果很好，但在实施过程中存在以下两个方面困难：①初中及小学很不好采用问题教学，因为学生对问题不思考。②学生基础薄弱，不太好启发。

E11：在设计问题时，我会考虑问题之间的逻辑性，还会考虑的问题如下：①问题的生活性，从生活中来运用到生活中去。②问题的科学性，符合规律。③对学生成绩提升的时效性。

E12：我认为问题教学效果比较好，实施过程中主要是提出问题的过程，有时候在设计方面有一些问题。

E13：问题教学法还可以，它是推行素质教育的有效方法。在实施过程中最大的困惑是缺乏更多的理论指导，问题难以面对全体学生。

6.问：您认为"问题解决"与"问题链教学"有区别吗？区别在哪里？

F1：没区别。

F2：不清楚。

F3：有区别，问题解决只解决了一个问题，而问题链教学解决的是遗传问题，并且是根据学生认知和知识逻辑来进行设置的问题。

F4：我认为问题解决和问题链教学是有区别的，区别在于问题解决可以理解为单独完成某一个问题，而问题链教学则是以某一个点为中心，运用思维逻辑从不同层面进行推进。

F5：我认为两者有区别，问题解决是只解决了一个问题，得到了答案。而问题链教学是从解决问题的步骤上，剥丝抽茧般的细化问题解答问题。问题解决只注重于答案，而问题链教学注重的是知识形成、发展、问题答案的来源、过程等。

F6：我认为问题解决与问题链教学有区别，区别在于问题链教学注重学生思维的发展。

F7：我认为问题解决与问题链教学有区别，问题解决是为解决问题，而问题链教学是成串的、连贯的，前后呼应的。

F8：我不了解问题链教学。

F9：我认为问题解决可能指的是单一地解决某一个问题，而问题链教学可能在解决了一个问题的基础上，我们才能解决下一个问题，它们之间是相互联系的。

F10：我认为问题解决与问题链教学有区别，区别在于问题解决可能只是某些因素目标的达成或者完成，而问题链教学不但有逻辑性，而且是逐渐掌握问题的精髓，让学生更加深层地掌握问题。关键是学生的思维得到了发展和锻炼，对未来的学习很有帮助。

F11：我认为问题解决是为了学到某个新的东西，然后通过分析、比较、论证等达到目的。它的目的性很强，我认为它是注重教学任务的完成。而问题链教学是把本节课的知识点转化为一连串的问题，它必须具有逻辑性，要好好相扣，要层层递进，我觉得这是注重学生素养的培养。

F12：我认为问题解决与问题链教学还是有一定区别的。我觉得就问题链教学，主要还是问题之间要有逻辑关系。

F13：我认为有区别，问题解决是指需要达到目标，应用各种认知活动技能等经过一系列的思维操作，使问题得以解决的过程。问题链教学是以教师为主导、学生为主体的一种教学方式。

　　根据研究的需要，本章设计了问题链课堂教学调查问卷，从教师的基本信息、教师对"问题链"的了解程度、教师对"问题链教学"培养的重视程度和教师在教育教学中构建"思维型课堂"对学生问题链意识的实施情况四个维度进行了设计，从基本情况、教学行为观察、教师提问行为、课堂情况描述、教学内容概要和瞬时评价、课堂的总体评价六个维度设计了问题链课堂教学的课堂观察量表，从七个方面设计了问题链课堂教学访谈提纲。

　　问卷调查了3个县216所学校的525名教师，课堂观摩了300余节课堂，访谈了20人，掌握了问题链课堂教学中的具体情况，为"二链七环节"基本教学范式的研究提供了参考。

问题链课堂教学的现状与问题

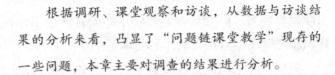

　　根据调研、课堂观察和访谈，从数据与访谈结果的分析来看，凸显了"问题链课堂教学"现存的一些问题，本章主要对调查的结果进行分析。

第一节　问题链课堂教学的现状

一、教师对问题链课堂教学认知较好，但整体认知水平不高

一线教师对"问题链课堂教学"的认知是实现其促进学生学习和教学改革的重要前提。此次调查问卷主要从"您原来知道'问题链课堂教学'吗""您认为'问题链'对学生未来的发展是否有影响""您认为培养学生'问题链课堂教学'在现代教学中是否可行""您认为在教育教学中学生的学习是否需要'问题链课堂教学'""您认为'问题链课堂教学'的发展与学生的学习成绩是否有关系"五个问题进行调查。

从调查的结果来看（表4-1～表4-5），54.39%的教师对"问题链课堂教学"的认知达到知道以上的程度；94.58%的教师认为"问题链课堂教学"对学生未来的发展是有影响的；99.63%的教师认为培养学生"问题链课堂教学"在现代教学中有可行性；99.25%的教师认为在教育教学中学生的学习是需要"问题链课堂教学"的；98.69%的教师认为"问题链课堂教学"的发展与学生的学习成绩有关系。

从这些数据反映的情况来看，目前部分教师对"问题链课堂教学"有了一定的认知，对其应有之义也有所感知，但是教师整体的认知水平还不够高，相当部分教师对"问题链课堂教学"的要旨体会不深，对"问题链课堂教学"的认识和把握还停留在比较浅显的水平。

例如，对"问题链课堂教学"完全知道所占比例是12.52%，29.72%的教师认为"问题链课堂教学"对学生未来的发展影响特别大，只有32.34%的教师认为培养学生"问题链课堂教学"在现代教学中完全可行，只有30.28%的教师认为在教育教学中学生的学习是完全需要"问题链课堂教学"的，只有30.09%的教师认为"问题链课堂教学"的发展与学生的学习成绩非常有关系。

表4-1　原来知道"问题链课堂教学"问卷结果统计表（单选题）

选项	小计	比例	
A.完全知道	67		12.52%
B.知道	124		23.18%
C.基本了解	100		18.69%
D.知道一点	160		29.91%
E.完全不知道	84		15.7%
本题有效填写人次	535		

表4-2　"问题链课堂教学"对学生未来的发展是否有影响问卷结果统计表（单选题）

选项	小计	比例	
A. 影响特别大	159		29.72%
B. 有影响	299		55.89%
C. 基本有影响	15		2.8%
D. 影响一点	33		6.17%
E. 不会有影响	29		5.42%
本题有效填写人次	535		

表4-3　培养学生"问题链课堂教学"在现代教学中是否可行问卷结果
统计表（单选题）

选项	小计	比例	
A. 完全可行	173		32.34%
B. 可行	288		53.83%
C. 基本可行	55		10.28%
D. 可行一点点	17		3.18%
E. 完全不可行	2		0.37%
本题有效填写人次	535		

表4-4 在教育教学中学生的学习是否需要"问题链课堂教学"问卷结果统计表
（单选题）

选项	小计	比例	
A. 完全需要	162		30.28%
B. 需要	314		58.69%
C. 基本需要	33		6.17%
D. 需要一点	22		4.11%
E. 完全不需要	4		0.75%
本题有效填写人次	535		

表4-5 "问题链课堂教学"的发展与学生的学习成绩是否有关问卷结果统计表
（单选题）

选项	小计	比例	
A. 完全有关系	161		30.09%
B. 有关系	315		58.88%
C. 基本有关系	28		5.23%
D. 有一点关系	24		4.49%
E. 完全没有关系	7		1.31%
本题有效填写人次	535		

二、教师对问题链课堂教学已经重视，但重视程度不理想

华东师范大学教授王后雄认为："问题链是教师着眼于学生所掌握的知识情况和已有经验，为实现教学目标，针对学生学习过程中已经产生或者可能产生的疑难，将教材知识设计成层层递进、具有系统性的一连串教学问题；是一组有中心、有序列、相对独立又互相关联的问题。"由此可见，问题链是教师全面把握教材知识结构体系，立足于知识重难点和学情精心设计的一连串问题，问题与问题之间不是杂乱无章的，而是层次分明、有逻辑关系的问题组合。所以，"问题链课堂教学"的培养非常重要。从表4-6～表4-8数据中可以

发现，99.07%的教师对"问题链课堂教学"的培养比单纯教授学生知识更重要持认同态度，99.06%的教师愿意在教学过程中使用"问题链课堂教学"来培养学生的思维品质，99.81%的教师认为"问题链课堂教学"模式对学生的思维品质培养有帮助。从这些数据来看，大部分教师了解了"问题链课堂教学"之后对其开始重视，尝试在课堂使用来培养学生、帮助学生发展。但是，仍有一部分教师没有看清"问题链课堂教学"的重要性。例如，在对"您是否愿意在教学过程中使用'问题链课堂教学'来培养学生的思维品质？"的统计中发现，仅有32.71%的教师完全愿意使用"问题链课堂教学"。而对"您认为'问题链课堂教学'模式对学生的思维品质培养是否有帮助？"的统计中，表示"完全有帮助"的教师只占32.15%。

表4-6 "问题链课堂教学"的培养比单纯教授学生知识更重要问卷结果统计表（单选题）

选项	小计	比例	
A. 完全认同	177		33.08%
B. 认同	277		51.78%
C. 基本认同	59		11.03%
D. 认同一点	17		3.18%
E. 完全不认同	5		0.93%
本题有效填写人次	535		

表4-7 愿意在课堂教学中使用"问题链课堂教学"培养学生思维品质问卷结果统计表（单选题）

选项	小计	比例	
A. 完全愿意	175		32.71%
B. 愿意	299		55.89%
C. 基本愿意	41		7.66%
D. 愿意一点	15		2.8%
E. 完全不愿意	5		0.93%
本题有效填写人次	535		

表4-8 "问题链课堂教学"模式对学生的思维品质培养是否有帮助问卷结果统计表（单选题）

选项	小计	比例	
A. 完全有帮助	172		32.15%
B. 有帮助	313		58.5%
C. 基本有帮助	27		5.05%
D. 有一点帮助	22		4.11%
E. 完全没有帮助	1		0.19%
本题有效填写人次	535		

三、教师对"思维型课堂"已经了解，但思维链还未完全形成

《国家中长期教育改革和发展规划纲要（2010—2020年）》指出，要以学生为主体、教师为主导，充分发挥学生的主动性，把促进学生健康成长作为学校一切工作的出发点和落脚点。学生成为课堂的主体是新课标的必要体现，因此作为教师应该改变填鸭式教学方式，构建"思维型课堂"，培养学生的科学思维、核心素养。本研究按照"创设情境激发兴趣、设置问题激发思考、自主探究形成知识、师生互动加深理解、总结反思形成体系、迁移拓展解决问题、教学评一体化育人"七个流程来设计课堂，开展问题思维课堂教学。从表9数据的分析来看，在问卷中，仅有19.63%的教师完全知道可以利用"思维型课堂"的流程来培训学生的问题意识，而76.82%的教师了解一点或基本了解，3.55%的教师完全不知道"思维型课堂"。

表4-9 利用七环节"思维型课堂"的流程来培训学生的问题意识问卷结果统计表（单选题）

选项	小计	比例	
A. 完全知道	105		19.63%
B. 知道	223		41.68%
C. 基本了解	86		16.07%
D. 知道一点	102		19.07%
E. 完全不知道	19		3.55%
本题有效填写人次	535		

四、教师已使用"思维型课堂",但是实施还需强化

从表4-10统计的数据看出,问卷中"您认为'思维型课堂'的流程对提升学生教学质量是否有用",30.84%的教师认为"完全有用",57.38%的教师认为"有用",0.56%的教师认为"完全没有用"。在表4-11中对于"您是否愿意按照'思维型课堂'的流程来组织教学开展问题链课堂教学提升学生思维品质"的统计中,32.9%的教师持"完全愿意"的态度,66.73%的教师有意向按照"思维型课堂"的流程来组织教学,仅有0.37%的教师完全不愿意使用"思维型课堂"。

表4-10 七环节"思维型课堂"的流程对提升学生教学质量是否有用问卷结果统计表(单选题)

选项	小计	比例
A. 完全有用	165	30.84%
B. 有用	307	57.38%
C. 基本有用	40	7.48%
D. 有用一点	20	3.74%
E. 完全没有用	3	0.56%
本题有效填写人次	535	

表4-11 是否愿意按照"思维型课堂"的流程来组织教学开展问题链课堂教学提升学生思维品质问卷结果统计表(单选题)

选项	小计	比例
A. 完全愿意	176	32.9%
B. 愿意	303	56.64%
C. 基本愿意	36	6.73%
D. 愿意一点	18	3.36%
E. 完全不愿意	2	0.37%
本题有效填写人次	535	

第二节 问题链课堂教学存在问题的原因分析

通过问卷调查和访谈结果，经过梳理，指向思维品质培养的问题链课堂教学还存在如下问题。

一、创设情境对培养学生思维的敏捷性不够

通过调研、访谈和课堂观察，发现存在以下问题。

（1）情境设置不够生动：有些教师在设置情境时可能过于简单或者缺乏足够的细节，导致学生无法真正融入其中。

（2）情境与学习内容不匹配：有时候教师设置的情境与学习内容之间的联系不够紧密，学生可能无法理解为什么需要在这个情境下学习这个知识点。

（3）情境设置过于复杂：有些教师可能在设置情境时过于复杂，导致学生难以理解或者记忆，反而起到了相反的效果。

（4）情境缺乏互动性：有些情境设置可能缺乏学生之间或者学生与教师之间的互动，导致学生只是被动接收信息而不是积极参与。

（5）情境设置缺乏个性化：有些情境设置可能缺乏个性化，无法满足不同学生的学习需求和兴趣，导致情境对学生的吸引力不足。

为了解决这些问题，教师可以尝试更加生动有趣的情境设置，确保情境与学习内容紧密结合，适当简化情境的复杂度，增加互动性，以及根据学生的不同特点进行个性化的情境设计。激发学生学习兴趣，建立学生思维兴奋中心，培养学生思维的敏捷性。

二、提出的问题对培养学生思维的批判性和创造性能力不足

通过调研、访谈和课堂观察，发现教师在课堂上提出的问题存在以下不足。

（1）提问过于简单或者过于难，无法激发学生思考和参与，并且提问方式单一，缺乏多样性和灵活性，导致学生对问题失去兴趣。

（2）提问过于频繁或者过于少，影响了课堂氛围和学生的专注度。提问缺乏引导性，学生不清楚如何回答或者回答的内容与课堂主题无关。

（3）提问缺乏针对性，没有根据学生的实际情况和水平进行调整。

（4）提问缺乏反馈和引导，教师未能及时纠正学生的错误或者引导他们深入思考。

（5）提问缺乏互动性，教师未能与学生建立有效的对话和交流，导致问题无法引发深入讨论。

（6）提问缺乏挑战性，未能激发学生的求知欲和探索欲，影响了他们的学习动力和积极性。

最主要的是教师提出的问题过于零散，没有用一个主题将所有问题串联起来。教师可以通过有效问题链的设置，激发学生的思考，培养学生思维的批判性和创造性。

三、探究过程对培养学生思维的严密性有所欠缺

通过调研、访谈和课堂观察，发现教师在课堂上组织学生探究存在以下问题。

（1）缺乏引导：如果探究活动缺乏明确的引导和目标，学生可能会感到迷茫，不知道如何开始或者如何进行探究。即使引导，很多教师用验证代替探究。

（2）缺乏资源：有些探究活动可能需要特定的资源或设备，如果学校或老师提供的资源不足，可能会影响学生的学习效果。

（3）学生参与度不高：有些学生可能对探究活动缺乏兴趣，导致他们的参与度不高，影响整个活动的效果。

（4）时间管理不当：探究活动可能需要较长的时间来进行，如果时间安排不当，可能会导致活动无法完成或者学生无法充分探究问题。

（5）缺乏评估和反馈：在探究活动结束后，缺乏对学生学习成果的评估和反馈，无法及时发现学生的问题和进步，也无法指导学生下一步的学习方向。

针对这些问题，老师可以通过提前规划好探究活动的目标和步骤，确保学

生有足够的资源和支持，激发学生的兴趣和参与度，合理安排时间，及时进行评估和反馈等方式来解决。教师通过自主探究，合作探究，激发学生成功地发现新的知识，构建新的知识体系，培养学生思维的严密性。

四、课堂交流对培养学生思维的深刻性还需加强

通过调研、访谈和课堂观察，发现教师在课堂上组织学生交流存在以下问题。

（1）学生参与度不高：部分学生可能不愿意或不敢参与课堂讨论，导致交流过程缺乏活跃性。或者学生可能由于语言能力不足而难以表达自己的观点，或者难以理解教师的讲解。

（2）沟通误解：教师和学生之间可能存在沟通误解，导致信息传递不清晰或理解偏差。缺乏互动，教师和学生之间的交流可能是单向的，缺乏互动和反馈，影响教学效果。

（3）时间分配不当：教师可能在某些话题上花费过多时间，导致其他重要内容无法充分讨论。

（4）学生观点单一：部分学生可能持有相似的观点，缺乏多样性和深度的讨论。学生交流存在随机问题，思维不严密。

（5）技术问题：在使用电子设备或在线平台进行交流时，可能会出现技术故障或网络问题，影响交流效果。

针对这些问题，教师可以采取一些措施，如鼓励学生参与、提供语言支持、加强沟通技巧培训、合理安排课堂时间、促进互动交流等，以提升课堂交流的质量和效果。教师要引导学生通过师生互动、生生互动、师生合作交流，激发学生思维的灵动，辩证地吸取新知识，培养学生思维的深刻性。

五、课堂总结对培养学生思维的系统性还需提升

通过调研、访谈和课堂观察，发现教师在课堂总结环节存在以下问题。

（1）时间不足：教师可能会因为时间不足而匆忙总结，导致总结内容不够充分或者学生没有足够时间消化课堂内容。

（2）学生理解不清：有些学生可能在课堂上没有完全理解教师的讲解，导致他们无法有效参与课堂总结，或者总结内容不准确。

（3）学生参与度低：部分学生可能在课堂总结环节不积极参与，导致总结效果不佳。学生不会分组分块总结问题。

（4）总结内容不明确：教师在总结时可能没有清晰地概括课堂内容，导致学生无法准确理解课堂要点。不用思维导图画知识结构，无法形成系统性。

（5）缺乏互动：课堂总结环节缺乏师生互动，学生之间互相交流的机会较少，影响了学生对知识的深入理解。

针对这些问题，教师可以通过合理安排时间、提供清晰的总结内容、鼓励学生积极参与、引导学生互相交流等方式来提高课堂总结的效果。

六、运用迁移对培养学生思维的广阔性不够

通过调研、访谈和课堂观察，发现教师在课堂教学中运用迁移方面存在以下问题。

（1）缺乏实际应用：学生在课堂上学到的知识和技能往往难以在现实生活中应用，导致迁移困难。不明白迁移还包括方法的迁移、品质的迁移。

（2）学习环境差异：课堂教学环境和现实生活环境存在差异，学生可能无法将在课堂上学到的知识迁移到实际情境中。

（3）缺乏综合性学习：课堂教学往往注重单一学科或领域的知识传授，缺乏跨学科综合性学习，导致知识迁移困难。

（4）缺乏反思和实践机会：学生缺乏对所学知识进行反思和实践的机会，难以将知识内化并应用到实际生活中。

（5）学习目标不清晰：教学目标模糊或不明确会影响学生对知识的理解和应用，进而影响知识迁移的效果。

为了解决这些问题，教师可以采取一些措施，如提供更多实际案例和应用场景、鼓励学生跨学科学习、提供反思和实践机会、设定清晰的学习目标等，以促进知识迁移的有效实现。

七、评价对培养学生思维的广阔性不够

通过调研、访谈和课堂观察，发现在课堂教学中评价方面存在以下问题。

（1）不够客观：评价可能受到教师个人主观意见的影响，导致评价不客观。评价可能存在不公平现象，比如对不同学生的评价标准不一致，或者对某

些学生有偏见，导致学生在不同老师的课堂中得到不一样的评价。

（2）缺乏反馈：有些评价可能只是简单地给出结论性分数，而缺乏具体的反馈和建议，无法帮助学生改进。评价是一个贯穿课堂教学的系列过程。

（3）压力过大：过于注重评价结果可能会给学生带来过大的压力，影响他们的学习积极性。评价的内容不局限于考试或测评结果，应该更加重视探究的过程、学生的参与程度等。

（4）缺乏多样性：评价方式可能过于单一，只注重考试成绩，而忽略了其他形式的评价，如项目作业、讨论表现等。可以是教师评价、学生自评、小组互评等多种评价方式。

（5）缺乏参与：学生可能缺乏参与评价的机会，无法对自己的学习过程进行自我评价和反思。

以上是一些可能存在的问题，教师在进行评价时应该尽量客观、公正，提供有针对性的反馈，并多样化评价方式，让学生参与评价过程。

　　此次调查是通过前期合理的设计，中期的计划实施，后期的深入统计分析，了解到当前指向思维品质培养的"问题链课堂教学"研究的实施现状，同时也了解到实施中存在的一些问题。通过数据统计分析，发现当前教师对"问题链课堂教学"具备一定的认知水平，这主要表现在：相当部分教师清楚"问题链课堂教学"对学生的发展有很大影响，而不仅仅是了解"问题链课堂教学"的概念；认为"问题链课堂教学"在现代教学中是可行的，学生的学习需要"问题链课堂教学"及"问题链课堂教学"与学生的学习成绩有很大的关系，而不是单纯知道"问题链课堂教学"对学生学习有帮助；大部分教师认为"问题链课堂教学"培养非常有其必要性，也有较多的教师认同"问题链课堂教学"的培养比单纯教给学生知识重要，愿意在教学中使用"问题链课堂教学"来培养学生的思维品质。这些都是教师目前所具有的认知水平，对进一步实施"问题链课堂教学"、总结"问题链课堂教学"成功范式奠定了必要的基础。在承认这一基础的同时，调查的数据统计也反映了目前"问题链课堂教学"存在的一些问题，包括教师对"问题链课堂教学"整体认知水平还不够高、课堂难以应用"问题链课堂教学"，大部分教师没有采用"思维型课堂"培养学生思维品质，等等。这些问题都是制约"问题链课堂教学"的症结所在。

　　基于以上调查实况的分析，本研究以总结指向思维品质培养的"问题链课堂教学"范式为宗旨，促进符合新课标教学行为的改革，使其更好地服务于学生的学习。"问题链课堂教学"是教师全面把握教材知识结构体系，立足于知识重难点和学情精心设计的一连串问题，问题与问题之间不是杂乱无章的，而是层次分明、有逻辑关系的问题组合。它是以问题为纽带、以知识形成发展和培养学生思维能力为主线、以师生合作互动为基本形式的新型教学模式。基于思维品质与学生的学习存在直接、密切的关系，所以"问题链课堂教学"服务的对象是学习者本身，它的目的是改善学习、促进学生的发展。因此，在教学中，教师应该采取"问题链课堂教学"。

问题链课堂教学典型案例

问题链课堂教学是一种创新的教学模式，它要求教师在深入理解教材知识结构的基础上，紧密围绕知识的关键点和学生的实际情况，精心设计出一系列相互关联且逻辑严密的问题序列。这种模式以问题为核心，旨在通过问题的逐步引导，促进学生知识的建构和思维能力的发展，同时强调师生间的互动合作，共同推动教学过程的顺利进行。

为了解决上述在问题链课堂教学中的问题，我们根据问题链课堂的要求，按照培养学生思维的目标，以初中生物、高中物理等为例进行设计与教学实践。

第一节 探索"二链七环节"教学策略
——以初中生物教学为例

"问题链课堂教学"是以问题为纽带、以知识形成发展和培养学生思维能力为主线、以师生合作互动为基本形式的新型教学模式。

一、明确问题链作用，培养学生思维能力

著名的哲学家波普尔说过："科学与知识的增长永远始于问题，终于问题——愈来愈深化的问题，愈来愈能启发大量新问题的问题。"问题是学习的动力，学生看见问题开始进行思考就是学习的始端，所以说问题是思维的源泉，更是思维的动力。相关教育研究证明，"问题链课堂教学"作为一种教学方法，其精髓在于通过精心设计的问题序列，有效推动教学流程的顺畅进行。它鼓励学生通过提问来探索知识，解答疑惑，从而深入探究问题本质。在此过程中，不仅构建了师生间和谐、平等且融洽的互动关系，还显著提升了课堂氛围的活跃度，有效提高了教学效率。这种教学模式不仅增强了课堂教与学的互动性和实效性，还着重培养了学生的问题敏感性和问题解决能力，进一步提升了他们的思维能力，从而全面优化了教学质量。这就要求教师在进行教学设计时要注重问题的提出，提出的问题必须层次鲜明、环环相扣、循序渐进，也就是注重"问题链课堂教学"。

二、改变教师认知偏差，培养学生学习兴趣

对毕节市535名教师的调查数据表明，有部分教师对"问题链课堂教学"有了一定的认知，但是教师的整体认知水平不高。教师要想采用"问题链课堂

教学"方法，首先要对"问题链课堂教学"的理论、内涵、特点、应用策略有全方位的了解。"问题链课堂教学"的应用要求教师根据不同的教学内容、学生的认知规律和知识结构合理地设计问题链，并在不同的学习环节设计合适的问题链。在使用"问题链课堂教学"时，要随时分析学生的情况，根据学生的最近发展区设计相应问题。如果教师对"问题链课堂教学"的了解不够透彻，就不能设计出有逻辑、有层次、有价值和合理的问题链问题，而使用这种不合理的问题链进行教学，教学效果比起预期会大大降低。因此，要想在课堂上采用有效率的"问题链课堂教学"，教师必须透彻、深刻地理解"问题链课堂教学"的内涵。

例如，在进行人教版生物学八年级下册"植物的生殖"的学习中，为吸引学生兴趣、引出学习主题，设计问题链如下：①中国有句俗语"竹子开花要搬家"，你见过竹子开花吗？②（播放竹子开花的视频）竹子开花会危及大熊猫的生存，这是为什么呢？③很少开花的竹子是如何长成郁郁葱葱的竹林的呢？

通过这三个问题的思考，激发了学生的学习兴趣，并引出学习内容——植物的有性生殖和无性生殖。

三、提升师生认同水平，使问题链意识扎根内心

对"问题链课堂教学"有了一定的了解后，还要对它足够重视。通过对毕节市535名教师进行调查发现，99.07%的教师对"问题链课堂教学"的培养比单纯教授学生知识更重要持认同态度，99.06%的教师愿意在教学过程中使用"问题链课堂教学"来培养学生的思维品质，99.81%的教师认为"问题链课堂教学"模式对学生的思维品质培养有帮助。可以说目前大部分教师对"问题链课堂教学"的培养有了一定的重视，尝试使用"问题链课堂教学"来培养学生、帮助学生发展。但其中仅有32.71%的教师完全愿意使用"问题链课堂教学"，表示"问题链课堂教学""完全有帮助"的教师只有32.15%，所以重视程度还不够。教师认同了，才能引导学生开展问题的探究，学生提出的问题才会形成问题链。

四、教师授课方式的转变是学生问题意识形成的重要抓手

在传统课堂中，教师一般采用填鸭式教学，学生处于被动地位，一直被动

地学习和接受知识，对问题的思考能力也大大降低，没有自己的思考。随着教育理念的更新，《国家中长期教育改革和发展规划纲要（2010—2020年）》指出："要以学生为主体，以教师为主导，充分发挥学生的主动性……"学生成为课堂的主体是新课标的必要体现，学生是课堂的主人、学习的主体，所以我们要帮助学生建立主体地位、发展思维品质、成为学习的中心。"问题链课堂教学"能够促进教师顺利开展教学活动，在设置问题和提出问题中引导学生在问中求知，在问中解疑，顺利探究问题，培养学生的问题意识和发现问题的能力，进一步提升学生的思维能力，让学生能自觉、主动、积极地参与到学习活动中。

例如，在教学人教版生物学八年级下册"植物的生殖"中的无性生殖内容时，根据内容设计问题链探究激成、交流激动过程如下：①观察椒草地叶片长成新植株、马铃薯块茎发芽、移栽过程，说说这两种植物生殖方式有什么相同之处？②无性生殖的概念是什么？③无性生殖有什么特点？④无性生殖可以应用于哪些方面？⑤扦插的概念和注意事项是什么？⑥嫁接的概念和注意事项有哪些？⑦植物组织培养的概念是什么？

五、使用思维课堂教学范式，使问题链意识得到落实

我们可以通过构建"思维型课堂"来实现"问题链课堂教学"，在"思维型课堂"使用"问题链课堂教学"培养学生的问题意识、科学思维。"思维型课堂"是指采用"创设情境激发兴趣、设置问题激发思考、自主探究形成知识、师生互动加深理解、总结反思形成体系、迁移拓展解决问题、教学评一体化育人"流程设计课堂，对学生进行教学。情境激趣是指通过创设情境，激发学生学习兴趣；问题激思是指通过问题的设置，激发学生的思考；探究激成是指通过自主探究，激发学生形成成功的知识体现；交流激动是指通过师生互动、生生互动、师生合作交流，激发学生思维的灵动；总结激理是指通过学生的总结反思，激发学生对形成的知识进行理性的思考；迁移激扩是指学生运用课堂所学习到知识和方法，扩展到本学科或其他学科中去解决实际问题。

例如，在教学人教版生物学七年级下册"人体内的物质运输"内容时，创设情境，播放病毒相关视频，设计如下问题链：疫苗如何进入人体内发挥作用？

问题激思：1.血管的类型和特点是什么？

探究激成：2.心脏的结构以及与心脏相连的血管是什么？

交流激动：3.血液在心脏内的流动方向如何？4.什么是血液循环？5.体循环的循环途径是什么？循环过程中血液成分变化如何？

总结激理：6.肺循环的循环途径是什么，循环过程中血液成分如何变化？

迁移激扩：7.生活中要如何保护心脏？

六、变革现有评价方式，使问题链意识得以强化

一直以来，对于学生的评价主要采用月考、半期考试、学期考试的方式，考试分数成为学生的量化评价标准。用考试的方式来测评学生学习的好坏，忽视了学生学习过程中能力和情感态度价值观的培养。问题链课堂教学要重视培养学生分析问题、解决问题以及逻辑思维的能力，注重学生在课堂中的表现，注重过程性评价与终结性评价相结合。在平时的教学中，可能采用教师评价、学生评价、小组评价，当学生提出一些重要的问题时，及时给予表彰，积极性评价，使学生获得成功的喜悦，久而久之形成问题链意识。

如在执教"植物的生殖"时，学生在教师的问题引导下，提出了"动物有没有无性生殖呢？"这样的问题，学生将植物的问题迁移到动物上去，是一个非常好的问题，学生的发散思维能力得到培养。

实践表明，按照"思维型课堂"的流程，即"情境激趣、问题激思、探究激成、交流激动、总结激理、迁移激扩"来组织教学开展问题链课堂教学可以提升学生思维品质，培养学生的问题意识、主体意识，把握学生的最近发展区，将生物知识蕴含在问题链中，连接起了教与学的过程，实现了旧知识发展为新知识的转变，促进了学生思维品质的发展。"问题链课堂教学"革新了传统教学方式，充分地体现了课堂中教师的主导和学生的主体地位，促进了学生对知识的理解和掌握，培养了学生的思维品质，是提升教学质量和效果的一种可取的教学方式。

第二节　探索"二链七环节"教学策略
——以高中物理教学为例

　　贵州省高中物理名师工作室主持人杨永忠在带领团队研修活动的实践过程中，在传承个人提出的"六个一"的教学策略和研发的"微课·心智·互动"教学法的基础上，升华具化成"七激"教学模式，该教学模式，设计理念先进，以自主、合作、探究为主要学习方式，践行互动式、启发式、探究式、体验式的教学方式，是当前"三新"改革的具体实践范式。

一、"七激"教学模式概述

　　"七激"教学模式又称"SQECSTE"。SQECSTE代表英语单词Situation（情境）、Question（问题）、Exploration（探究）、Communication（交流）、Summary（总结）、Transfer（迁移）、评价（Evaluation）七个英语单词的首字母。在课堂教学中，以"情境激趣→问题激思→探究激成→交流激动→总结激理→迁移激扩→评价激增"为基本流程的课堂教学模式，称为"SQECSTE七激"教学模式。

　　情境激趣旨在通过精心设计的场景，唤起学生的学习热情，集中学生的注意力于思维活动的核心，从而锻炼学生思维的反应能力；问题激思强调通过构建逻辑严密、层次分明的问题序列，激发学生的深层思考，促进他们对知识的批判性分析和创造性运用；探究激成则通过学生自主或合作的方式深入探索知识领域，鼓励他们自主发现新知识，构建更为完整的知识框架，以此提升思维的缜密性；交流激动通过师生、生生间的多元交流，加深理解的活跃性，让学生在对话中辩证地吸收新知识，深化思维层次；总结激理要求学生回顾学习过程，对所学知识进行理性的总结与反思，帮助他们构建系统的知识体系，培养思维的系统性；知识激扩鼓励学生将课堂上学到的知识和技能应用到更广泛的学科领域与实际问题中，拓宽思维视野，培养思维的广度；评价激增则贯穿整个教学过程，包括教师评价、学生自评和小组互评等形式，全面评估学生的学习效果，促进他们的全面发展。

二、"七激"教学模式的实践应用

（一）情境激趣

2014年9月，荣获首届基础教育国家级教学成果奖特等奖的李吉林老师认为："人为地创设特定的、富有典型意义的情境，使学习情境优化，作用于儿童的感知，引起儿童观察、思维、想象一系列的智力活动。同时，由于情境本身富有丰富的美感、鲜明的形象，伴以教师情感的抒发、渲染，又激起儿童的情绪，使儿童纯真的情感参与学习活动。这样，主客观的一致，智力因素、非智力因素的和谐，使整个情境成为一个可以多向折射的心理场。"在高中物理教学中，可以使用微视频、诗歌、实验等各种方式创设情境。如在教学摩擦力时，让学生用相同的两本书纸张一页一页地相互交错压实，然后学生用力将两本书拉开，学生用了很大的力都没有拉分离，学生体会到摩擦力的真实存在。在教学机械能守恒定律时，用绳在天花板上拴一个2kg左右的铅球，将球拉偏离竖直位置紧靠鼻子，放手后，要求学生站着不动，铅球将来回摆动，当铅球摆回向学生运动时，学生会自然地避开，怕铅球伤害鼻子，只有经过多次实验后学生才不会避让，学生真正体会了机械能守恒问题。在教学天体的发射和回收时，用视频播放"祝融号"火星车在火星上着陆的情境等。情境的创设可以在上课的前奏进行，可以在新知识点的出现之前进行。情境创设的目的是建立学生思维兴奋中心，建立思维兴奋岛，培养学生的求知欲，激发学生的学习兴趣。

（二）问题激思

孔子作为中国古代教育思想的奠基人，在《论语》中阐述了问题教学的重要性，他强调不到他努力想弄明白而不得的程度不要去开导他；不到他心里明白却不能完善表达出来的程度不要去启发他。如果他不能举一反三，就不要再反复地给他举例了。孔子认为，教育过程中，遇到学生的疑惑时，教师应善于启发，而非直接灌输答案。而追溯到国外，古希腊时期的哲学家苏格拉底则提出了"产婆术"或称"精神助产术"的理念，被视为问题教学的原始形态。苏格拉底坚信，知识源于疑问，教育者应通过引导、提问等方式，帮助学生自己发现知识，而非直接告知答案，通过讨论和问答来揭示学生认知中的不足，进而引导他们达到更为全面和深刻的理解。关于问题激思，我们倡导，在一节课的教学设计中，以英国托尼布赞发明的思维导图为工具，以布鲁姆目标分类法为统筹，将一节课的教学内容设计成几个有关联的问题链，以解决问题的形式完成课程的教学，问题链的设计一般第一个问题是现象，第二个问题是现象中的本质，第三个问题是发现问题本质之后的拓展和应用。如在"自由落体运动"一节的教学中，将中心主题设置成"自由落体运动"，将问题设计成：①落体运动的现象有哪些？②什么是自由落体运动？③自由落体运动有什么规律？④自由落体运动有哪些应用？解决这些问题后，本节课的知识体系逐步形成，引导了学生思考，培养了学生思维的批判性和创造性。

（三）探究激成

美国于1996年出版的《国家科学教育标准》指出："科学探究指的是科学家们用以研究自然界并基于此种研究提出种种解释的多种不同途径。探究也指的是学生们用以获取知识、领悟科学的思想观念、领悟科学家们研究自然所用的方法而进行的各种活动。"美国《国家科学教育标准》中的探究有三层含义：作为学习内容的探究，它要求学生把科学当作人类认识世界的一种方式；作为学习方式的探究，它要求学生以类似科学探究的方式来学习科学；作为教学指导思想的探究，它要求教师以探究的态度对待教学。可见，只有师生进行知识的探究，激发学生成功地发现新的知识，才能让学生自己构建新的知识体系。如在执教获得省级一等奖的优质课"匀变速直线运动的速度与位移的关系"时，组织学生分组探究"舰载机巡航归来，着陆时的速度是216km/h，随后匀减速滑行，加速度是2m/s²。机场的跑道至少要多长才能使飞机安全地停下来？"的解法时，总结出了六种解题方法。第一种方法：常规公式法，用 $v=v_0+at$ 计算出时间，然后再用 $x=v_0t+\dfrac{1}{2}at^2$ 计算位移 x。第二种方法：消时公式法，用 $v^2-v_0^2=2ax$ 直接计算出位移 x。第三种方法：平均速度法，用 $x=\dfrac{1}{2}(v+v_0)t$

计算出位移x。第四种方法：面积法，即做出v-t图像，求出图像与t轴所围成的面积即是位移x。第五种方法：逆向思维法，即将匀减速直线运动看成初速度为0的匀加速直线运动，从而计算出位移x，这种方法可以避免代入加速度为负数的错误。第六种方法：运用初中数学一次函数法，由$v=v_0+at$类比一次函数$y=kx+b$，以v为纵轴、a为横轴，求斜率，再由$x=v_0t+\dfrac{1}{2}at^2$计算位移x。又如，在计算天体运动中心天体的质量时，从已知条件推导出了几种计算中心天体质量的方法，再让学生去讨论，总结出方法，最后学生通过讨论，以运用诗词顺口溜的方式记住了计算中心天体质量的四种方法，即"半周半线半周期，黄金代换质量析"。第一种方法：知道运行半径r和运行周期T，可以计算出中心天体的质量为$M=\dfrac{4\pi^2r^3}{GT^2}$；第二种方法：知道运行半径$r$和运行线速度$v$，可以计算出中心天体的质量为$M=\dfrac{rv^2}{G^2}$；第三种方法：知道运行线速度$v$和运行周期$T$，可以计算出中心天体的质量为$M=\dfrac{v^3T}{2\pi G}$；第四种方法：知道天体表面的重力加速度$g$和中心天体的半径$R$，可以计算出中心天体的质量为$M=\dfrac{gR^2}{G}$。

（四）交流激动

美国著名学习专家爱德加·戴尔提出，美国缅因州国家训练实验室验证的研究成果"学习金字塔"显示：塔上半部分三种：听讲、阅读、听和看，是传统的被动式学习，学生获得知识的比例为5%、10%、20%；塔下半部分四种：示范/演示、小组讨论、实操演练、转教别人，是学习力主动学习方法，学生获得知识比例为30%、50%、70%、90%。小组讨论中，学生可以阐述自己的主张，促进大脑积极思维，两周后对知识的保持是50%。转教别人，将自己小组讨论的结果和掌握的知识毫不保留地与别人交流，两周后知识可以保持90%。可见，通过交流，激发学生的思维灵动，也是践行互动式、探究式、体验式的教学方式。在小组交流中，教师要精心设计讨论的问题，对每个小组的讨论有一定的重点，讨论出统一的意见和结论，再和全班同学交流，达到巩固知识的目的。

如学生在第一次学习加速度这个概念时，对于加速度的理解是有难度的，于是笔者设置了几个问题让学生分组讨论，第一个问题：速度变化量小，加速度一定小吗？请举例说明。第二个问题：速度大，加速度一定大吗？请举例说明。第三个问题：加速度方向与速度方向有没有关系？请举例说明。将学生分成6人一组进行讨论，每两个组讨论一个问题，通过学生讨论、交流、辨析，第一个问题组交流的结果是：速度变化量大，加速度不一定大；加速度大，速度变化量不一定大；结论：加速度与速度变化量没有必然联系。第二个问题组交流的结果是：速度大，加速度不一定大；加速度大，速度不一定大；加速度为零时，速度可以不为零；速度为零时，加速度可以不为零；结论：加速度大小与速度大小没有必然联系。第三个问题组交流的结果是：加速度方向与速度方向在直线运动中没有关系。结论：加速度方向和速度变化量的方向相同，与速度方向无关。学生在交流讨论中、相互辨析中，增强了信心，发挥了思维，明确了道理，学生在以后对于加速度大小和方向的判定上就容易得多，并且是学生理解性地记住这些结论，使用得心应手。

（五）总结激理

为了培养学生思维的系统性，必须对课堂内容进行归纳总结，给学生一个整体的知识结构体系。一堂课结束前的几分钟，正是学生的大脑处于疲劳状态的时候，此时更需要教师精心设计一个新颖有趣、耐人寻味的课堂总结，使学生保持旺盛的求知欲望和浓厚的学习兴趣。有效的课堂总结，可以带动学生思考，内化知识，进行更深的探究，能促进学生对知识的巩固、扩展、延伸与迁移，从而使新知识有效地纳入学生已有的知识结构中去，在学生思维培养方面起到画龙点睛的作用。总结的方式可以通过完善思维导图，可以通过分组阐述知识，也可以总结本节课的收获和体会等，主要目的是让学生加深理解的整体性。总结教师要以学生为主体，引导学生自主总结，激发学生思维的内驱力，让一节课意味深长；教师要站在学生的角度去设计课堂总结，调动学生的积极性，激发学生思维的趣味性，让一节课回味无穷；教师要尊重个体差异，鼓励学生深入探究，培养学生思维的多样性，让一节课百花齐放，达到课虽终，思未了、趣不尽、情更浓的境界。

如在教学加速度一节时，我们是这样设计总结的，将本节内容分成八个方面去总结，首先让学生分组讨论以下问题。第一组：什么是加速度？课堂上是如何引入的？第二组：加速度的公式是什么？单位是什么？你上课中联想到什么？第三组：加速度的方向如何规定？请列举课堂中的事例进行说明。第四组：加速度大小与速度变化量是什么关系？请列举课堂中的事例进行说明。第五组：加速度大小与速度的大小是什么关系？请列举课堂中的事例进行说明。第六组：加速度方向与速度方向是什么关系？课堂中是如何讲解的？第七组：本节课的教学中教师和学生的关系如何？请列举事例说明。第八组：本节课同学们之间的合作情况如何？请列举课堂中的事例进行说明。你认为应该怎么做？学生经过3分钟左右的讨论后，第一组学生是这样回答的：我们学习的加速度是一个物理量，那么什么是加速度呢？教科书上说了，加速度是速度的变化量与发生这一变化所用时间的比值。实质上，加速度就是一个描述速度变化快慢的物理量，刚才老师播放了一个猎豹追羚羊的视频，我们都知道在4秒内，猎豹可以达到30米每秒，然而羚羊只能达到25米每秒，羚羊必然是会被猎豹抓到的。如果人要救这只羚羊的话，他会在4秒内突然爆发出比猎豹还要快的速度，这个时候讨论速度的变化快慢，我们发现需要引入一个物理量来描述，由此我们引入加速度，并开始了对它的研究，谢谢大家。这种方式的总结，每组学生从一个方面去理解，所有组学生交流完结，就是对整堂课的全面总结了。

（六）迁移激扩

2021年4月29日，第十三届全国人大常委会第二十八次会议通过关于修改《中华人民共和国教育法》的决定，将党的教育方针修改为："教育必须为社会主义现代化建设服务、为人民服务，必须与生产劳动和社会实践相结合，培养德智体美劳全面发展的社会主义建设者和接班人。"可见，学生将课堂所学扩展到本学科或其他学科中去解决实际问题，是践行党的育人目标的具体体现。主要的迁移方法，一是解决课本上提出的问题和课本上的真实情景问题；二是迁移到本领域及其他领域和其他学科中去解决相关问题；三是运用学到的思维方法去解决本学科的相关问题；四是运用思维方法去解决背景不熟悉但可以用同一方法解决的问题。如在学习了牛顿第二定律的知识后，运用合力与速度方向相同时加速、合力与速度方向不相同时减速，要求学生分析坐电梯时加速度的情况，学生通过分析和感觉，很快得出电梯加速上升超重、减速上升失重，电梯加速下降失重、减速下降超重的结论，进而得出，加速度方向向上为超重、加速度向下为失重的结论。

（七）评价激增

2020年10月，中共中央、国务院印发《深化新时代教育评价改革总体方案》指出，要"建立促进学生全面发展的评价体系""发挥评价的教育功能，促进学生在原有水平上的发展"，强调了老师应该更加注重在课堂评价中的实效性，让课堂评价能够用来调整和优化课堂，提升其效率，做到以生为本，从而真正地促进学生全面健康地发展。评价应该贯穿教学的整个过程。可以是教师评价、学生自评、小组互评等多种评价方式。在课堂教学中的过程性评价可以发现学生是否掌握所学的知识和概念，具有诊断性和增值性的功能。如笔者在执教电场中E-x图像时，提出：由$U=Ed$可知，$\Delta U=E \cdot \Delta x$，对比$\Delta x=v \cdot \Delta t$，在$v$-$t$图像中用图像与$t$轴所围成的面积来表示位移，也就是说，位移是速度关于时间的累积，那么电势差是电场强度关于位移的累积吗？有一个学生站起来回答，但是他回答得不完整，笔者先肯定了他的积极性，对他进行积极的评价，接着说，同学再想想，有谁能够再谈谈呢？然后同学们你一言我一语进行了补充，然后笔者问这个同学，你现在有什么想法呢，学生得出可以作E-x图像，然后用图像与x轴围成的面积表示电势差这个结论。这种过程性评价，保持了学生的学习积极性，同时又让学生们相互帮助，取长补短，达到了共同提升的目的，实现了评价增长知识和认识的目的。

结语，"七激教学模式"的基本模式是："情境激趣→问题激思→探究激成→交流激动→总结激理→迁移激扩→评价激增"，一节课可以是一个循环，或者两个循环、三个循环，也可以多节课一个循环。除基本模式外，还派生出了许多种变式，如情境激趣→问题激思→交流激动→问题激思→探究激成→交流激动→总结激理→迁移激扩；情境激趣→问题激思→探究激成→交流激动→情境激趣→问题激思→探究激成→交流激动；问题激思→探究激成→交流激动→总结激理→迁移激扩→总结激理→迁移激扩。

教学应遵循一定的教学模式，教学又无固定的教学模式，要在教学实践中反思前进，结合自己的学科特点努力形成自己的教学模式。我们应该认真探究，在课堂教学中予以深化实践，寻求适合自己的教学风格。

　　本章基于"二链七环节"流程，在初中生物、高中物理的教学实践中，结合实际情况，以初中生物学科为例，提出了问题链课堂教学是以问题为纽带、以知识形成发展和培养学生思维能力为主线、以师生合作互动为基本形式的新型教学方式。以高中物理学科为例，提出了"七激"教学模式，该模式被中国人民大学报刊复印资料全文转载，获得了认可。"七激"教学模式是在课堂教学中，以"情境激趣→问题激思→探究激成→交流激动→总结激理→迁移激扩→评价激增"为基本流程的课堂教学模式，主要是培养学生思维的敏捷性、创造性、严密性、深刻性、系统性、广阔性和批判性，从而实现思维品质的培养。

问题链课堂教学的变式

当前，教育领域的持续发展和学生需求的多元化，要求教育工作者不断探索和创新教学方法。传统的单一教学范式往往难以全面满足学生的个性化需求，也难以有效培养学生的高阶思维能力。因此，课题组成员在深入研究和实践的基础上，又提出了"吸引·设疑·建构·调控·应用"五步教学流程，并结合"一核五环"的教学策略，形成问题链课堂教学的变式。这种变式教学模式不仅注重激发学生的学习兴趣和主动性，还强调学生思维的深度和广度，以及知识的迁移和应用。通过实施这一教学模式，教师可以更好地满足不同学生的学习需求，促进学生全面发展，提高教育教学质量和效果。同时，这种教学模式也符合现代教育改革的趋势，有助于推动教育教学的创新和发展。

第一节 变式一："吸引·设疑·建构·调控· 应用"五步教学法

课题组成员杨兴婕在"四步七环节"的基础上，提出了"吸引·设疑·建构·调控·应用"五步教学流程。

一、总结了问题链思维型课堂范式："吸引·设疑·建构·调控·应用"

动机激发是构建"科学思维课堂"的前奏，"认知冲突"是构建"科学思维课堂"的间奏，"自主建构"是构建"科学思维课堂"的主歌，"自我监控"是构建"科学思维课堂"的副歌，"应用迁移"是构建"科学思维课堂"的流行句。

环节一，吸引，即动机激发。教师创设问题情境，隐含概念内容；学生产生学习兴趣，暴露已有概念。此环节的操作要点是教师创设情境。教师创设的情境要尽量与学生的生活紧密相关，与所研究的问题直接相关，且容易引起学生的兴趣。低年级宜偏重兴趣，高年级则可偏重研究内容。

环节二，设疑，即激发认知冲突。教师呈现具体例子，引发认知冲突；学生质疑相关例子，产生认知冲突。教师呈现有关概念的现象、事实或实物等。学生对例子进行分析和说明，暴露已有的前概念。这些前概念可以是对客观世界原始的最初概念或已经习得的科学概念，可以是与科学概念相悖的错误概念（迷思概念：构建新概念的过程中，学生也会产生新的与科学概念不一致甚至违背科学概念的认识和理解，我们统称为"迷思概念"）。认知冲突就是通过精心设计的例子引发学生认知上的不平衡，学生的前概念不能解释现有的例子。在这种情况下，学生的学习开始真正发生。这个冲突既可以同化原有认知的，也可以改变原有认知。没有冲突就没有认知上的原发动力。在一堂课中，将知识点设置成若干个相互联系的问题，形成问题链，教师引导学生解决这些问题，解释认知冲突矛盾。

环节三，建构，即自主构建。教师预设问题引导启发，提供相关材料；学生感知、归纳、概括、合作生成新概念。操作要点是问题和感知。提出的问题要切中要点，要有研究价值，要有助于完成学习目标。为了提出好问题，教师需要对问题进行预设，了解学生现有认知水平，问题要难度适中。学生在回答或解决问题时，可以构建起具体的分解概念，甚至更复杂的综合上位概念。在学生解决问题时，教师需提供事先准备的材料以帮助学生。

第一步是感知：感知是课堂教学中很重要的一个环节，教师可以设计多种方法帮助并支持学生积累对事物的感知经验，为后续的思维加工提供基础。

第二步是合作：合作学习的方式有多种，最常见的是由能力不同的四个成员组成一组，当然也可以是两两配对，也可以根据具体情况确定每组人数。学生分组后，通常需要在一个比较长时间内保持稳定，教师需要传授学生交流、合作技能，如主动倾听、清楚表达想法、不说贬损对方的话、交流时的声音不要太大、均匀分配机会，等等。

第三步是概括：概括是忽略事物中的细枝末节，寻找共同点的能力。概括能力在思维中十分重要，因为思维是以概念（概括和抽象的结果）形式进行的。概括与本模式中的应用迁移密切相关，没有对旧情境中知识的概括，就无法完成迁移。

环节四，调控，即自我监控。教师引导学生对研究过程和思维方式进行反思；学生总结交流、反思过程和结论。操作要点是反思和评价。

第一步是反思：通过小组交流、班级交流、评价表格、课堂作业的方式反思学习过程。反思的过程体现元认知理论，教师给学生提供元认知策略以提高他们的学习效果。学生一旦学会了这些提问元认知策略，就会逐步形成一种反思习惯。

第二步是评价：在概念学习过程中，要使学生成为主动的自我评价者，学生对自己的概念学习的方法和结论做评价时，可以进一步加深对概念的理解。同时，要加强小组合作学习时的评价，学生在进行组内评价、组间评价时，听取不同的观点、相互启发，从不同角度完善对概念的理解，发展自己的思维。

环节五，应用，即应用迁移，包括知识的迁移和思维方法的迁移。教师提供新情境，鼓励迁移应用；学生深化理解，将新概念应用于新情境。将所学知识和能力迁移到新的问题情境中，应用迁移在学习中具有重要作用。教师可以采用循序渐进的方法，逐步加深学生对概念的掌握和理解，提高学生应用迁移的能力。

二、成功实践了"吸引·设疑·建构·调控·应用"五个思维型课堂的有效教学策略

（1）"吸引"策略。即有一个好的新课引入，这里的新课，并不是一节课的开头，而是一个知识点的开头。围绕教学目标，去优化思维教学情境，有利于学生接收信息，通过"目标启思、情境启思、探究启思、兴趣启思、问题启思"等动机激发方式，如利用微课、诗歌、故事等激发学生深度思考和信息感受，加深理解，迅速构建课堂教学"起始阶段"的优势"思维兴奋中心"，促进学生"认知冲突"，引导学生积极思考。根据教学实际，每课时可构建2~3个优势"思维兴奋中心"，促进学生思维意识的形成。如在引入新课阶段、新概念导入阶段、新知识理念导入阶段等，根据教学重点、难点可以构建强化阶段的"思维兴奋中心"；在一堂课的下半场，学生的注意力会减弱，更需要构建"思维兴奋中心"，使学生的积极思维活动贯穿整个课堂教学的始终。在注重学生原有的知识经验、提供"真实的"学习情境、在教学组织和评估中注重启思等方式。

（2）"设疑"策略。教学过程是一个不断发现问题、认识问题和解决问题的过程。在教学过程中，把设置问题作为促进学生"学习和思考"的重要载体，根据教学的重点、难点和疑点，精心设计或生成若干紧密联系、难度适中的问题，使这些问题形成问题链。在教学过程中有层次、有梯度地展现给学生，通过学生小组讨论，并在讨论过程中关注产生的问题，引发学生思考、讨论、探究，促进学生思维养成。最后通过问题的展示、交流、归纳、总结，完成学习任务。在运用中要注意以下两个方面。

教学内容问题化。主要通过追求目标，精设问题；情境创设，生成问题；感悟理解，发现问题。在整个教学过程中培养学生的问题意识，在整个教学过

程中以问题为主线，实现教学内容问题化，提高解决问题教学的有效性，培养学生的思维能力。

体现问题思维化。问题是思维的发动机，是激发学生多元化思维的最有效方法。因此在课堂教学中，通过精心设计认知冲突型问题、内心体验型问题、批判参与型问题、新颖有趣型问题四类问题，提高问题的思维价值，激发学生的探究兴趣和积极思考，促进问题的思维化。通过"问题链导学"策略运用，深化学生的认知冲突，增强学生的问题意识，提高质疑能力和思维效度，促进学生的理性思维和勇于探索的精神。在教学过程中探究，关注学生"思维过程"，注重问题及相关学习信息的探析过程，通过对学习对象的结构层次、局部细节和本质特征及发展过程的分析、综合，运用有效方法，提升学生"思维品质"。一是对前面教学中引发的"问题"深入探析；二是对学习对象的具体细节信息，如结构层次、局部细节和本质特征及发展过程等深入探析。同时在教学过程中，要注重整体思维、结构思维、顺序思维、因果思维、对应思维、经验思维、逆向思维等"思维方法"的指导，关注思维过程，促进多元化思维养成。

通过此策略的运用，可有效促进学生思维的广阔性、深刻性、批判性、发散性、独创性等思维品质的提升。对培养学生独立思考、探究精神和思辨能力，提高多元化思维水平具有很大的促进作用。

（3）"建构"策略。体现在师生使用思维导图构建知识体系，就是以奥斯伯尔的"有意义学习理论"为依据，通过优化思维方法，将信息经过加工编码，使新旧知识融为一体，最后形成认知结构的教学策略。在课堂教学中，首先展示制作的思维导图教学目标，并在黑板上板书中心主题和一级关键词，构建基本框架。在教学过程中慢慢完善思维导图，思维导图贯穿整个教学过程，形成整个教学过程的主线。同时也要求学生在教学过程中运用思维主线和关键词绘制思维导图。

因此在运用"认知构建策略"的过程中，以进行"有意义学习"为基础，以思维导图为工具，实现新旧知识的同化，帮助学生对信息加工编码，抽象概括，完成自主构建。同时注重加强学生"通用思维方法"和"学科思维方法"的指导，帮助学生运用"立体思维、系统思维、类比思维、辩证思维、转换思维、同化思维"等多元思维方式分析问题、解决问题，深化良好思维品质的培养，同时充分发挥"元认知"的作用，帮助学生生成认知结构，对提高分析综合能力、理性思维和自我反思的能力具有极大的促进作用。

（4）"调控"策略。主要方法是联系旧知、同化新知、小组活动、展示汇报、成果交流。分三步，第一步：自主静思。学生针对需要探析的内容，进行自主式探析，充分体现分析、综合、比较、判断、推理等思维过程，加强"多元化思维方式"的运用，提高自主学习和自我监控的能力。第二步：合作探思。在自主探析的基础上，对于自己不能解决的问题，通过小组合作的方式，相互启发，相互补充，集思广益，促进多元思维。第三步：互动辩思。教学中必须有一次真正的小组讨论。对于共性的、小组合作不能解决的问题，通过师生、生生之间的互动辨析，升华多元化思维，最后解决问题。教师设置一个问题，分为递进层次的几个方面或一个问题多种不同求解方法，让一个或两个小组共同探讨，学生先分组讨论，小组内形成统一意见后，选派学生展示交流，其他组同时予以评价，不同组别之间讨论问题侧重点可以不同，这样，学生回答出来的问题就不会重复。在一节课中，可以有一至三次小组互动。通过这些过程的实施，形成知识与生活互补，新旧知识同化，建构新知识。

（5）"应用"策略。思维型课堂是加强"思维训练"、提升"学习能力"的课堂。在应用策略中，首先以课本中的"问题、习题、研究性课题"为思维拓展的载体，进行提高性训练、综合性训练和拓展性训练，帮助学生操作运用，使学生在自我监控中加强"逻辑思维、空间思维、发散思维、逆向思维、辩证思维……"的拓思训练，发展分析综合能力、比较分类能力、抽象概括能力、判断推理能力、质疑辨析能力，促进由知识到方法，再到能力的应用迁移，让学生体验成功，对进一步促进多元思维养成和勇于探索精神具有积极的促进作用。可以是有横向拓展、纵向拓展、延伸拓展等方式。

以上各个策略的作用，各有侧重，相互渗透，相互联系，因此不能完全割裂和绝对化。

第二节 变式二："一核五环五思"教学策略

一、解读了"一核五环五思"课堂教学策略

"一核五环五思"课堂是通过学生独立自思、合作探思、交流助思、点拨悟思、深化拓思五个环节，培养学生能够独思、探思、助思、悟思、拓思，培养学生思维逻辑严密、勇于探究的课堂习惯，形成以激励为手段、以引导思考为特征、以培养学生课堂思维为目标的课堂教学形式（图6-1）。

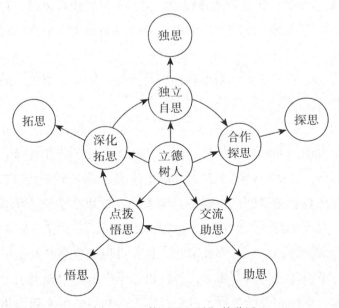

图6-1 "一核五环五思"教学图

说明：中心圆圈是培养目标，第二圆圈是培养过程，最外围是形成的素养。

（1）"一核"：是目标，是以立德树人为核心，培养学生树立正确的价值观，使学生掌握必备知识和形成关键能力。

（2）"五环"：是过程，即课堂教学的五个导思环节：独立自思、合作探思、交流助思、点拨悟思、深化拓思。

① 独立自思环节：预习教材，独立思考，同时教师印发导学案，明确学习目标、自学范围、自学内容、自学方式、自学时间以及自学要求。在问题引导下，独立自学教材，完成自学测评。

② 合作探思环节：在自学、自测的基础上，建立小组，在小组中采用学生与学生之间合作、互动式的学习，掌握基础知识、基本技能、核心概念，合作探究交流思考。

③ 交流助思环节：就小组内合作探思的结果和交流的结果与全班同学交换意见，以此帮助同学思考，解决有疑难的问题。

④ 点拨悟思环节：教师对学生交流中存在的问题，进行点拨和引导，帮助学生分析原因或提供手段或优生讲解或教师点拨或教师精讲，为学生解决重点、突破难点，让学生有所感悟，进行思考。

⑤ 深化拓思环节：学生突破难点后，对本节内容梳理思路，总结方法，整理步骤，让学生将学到的方法和知识用于解决习题和现实生活的问题，深化拓展学生的思维。

（3）"五思"：是素养，指形成独思、探思、助思、悟思、拓思的学科素养，形成学生的关键能力。

"一核五环五思"学习方法层层递进，一方面符合人的认知过程、教育教学规律，另一方面与课改理念融为一体。"独立自思"就是教师上课发下学案布置学习内容后，让学生读书、看书。学生读书、看书实际上等于看试卷；几分钟后学生完成自学测试题，这就是一场考试。教师在这个过程中不讲解，将时间交给学生自主学习。学生在这个过程中不能讲话、讨论，跟考试一样从读书、看书中思考、领悟，独立完成试题。独立自思课堂环节看似平淡无奇，其实紧张无比，学生注意力高度集中，有效培养学生的自学能力。"合作探思"就是学生改错、巩固完善的过程，就是自学、自测后学生之间用相互检查、相互对答案、相互讨论、相互讲解等方式落实自己解决学习目标的过程。"点拨悟思"就是针对"独立自思""合作探思"阶段要求学生能掌握的基础知识、基本技能、核心概念之外的需要拓展拔高、能力训练和有关价值观等方面学生解决不了的问题，教师要帮助学生解决。"深化拓思"就是学习之后给学生一点时间让学生对所学内容自己领悟，悟懂一些道理，悟透一些方法，对所学内容进行思路梳理，方法总结，步骤整理。深化拓思需要教师先对学生辅导一段时间，待学生养成习惯后再让学生独立完成。深化拓思课堂环节用时虽短，作用却大。五个教学环节，环环相扣，注重学科素养渗透，注重落实学科核心素养。

"一核五环五思"的基本环节一节课可以是一个循环，或者两个循环，也可以多节课一个循环。除基本环节外，还派生出了许多种变式，旨在灵活运用以上环节，形成基于情境、问题导向的互动式、启发式、探究式、体验式的有效课堂。

二、"一核五环五思"的时间分配

（1）独立自思：15分钟，在问题引导下，独立自学教材，完成自学测评，教师巡查监督；

（2）合作探思：8分钟，互评、讨论、论证、展示结果、提问等，教师巡查辅导、收集共性问题或解决不了的疑难问题；

（3）交流助思：6分钟，优生讲解、优生展示过程、教师点拨等；

（4）点拨悟思：5分钟，教师点拨、画龙点睛，归纳总结；

（5）深化拓思：6分钟，深化训练、迁移拓展。

三、"一核五环五思"的理论依据

（1）苏格拉底的"产婆术"理论。

（2）孔子的启发性原则。

（3）美国学者爱德加·戴尔提出的学习金字塔理论揭示了不同学习方式对学生知识获取效率的影响。在听讲、阅读、听和看等传统被动学习方式下，学生获取知识的效果相对有限，比例分别仅为5%、10%和20%。相比之下，采用示范/演示、小组讨论、实操演练以及转教别人等主动学习方法时，学生的知识吸收效率显著提升，比例高达30%、50%、70%甚至90%。这一理论强调了主动学习在提升学生学习效果中的关键作用。

（4）皮亚杰的建构主义理论。

（5）桑代克和武德沃斯的情境与学习迁移理论。

本章根据指向思维品质培养的"二链七环节"（二链：问题链和思维链，七环节：情境—问题—探究—交流—总结—迁移—评价）具体内容，提出了实现思维品质培养的两个教学策略，即"吸引·设疑·建构·调控·应用"五步教学策略和"一核五环五思"教学策略，从各个环节的具体实施、实施建议和实施策略都提出可操作与可参考的内容，符合当前课堂改革实际，具备重要的实施价值。

本章小结

问题链课堂教学设计策略

问题链是指教师在文本的基础上，根据预定的教学目标，结合学生已有的知识与经验，针对学生在学习过程中将要产生或可能产生的问题，将教材知识转化为一系列紧密连接、环环递进、相对关联但又彼此独立的问题，驱动学生积极参与课堂互动与思考，使他们实现知识的迁移与创造。

根据前面的问题和具体案例，我们将以具体的学科为例，探究指向思维品质培养的问题链课堂教学设计策略。

第一节　培养学生思维品质的问题链设计原则和策略

一、培养学生思维品质的问题链设计原则

首先，问题链的设计要基于最近发展区理论。最近发展区理论是苏联教育家维果茨基提出来的，他认为学生的发展有两个水平：一种是现有水平，指独立活动时能达到的解决问题的水平；一种是学生可能的发展水平，即通过外界的引导和帮助能挖掘的潜能，这正是通过教师的有效教学所能开发的潜能。为此，为了在学生原有的认知水平上最大可能地提升学生的现有水平，教师的教学应立足于学生的最近发展区，设置的教学问题能让学生的新旧知识有效衔接，为学生设置难度略高于其已有知识经验的内容，以此激发学生的学习兴趣和学习自信心，充分发挥内在潜力，不断接近下一个最近发展区。

其次，问题链的设计要基于循序渐进的教学原则。循序渐进的教学原则指教师的教学内容、教学策略和问题设计都要体现一定的顺序与策划、深度和梯度。在设计教学问题时，严格遵循由易到难、从低到高的渐进有序，逐步深化的认知规律进行系统性的有效教学。

最后，问题链的设计要基于相互关联的整体性和启发性原则。所有问题链的设计都应遵循紧扣教学目标，兼顾全局，激发学生内驱力的原则。教师既要考虑问题的质量，同时也要兼顾问题的数量，引导学生深度思考的问题与问题之间互为支架，相互关联，整条问题链始终贯穿整堂课的教学重点和难点。此外，教师要精心策划适量的开放式问题或指向高阶思维的问题来激励学生的自主学习与深度学习。

二、阅读教学中培养思维品质的问题链设计策略

以人教版高中英语必修五第三单元的阅读课"Life in the future"在"七激"教学模式中的三个片段为例详细阐述如何进行问题链设计（"七激"教学模式的基本流程：情境激趣→问题激思→探究激成→交流激动→总结激理→迁移激扩→评价激增）

片段一：情境激趣

利用视频，创设情境，引出主题，激发学生读前兴趣，为阅读任务做铺垫，调动学生的自主学习能力及思维品质。教师播放关于未来生活Life in 2050时长3分钟的视频，然后抛出读前导入性的问题链：

Q1: What is the video mainly about?

Q2: What are your feelings about life in the future?

Q3: What would you like to know most about life in the future from the passage?

读前小视频不仅能增强学生的好奇心，还能介绍单元背景知识及预测阅读内容。教师利用视频导入创设真实语境，设置Q1帮助学生理解视频内容；Q2是让学生说自己对于未来生活的真实感受；Q3用来激发学生的读前预测力和求知欲。读前导入性问题链的设计旨在帮助学生初步了解未来生活，激活读前思维能力。

片段二：问题激思

教师先通过PPT呈现课本图片并思考图片下方的问题，预测阅读内容。然后带着问题自主阅读，获取文章主旨大意、各自然段的大意等。读中分为skimming（略读）和scanning（跳读）两部分。skimming主要用来获取整体感知语篇，了解整个语篇的结构。为此设计以下问题链。

Q4: According to the title and pictures, what might be talked about in the passage?

Q5: What is the main idea of each paragraph?

Q6: What is the main idea of the whole passage?

首先，通过Q4让学生浏览文本标题和来自文本的两幅图片来预测文本大意，以此培养学生的学习策略；在学生初步了解文本大意后，通过Q5和Q6引领学生通过快速浏览并梳理出各个段落及整个文本的中心思想，旨在培养学生获

取分析、概括整合文本信息的能力。基于学情考虑，Q5和Q6以连线题和单选题的形式为学生搭建支架以期增强学生的学习自信心。这个问题链的设置能帮助学生初步掌握文本大意和框架结构。

Scanning（跳读）部分旨在引领学生在略读后掌握文本大意的基础上，逐层系统地梳理所需细节信息，厘清文本的整体结构和理解信息之间的逻辑关系，从而进行文本内容建构。为此设计以下问题链。

Q7: What's the first impression of Li about the environment in AD 3008?

Q8: How did he describe the situation?

Q9: What's the writer's attitude towards the future, optimistic or pessimistic? How do you know?

Q7和Q8问题链的设置属于基于语篇层面的提问。要求学生捕捉文本的关键词及支撑语句，以便梳理文本的细节。学生通过略读结合精读处理，归纳概况李强是如何安全到达"未来世界"以及对"未来世界"的第一印象。Q9的教学活动要求学生通过阅读来判断李强对未来生活的态度是乐观的还是悲观的。学生在文中找出支撑自己观点的论据或关键词，尽可能说服其他人。Q9的设置属于深入语篇层面的提问，学生在阐述观点的过程中实现了语言和知识的内化，加深了学生对语篇深层解读的语言能力，很大程度上培养了学生的思维品质。

片段三：迁移激扩

教师带领学生梳理完文本细节信息后，基于问题链设置的循序渐进的教学原则，在学生掌握关键信息的基础上，应当进一步培养学生将语言知识与技能整合到主题与语篇中的整合学习，旨在提升学生的思维品质。为此设计以下问题链。

Q10: What improvements do you think there will be to your city in 50 years? What problems might there be?

Q11: As a member of our society, what should we do in order to have a better future?

这一环节属于读后环节，引导学生跨出课本，有助于创新性思维品质的提升，培养学生解决真实问题的能力。Q10和Q11的设置属于超越语篇层面的提问。教师设置让学生能够超越语篇的问题，实现迁移创新的巩固阶段。同时，这一环节的问题链应体现问题的开放性和启发性。为此，通过Q11的设置，教师采用符合学生真实生活、认知水平、真实想法和语言能力促进学生运用课堂语言学习进行真实的语义、语境及语用的实践运用。Q11在Q10的基础上更进一步引导学生理解并运用单元主题对课堂知识发生真实迁移与运用，培养学生有担当、有社会责任感的品质，培养学生分析和解决问题的能力，使各个层次学生的思维都有一定程度拓展，这一环节的问题链实现了英语学科育人的教学理念。

在本节阅读教学课中，通过循序渐进的阅读问题链设置，带领学生由浅入深地解读文本，有效培养了学生由表层理解到深层理解，最终实现语言知识迁移创新的过程，培养了学生基于语篇、深入语篇和超越语篇的阅读能力。此外，学生通过解答循序渐进的问题链，对"未来生活"有了一定的认识，让本堂课的教学具有明确的指导意义，引导学生成为有文明素养和社会责任感的人，从而发展学生的思维品质，全面提高其文化意识、语言能力等英语学科核心素养。

第二节　情境：创设情境激发兴趣策略

新一轮的教学改革促进了初中生物教学发展，而在这当中，着重地强调了学生自主性的培养，通过充分激发学生的主动意识，让学生积极主动地投入教学中来，提高教学效率，增强教学效果，而提高学生自主性的重要前提就是在于良好的学习兴趣，通过以问题为线索构建"问题链"并以此为基础来创新教学情境，充分激发学生的学习兴趣，使学生能够在兴趣的引领下实现主动学习，积极学习，快乐学习，所以需要教师对"问题链"的构建高度重视，结合初中生物教学以及当前阶段学生的实际学习的特点，合理地创设问题情境。

兴趣是学生最好的老师，如果保持浓厚的学习兴趣，就会在兴趣的引导下帮助学生调整学习状态以及学习态度，使学生能够在高昂的学习情绪下积极自主展开学习，以此来达到提高教学效率、增强学习效果的教育目的，而兴趣的培养与激发就有着至关重要的作用，通过以问题为线索、利用问题链的形式来创设问题情境，让学生能够在问题情境的影响下，对初中生物教学形成浓厚的学习兴趣，以此来驱使学生实现主动学习，而且学生还能够在问题的引导下进行深度探索，培养良好的探索求知意识，以此来促进学生综合学习能力的提升。

一、借助日常生活情境创设问题情境激发兴趣

生物教学的展开初衷就是引导学生能够从生活当中发现生物问题，并将所学习到的生物知识用于生活当中，从而更好地解释生活当中所呈现的生物现象，通过借助生活内容来创设问题情境，可以有效地激发学生的学习兴趣，让学生在兴趣的指导下探索生活当中的生物知识。例如，在"被子植物的一生"这一单元教学展开的过程当中，教师就可以根据当节课的教学内容来合理地提

出问题，用完整的问题链来创作生活化的教学情境，将学生的学习注意力从课堂转移到生活，并配合生活化的教学作业，引导学生展开教学实践。第一，在哪种环境条件下种子才能萌发？第二，哪些是种子萌发的必要条件？第三，植物移植的过程当中需要带土移植是为什么？第四，绿色开花植物在开花之后经过什么才能形成果实和种子？并以此为基础利用多媒体教学设备与视频的形式来完成生活化教学情境的创设，让学生近距离地观察生活当中的植物种植现象，根据视频内容以及自身的生活经验来解答问题。教学的最后可以布置观察型实践作业，进一步地激发学生的学习兴趣，使学生能够在学习的过程当中感受生物的奇妙。

二、借助实验材料创设问题情境激发兴趣

生物教学除了大量的理论教学知识之外，还得有非常丰富的实验内容，通过借助实验材料来创设问题情境，可以有效地激发学生的学习兴趣，使学生能够在兴趣的驱动下自主展开教学实践，从中获取知识，挖掘实验的奥秘，从而带动学生主动学习。生物是一门以实验为基础的自然学科，教师在展开生物教学的过程当中，可以利用实验材料来创设"问题链"，并让学生在实验教学情境当中对问题加以解答，以此来完成当节课的教学内容，同时还可以培养学生探索的求知欲望，充分激发学生的学习兴趣，使学生能够充分利用实验教学来探索知识。例如，在"流动的组织——血液"这节课展开的过程当中，教师就可以围绕血液的组成部分来创设实践教学情境，并提出"问题链"。通过提前准备充足的实验材料、动物血液以及离心机，展开离心实验，经过实验可以发现在离心机的作用下，血液分为三层并有着清晰明确的颜色差异，以此作为情境提出问题，为什么血液颜色会发生变化？血液的红色部分是由什么细胞组成的？中间的白色部分又是由什么细胞组成的？淡黄色的主要成分又是什么等等，以构建完整的问题链形式来引导学生进行学习探索，从而达到激发学生学习兴趣的教育目的，驱动学生实现主动学习。

三、借助矛盾材料创设问题情境激发兴趣

生物教学是一门十分奇妙的自然学科，自然世界中的很多未知都可以利用生物角度知识来进行解释，而一旦学生的认知与生物角度存在矛盾现象，就会

激发学生的学习兴趣，让学生能够在兴趣的驱使下探索求知，引导学生在矛盾当中寻找真理，并从以往的感性认知向理性认知转变，帮助学生更好地认识自然。例如，在"基因控制生物的性状"这一节课展开的过程当中，教师就可以通过利用多媒体教学设备创设情境向学生展示人体细胞中的染色体结构，让学生知道人体内有23对染色体细胞，并由内部基因决定生物的性状。以此为基础提出教学问题，构建"问题链"，第一，如果有一对夫妇想要生育小孩，那么小孩的体细胞当中会有多少对染色体？第二，染色体是由什么组成的？第三，人类的性别是由哪种结构决定的？第四，人的性染色体存在于什么地方？同时教师还可以借助层次性材料，根据学生的实际学习能力来合理地提出问题，使问题链做到由简至难、由浅至深逐渐引导学生实现深度学习，同样也可以达到有效地激发学生学习兴趣、促使学生主动学习的教育目的，并使学生的学习效率得到有效的提升。

总而言之，生物学科作为初中教育中的一门重要课程，不仅有着非常专业的理论知识，还有较强的实验活动内容，相对来说教学难度较高，而在初中生物教学当中以问题为线索来创设教学情境，可以激发学生学习兴趣，使学生能够在兴趣的指引下积极主动地展开生物探索，获取生物知识，总结实验技能，提高学习能力，所以需要教师对"问题链"加以高度重视，结合学生实际情况，合理地构建"问题链"创设情境，激发兴趣。

第三节　问题：设置问题激发思考策略

随着新课程标准的推进，在中小学教育中，各学科的教学都面临着改革和创新的挑战，越来越多的教师开始注重学生核心素养的培育，其中，思考能力成为学生学习过程中必不可少的一项能力，能够让学生在遇到问题的时候有效应对，并通过思考和分析，找出最优解。本文针对初中物理教学，提出几项有关引导学生积极思考并提出问题的教学策略。

在物理学科中，包含非常多抽象且难懂的知识点，尤其在初中阶段，物理可以说是一门全新的课程，不少学生在最开始接触物理的时候一头雾水，找不到学习的目标和方向，因此在学习中也是屡次碰壁，难以形成物理思维去解决问题。因此，如何让学生积极地思考，并在学习中提出问题是物理教学的关键。

一、联系生活，从生活情境中思考并提问

在初中阶段，学生是第一次接触物理，同时学科数量也瞬间增多，当学生面临多学科、多任务的时候，容易出现学习偏重的情况，因此导致学生的探究意识薄弱，思维能力得不到提升。这种情况表现在学习中就是当学生遇到问题或者困难的时候习惯性地依赖教师的指导和课堂的学习。所以在教学中，教师应该首先让学生拥有思考的兴趣，培养其探究的意识，为此，教师可以采用生活化教学，以生活情境为出发点，由浅入深地代入学生兴趣，引导学生对物理知识进行思考，从而推进课堂教学的发展。

例如，在学习"摩擦力"的时候，这是和我们生活息息相关的一种力，生活中的很多场景都会用到摩擦力的知识。在课堂教学的时候，教师首先创设摩擦力相关的情境，如在雨雪天气如果我们骑车出行，是非常危险的，我们也经

常听说"雨天路滑，小心行驶"的提醒，大家知道为什么吗？在学生表达完自己的观点后，教师可以解释：没错，这是因为雨水的出现减小了车轮和地面的摩擦力。在经过一番解释后，学生对这一情境有了初步认识，随后，教师可以提问：大家知道为什么汽车就不容易打滑吗？这样的问题就可以吸引学生足够的兴趣，纷纷思考影响摩擦力大小的因素。通过这样的情境创设，我们可以很好地培养学生积极思考并且提出问题，实现学习效率的提升。

二、一题多问，从课堂探究中思考并提问

学起于思，只有学生在学习过程中发现了问题，并展开思考，才能够投入学习中，这是一个连贯的过程。因此，为了让学生在课堂中积极思考，我们就要给学生列出问题，刚才提到的生活化情境的创设就是在给学生列问题，那么在日常的物理习题练习中，为了给学生留出思考的机会，教师应该善于用物理问题来引发学生的好奇心，从而引导其围绕问题展开思考。为此教师可以采用一题多问的形式，首先选择难易适中的题目，以已学的知识为出发点，将学生引向未知的范围，让学生成为知识的主人，从而经过思考和探究得到答案，当然在这个过程中，学生也会不断地质疑和提问，从而很好地实现教学目的。当然，教师也要注意问题应该具有一定的层次性，以满足不同水平的学生。

例如，在学生学习"向心力"这节课的时候，教师就可以提问：在火车拐弯的地方，两根铁轨的高度不同，这也是为了产生向心力，防止火车侧翻，那么，为什么我们却感受不到向心力的作用呢？借助这样的场景提问，可以有效地引导学生与日常坐火车的经历相联系，通过思考的过程，可以得出，在火车行进的时候，由于车速较快，加上离心力的作用，基本能够抵消向心力的作用，因此我们感觉不到向心力。教师还可以融入一定的计算过程，让学生体会火车行进途中所受力的变化，从而激发学生的思考和提问欲望。

三、结合实验，从实际操作中思考并提问

实践是检验真理的唯一标准，随着初中生生活经验的积累，他们对生活中的很多事物都充满了好奇心，尤其是当学科知识在生活中得到体现的时候，学生非常想借助自己学过的知识去解决问题。因此，在课堂中，为了能够吸引学生的思考，我们不妨尝试利用实验教学，以未知的事物和规律引发学生的关

注，进行动手操作，并通过课堂实践去验证真理。

例如，在学生学习"能量守恒定律"这节课的时候，教师可以组织进行课堂实验，首先让小球从斜坡的顶部滑下，并在斜坡下面放一平板，根据小球在平板上运动的距离计算动能，再和势能进行比较，通过前后测量计算的过程验证能量守恒的规律。借助这样的实验操作，可以有效激发学生的探究欲望，而且在学生动手操作的过程中，实现手脑并用，营造积极的学习氛围，从而引导学生主动思考、主动质疑，增强学生的思维能力。

综上所述，在初中物理教学中，引导学生积极思考并提出问题是提升学生学习效率的关键，只有当学生产生了物理思维，才能在课堂中有自己的见解，并且积极地参与到学习中，不管是在新课学习中，还是在课堂探究中，都能够发挥自身的内在动力，用物理思维解决问题。在教学中，教师应该根据实际的教学环节选择合适的教学方式，从而促进学生思考能力及综合素养的提升。

第四节 探究：自主探究形成知识策略

新课标明确提出，教师在教学过程中要坚持学生的主体地位，将课堂交给学生，这也就意味着教师在教学过程中要注意培养学生的思考能力，提高学生的学习积极性，传统的填鸭式教学方式只会营造出沉闷的课堂氛围，学生很难在学习中感受到乐趣，通过教师不断地教学实践可以发现，问题链课堂教学思路是一种适用于多数学科的新型教学模式。教师可以将问题作为教学的核心，并且利用问题强调本节课学习内容的重点和难点，从而对学生做出正确的引导，本文将针对利用问题链展开初中生物科学探究的具体策略展开探讨。

一、问题链教学思路在教学前期的应用

无论是教师还是学生，想要真正掌握课本内容，都需要在课前做好充足的准备工作。为了让学生更好地掌握新知识，教师要让学生在课前做好预习工作，在熟悉课本的基础上如果还可以接受更多的内容，也可以利用网络、图书馆等方式收集更多的相关信息，从而保证学生对教材已经产生了初步的思考。如果学生对于教材处于完全陌生的状态，那么教师即使在课堂上提出了问题，学生也不知道如何寻找思考方向，难以发挥"问题链"教学模式的真正价值。教材是教学活动进行的重要依据，因此教师要充分发挥引导者的作用，让学生在原有的基础上不断地对所学内容进行创新，养成良好的学习习惯。教师在进行教学时，要有意识地引导学生建立起相应的学习结构，深刻了解课本中的具体内容和其中的关联，让学生学会独立思考，对教材安排做出分析。除了由教师提出问题外，学生自己学会质疑也是问题链课堂教学法实施的重要内容，学生只有在学习的过程中学会主动质疑，才能不断地发现问题，解决问题。在学生探索问题的过程中，思维会逐渐地向理性的逻辑思维转变，逐渐地将自己的

学习经验与课本内容有机结合，促进学生进行更加深入的探索。为了保证"问题链课堂教学"模式的顺利进行，教师在前一节课结束时要将新旧知识结合起来，提出具有引导性的教学问题，使学生可以循序渐进地掌握所学内容，不断加深学生的学习深度。

二、问题链课堂教学思路在教学过程中的应用

虽然教材是教师教学和学生学习的重要依据，但是仅仅依靠教材内容是远远不够的。随着教材的不断更新可以发现，编写者已经逐渐将理解教材内容放在了重要的位置，在教材中插入了很多便于学生理解的图片。但是这些内容相对于大量知识点来说，仍然是难以满足学生的实际需要的，因此教师在教学过程中要加强对教学情境的创设。教师应该利用生活中的资源，围绕核心问题创设出多种情境，使学生在学习的过程中产生更加强烈的代入感，用更加直观和感性的方式理解教材内容，减轻学生发现问题的难度，激发学生的探索欲望。在学生进入教学情境中后，可以最大限度地激发学生的学习兴趣，促进学生主动思考、主动学习。为了充分照顾到所有学生的层次，教师在设置问题时，应该设置多层次多重点的问题，使每个学生都可以参与到问题探索的过程中来，为学生提供主动思考的机会和平台。为了加强问题情境的效果，教师可以将情境内容结合起来，采用多个有关联的情境开展教学活动，从而加深学生对于所学内容的印象。

为了使每个学生都可以参与到课堂学习中来，教师可以将问题链课堂教学法与小组教学法相结合，给学生留下讨论的空间。这也与新课标要求的以学生为主体的教学原则相符合。教师可以在学生讨论的过程中进行正确的引导，帮助学生明确思考的方向，从而使学生能够在学习中获得成就感，促进学生深入思考。教师在设计问题时要注意将问题与学生的实际认知情况相结合，按照学生的思维特点进行设计，保证学生在课堂活动中的主体地位，真正实现"链条式"问题教学。例如，教师在进行"细胞"的相关知识的讲解时，就可以利用多媒体设备首先让学生直观地感受细胞的具体形态，然后再对细胞的各个组成部分做出分别介绍，最后让学生分组自行讨论。教师在学生讨论的过程中可以间歇性地提出引导推论方向的问题，让学生根据实际要求做出解答。如果学生没有探讨出答案，无法回答教师提出的问题，教师也要采用鼓励的方式对学

生进行引导，帮助学生找到正确答案，从而提高学生的学习热情。这样的形式不论是教学过程还是讨论过程都做到了将"问题链"教学与课本内容有效地融合。

三、问题链教学思路在课后的应用

教师在课堂教学结束后，适当地为学生留下复习与拓展的内容，这样可以使"问题链"形成有效闭环。教师在设计问题时可以采用分层的形式，对于基础较弱的学生，教师可以以复习为主，帮助学生巩固所学内容；对于能力较强的学生，教师可以以开放式问题为主，帮助学生打开学习思路，拓展学生的生物思维。生物是一门灵活性较强的学科，教师要不断地调整教学方法，选择合适的问题设计问题链，才能真正地促进学生的全面发展，引导学生学会在生物课堂中主动思考，在探索中产生源源不断的学习动力，真正突破传统教学模式带来的影响。

第五节 交流：师生互动加深理解策略

本节以高中物理为例，探索如何以师生互动加深理解引领问题链实施培养学生思维品质。高中物理知识一直是学生的拦路虎，如何更好地进行物理教学，是当前物理课堂亟待解决的现实问题。"问题链"教学可以很好地提高学生的兴趣，帮助学生在"问题链"的引导下，更好地完成探究过程，从而促进物理学科素养的提高。

高中物理知识烦琐，难度较大，许多学生在学习物理的过程中，难以消化抽象的物理知识，出现思想逃避现象，造成物理成绩不理想。随着新课堂的深入，如何帮助学生更好地培养物理思维，提高解决物理知识的能力，已经成为高中物理教师必须面对的问题。本节通过"问题链"教学，采用"七激"教学方法，在高中物理课堂中取得了很好的教学效果，希望能够引起物理教师的重视，更好地提高学生的物理成绩。

一、"问题链"教学所遵循的原则

高中物理采用"问题链"教学要遵循以下原则：一是切实性原则，物理教师不仅仅要注重学生重难点知识的突破，还要结合学生的具体情况，找到学生的最近发展区，从而满足学生的求知欲。二是指向性原则，物理教师要能够让学生通过解决问题，突破知识的重难点，从而完成教学目标，在设计问题时要具有层次性，区分难度和重点，不能随意设置问题。三是秩序性原则，问题设置要具有一定的梯度，从而将知识化繁为简，化难为易，由小到大，层层推进，帮助学生逐步提高对物理知识的理解。

二、高中物理"问题链"教学的应用策略

1. 培养学生的问题意识

传统教学方法导致学生学习被动，甚至对物理学科产生抵触心理。物理教师采用"问题链"教学便会产生不一样的效果。首先教师可以通过提出问题，让学生积极地融入课程中来，调动学生的兴趣。继而教师可以针对图片或者视频提出问题：茫茫宇宙，为什么地球围绕太阳转？究竟是什么力量让地球围绕太阳转？然后逐层加深问题，无数星球，为什么有条不紊，在宇宙中这种力量是否能够计算？通过逐层提问，提高学生的学习兴趣。如果教师直接讲解内容，学生就缺少对宇宙的兴趣和思考，加上内容比较抽象，很容易让学生产生抵触心理。而通过问题的提出和宇宙动画的播放，则可以让学生产生兴趣，通过情境引入，让学生主动思考老师提出来的问题，从而更快地融入课堂。

2. 重视对知识的归纳和总结

高中物理知识点增多，而且更加抽象，老师在设计问题时，要能够重视前后知识的联系，确保学生能够举一反三，归纳总结。比如在讲解电磁感应时，教师可以对学生提出以下问题：磁场是怎么产生的？通过电流能不能产生磁场？通过磁场是否也可以产生电场呢？如果可以，那么电流的大小和方向又该是怎么样的呢？在这样的问题链中，既可以帮助同学们回忆知识，又可以让同学们归纳总结电磁之间的联系，更清晰地认识到电磁转化的规律，在学习中更具有启发性和针对性，抓住物理知识的脉络和体系，提高学生理解物理知识的能力。

3. 注意对重点知识和难点知识的问题设计

高中物理知识整体较难，在设计问题时，不仅要联系其他知识，注重问题的层次性，还要能够对难点问题进行设计，从而让学生在解决问题中，加深对重难点知识的理解。比如在讲解功能动能定理时，让学生明确公式 $W=Pt$ 的适用条件是什么？动能定理的适用条件是什么？功和能量的关系究竟如何？通过对难点问题的提问，学生能够认识到这些公式的应用范围，从而在解题过程中灵活地选用公式，帮助学生解决思维的漏洞和误区，更好地认识公式的本质。

　　高中物理教学中，教师应重视"问题链"教学方法，在设计问题时，要考虑学生的实际情况，激发学生学习物理的热情，通过对知识的精心设计，促进学生更好地理解物理知识，激活物理课堂的学习氛围，调动学生的主观能动性，从而提高物理教学的效果。希望通过本节的研究，能够为高中物理工作者提供思路，探索出更好的物理教学方法。

第六节 总结：总结反思形成体系策略

为了帮助学生将生物学科知识构建成系统的体系，在进行知识总结时，通过利用问题链优化概念图、展开知识探究、检测巩固效果等，科学地帮助学生提升学习能力，本节以初中生物为例探索以总结反思形成体系引领问题链实施培养学生思维品质。

一、利用问题链优化概念图，分解生物学科知识难点

在初中生物课堂教学过程中，学生之所以感觉知识点繁杂、凌乱、不易理解、难掌握，最主要的原因还是学生没有形成系统化的知识链，而为了有效地解决这一点，并且推动学生顺利完成知识总结，教师可以根据学生的实际学习情况，设计多个学生可能潜在的问题，并且将这些问题形成一个问题链，通过一层一层地解析，帮助学生对那些难以理解的知识点进行分析，引导学生由浅入深地掌握难点内容。此外，教师还可以引导学生将所学的生物概念以节点的形式，基于各个生物概念间的联系连接起来，最终形成一个系统的生物概念图，通过这样的方法有利于将那些凌乱纷杂的知识，最终形成完整统一的知识网络。例如，在学习"生物圈中的绿色植物"这一单元知识点时，教师可以先引导学生掌握生物圈中都存在哪些绿色植物，再针对被子植物的一生、与这些绿色植物的生存条件相关的知识点展开教学。除此之外，生物学科的教学知识点与生活是密不可分的，因此，教师可以以学生熟悉的实际生活为前提，利用问题链通过设计一系列生物圈中的绿色植物的相关问题，并且将这些问题串联起来，引导学生来挖掘和发现生活当中所认识的生物圈中的绿色植物，并且将这些绿色植物的相关知识点都绘制成概念图，再引导学生根据概念图强化相关的知识点。在设计问题的过程中教师将绿色植物是生物圈中有机物的制造者这

一知识点分解出来，再通过深入地分析与剖解，达到学生对于每个知识点都充分掌握的目的，最终帮助学生进行知识总结。

二、利用问题链展开知识探究，帮学生构建知识体系

在进行初中生物知识总结时，教师可以利用问题链课堂教学方法，引导学生针对生物知识深入探究，通过学习与探究的过程帮助学生逐渐地构建知识体系，促使学生对于生物知识全面掌握。教师可以组织学生针对生物课堂教学中的难点、重点问题展开讨论，通过小组合作的教学方法针对问题展开深入的探究学习，从而推进学生对于相关生物知识点的掌握。例如，在学习"人体的营养"知识点时，消化与吸收作为本单元的教学重点与难点，教师根据学生的实际情况将难点问题链串联起来，然后引导学生针对问题链展开合作探究。如消化不良、吸收不良，营养不良与消化、吸收之间的关系等问题，引起人体消化不良与吸收不良的原因，如何预防人体出现消化不良与吸收不良等情况。学生针对教师所布置的问题链展开小组讨论，针对这些问题进行深入的研究与探索。而在学生小组探究的过程中，教师可以引导学生进行知识结构图的绘制，将整个讨论过程中涉及的本节课知识，以学生的自主学习意识编制成一个知识总结架构图。这样的教学方法有利于学生清楚地掌握自己的不足之处，同时也利于教师及时发现教学过程中需要调整的部分，通过不断地完善与构建知识体系，帮助学生有效地完成知识总结。

三、利用问题链检测巩固效果，强化学生学习习惯

利用问题链针对初中生物学科进行知识总结，既能够引导学生针对相关生物知识点展开探究，也有利于帮助学生以及教师来检测学习巩固效果，并且强化学生形成生物学科的学习习惯。教师通过利用问题链来检测学生，从而强化学生对相关生物知识点的掌握与实际运用能力。例如，在进行"人类活动对生物圈的影响"这一单元教学时，教师想要了解学生对于本单元教学知识点的掌握情况，可以提前准备一些由于人类活动所造成生态环境破坏的实例，学生通过认真阅读相关资料，再根据资料来解答教师所提出的人类活动与生物圈的问题链。这种检测教师可以设置成课堂练习，也可以设置成课后练习，通过先给学生提供相关的生物知识资料，通过学生的学习与探究然后来解答教师设计

的问题链，就可以让学生清楚地认识到自己所存在的不足，同时更利于教师发现学生的知识点盲区，从而再根据学生的学习情况来合理地调整教学内容与方法。通过利用问题链引导学生对于问题展开深入探究，并且引发学生形成强烈的认知冲突，推进学生在探究的过程中逐渐地积累与总结知识点，最终构建系统化的知识结构，为学生灵活运用生物学科的知识点解决实际生活中的问题奠定坚实基础，再为学生形成生物学科的学习习惯做出有力保障。

综上所述，在对初中生物学科进行知识总结时，教师可以基于教学内容，利用"问题链"以结合学生的生活经验，从而达到提升学生生物学科知识的掌握情况，为强化学生的知识总结而奠定有利基础。通过利用问题链从而帮助学生分解生物学知识难点、帮助学生构建完整的知识体系，最终达到强化学生形成终身学生的习惯，为培养学生生物学核心素养奠定有利基础。

第七节　迁移：迁移拓展解决问题策略

问题链的设计不仅是提升学生学习效率的关键，更是助力学生思维扩散，促进其思维体系发展的重要前提。作为新时期的教育工作者，需意识到问题链设计的重要作用，并在日常教学活动的组织过程中，合理地予以优化与升级。只有如此才能更好地实现自身的职业价值，更好地助力学生的成长与学习。

迁移激扩是指学生运用课堂所学习到的知识和方法，扩展到本学科或其他学科中去解决实际问题，培养学生思维的广阔性。

一、创设问题情境，实现问题链迁移

创设层层深入的问题引导学生进一步思考，在学习过程中采用自主、合作、探究式获取知识。教师要引导学生从被动接受转向主动探究，步步深入探索和研究，培养学生的高阶思维，从而实施知识的迁移。通过创设问题情境，可以使所学习的知识与学生的求知心理形成一种"不协调"，这种状态也将引导学生更好地进入与数学问题相关的情境之中，以此来达到一种积极探索的状态。在问题情境的创设时，需注意问题的设置需小而具体，同时具有一定的难度和启发性。通过造成学生心理上的悬念，引导学生在解决这些悬念的同时，去实现知识的迁移。例如，在学习一元二次方程与系数关系的相关问题时，教师就可以先写出一个系数较大的一元二次方程"$2015X^2-2016x+1=0$"，这个时候，老师可以做出这样的引导"老师可以马上说出它们两个根的和与积，大家可以吗？"同学们百思不得其解，这个时候，教师就可以继续引导"为什么我能很快地求出呢？是因为我掌握了一个定理，如果你们也可以掌握这个定理，那么你们算得一定比我还快"。这个时候，学生的学习积极性已经被很好地调动了起来。

二、创设学习动机，激发学生兴趣迁移

实践教学证明，在学习动机上实现迁移，学会因势利导，可以在平时的教学活动中将学生对其他活动的兴趣转移到数学学习中来。另外，可以引导学生将新概念与自己原有认知结构中的适当概念相联系，利用思维最近发展区理念，通过融会贯通来形成一个知识整体，将自身的认知结构上升到更高的层次，培养学生的系统性思维。

三、创设拓展问题，追踪引导实现迁移

通过教师问题引导，学生相互讨论和质疑提问，逐步完善讨论探究和解题思路。引导学生层层质疑，实现步步释疑，逻辑推理进行数学的"再创造"，引导学生从复杂的现象中去粗取精，通过比较、分析和判断，归纳出问题的本质属性，领悟科学研究的精神。

四、运用数学知识导引，实施问题迁移

解题层面上，通过例题、练习、变式让学生通过反复的演练加深对数学知识的理解，实现知识能力的迁移，巧妙地将学生的生活经验与数学知识串联，引导学生对所学知识的问题情境拓展。深入探究学习，不仅能够加深学生对于知识的理解与记忆，同时也能够更好地激发学生的探索欲望与探索能力，有助于学生思维的扩散与升级。

设计问题链，能够使得学生的学习过程串联成一个问题序，也能够更好地促进师生间的沟通与理解，有助于学生的成长以及教师教学水平的提升。

第八节　评价：评价激增解决问题策略

在新课标背景下，要求教师对学生采取有效的评价措施促使学生自主学习，对其未来成长和发展至关重要。教师需要改变传统灌输式教学方式，善于利用多种激励方法培养学生学习积极性，当然在教学中也要有所突破，注重创新。激励性评价也要松弛有度，只有把握到位才可以激发学生无限潜能，让他们拥有动力去展开英语学习，从而全面提升英语教学水平。

一、实施评价的目的

（1）有利于促进学生学习：评价可以帮助教师了解学生的学习情况，及时发现学生的学习困难和问题，从而调整教学方法和内容，帮助学生更好地理解和掌握知识。

（2）检验教学效果：评价可以评估教学的效果和质量，了解教学目标是否达到，是否需要进一步改进和完善教学内容与方法。

（3）激励学生学习：评价可以激励学生努力学习，提高学习积极性和主动性，促使学生更加专注和认真地参与课堂活动。

（4）促进教师专业发展：评价可以帮助教师了解自己的教学水平和能力，发现自身的不足之处，从而不断提高教学水平和专业素养。

因此，开展评价是课堂教学中不可或缺的一环，有助于提高教学质量，促进学生学习和教师专业发展。

二、实施评价的原则

课堂教学中实施评价的原则包括以下几点。

（1）公平性：评价应该公平、客观，不偏袒任何学生，确保每个学生都有平等的机会展示自己的学习成果。

（2）透明性：评价标准和方式应该清晰明确，学生清楚知道如何被评价，以及评价的标准。

（3）多样性：评价方式应该多样化，包括考试、作业、项目、讨论等形式，以便全面评价学生的学习情况。

（4）及时性：评价应该及时进行，及时反馈学生的学习情况，帮助他们及时调整学习策略。

（5）鼓励性：评价应该是一种鼓励和指导，帮助学生发现不足并提供改进的建议，而不是单纯地惩罚和批评。

（6）参与性：评价应该让学生参与其中，让他们了解自己的学习情况，激发他们的学习动力。

以上原则有助于确保评价在课堂教学中发挥积极的作用，促进学生的学习和成长，培养他们的思维品质。

三、实施评价的策略

通过问卷、访谈和深入课堂听课，发现在课堂教学过程中实施评价的策略有很多种，教师有以下一些常见的策略。

（1）口头回答问题：在教师评价之前，老师可以提问学生，让他们口头回答问题，检查他们对知识的理解程度，让他们进行自我的学习评价。这种评价方式可以帮助学生对所学内容有更深层次的认知，也能增强学生的自信。

（2）书面作业：布置书面作业，让学生在课后完成，以检验他们对知识的掌握情况。在课堂教学中布置书面作业时，可以考虑以下策略和注意事项。

一是明确作业目的，确保学生明白书面作业的目的和重要性，让他们知道完成作业的意义。二是合理安排作业量，根据学生的年级、能力和课程要求，合理安排作业量，避免过多或过少。三是明确要求和标准，清晰地说明作业的要求和标准，包括格式、字数、截止日期等，让学生知道如何完成作业和如何被评估。四是鼓励自主学习，可以设计一些开放性的问题或任务，鼓励学生展开自主学习和思考，提高他们的创造力和解决问题能力。五是及时反馈和指导，在学生提交作业后，及时给予反馈和指导，帮助他们改进和提高，促进学习效果的实现。六是关注作业质量，重视作业的质量而非数量，鼓励学生认真对待每一份作业，培养他们的学习态度和责任感。七是多样化作业形式，可以尝试不同形式的书面作业，如写作、阅读理解、实验报告等，以激发学生的学习兴趣和动力。八是与家长沟通，及时与家长沟通作业情况，建立家校合作，共同关注学生的学习进展和问题，促进学生全面发展。通过以上策略和注意事项，可以更好地布置书面作业，促进学生的学习和成长。

（3）小组讨论：组织学生进行小组讨论，让他们互相交流、讨论并分享观点，从而评价他们的思维能力和合作能力。小组互评也是综合评价中的一环，以小组为单位完成授课可以基于学生在小组内表现出的状态、参与度等不同内容进行评价，这可以使学生获得过程性评价中的一部分的自我认知和他人认知。这种评价可以在分项的互相评价中、交叉的互相评价中使学生通过自我认知发现问题，找出自己与他人的差距，通过重新制定自我的发展规划进行修正与调整。如在讲解"平行四边形的性质"相关的知识时，教师应在讲解完基础知识之后，引导学生进行自我评价，找到自己对平行四边形性质这节课的内容掌握得如何，还有哪些不足，当然评价方式有很多种，可以是教师参与进来评价，也可以是学生小组内自评或者是小组之间互评，不同的评价方式会呈现出不同的效果。教师评价，学生可以更好地掌握自身存在不足，不管是哪一种评价方式，都能够达到预期的教学效果，进一步促使学生积极主动探索与之相关的内容，随后教师应将最终的成果在课堂上展示。

（4）展示演示：让学生展示他们的作品或演示某个技能，以评价他们的表现和技能水平。如教师可以在学生的作品展示环节让学生进行自我评价，并通过肯定学生的进步和发展，帮助学生完成内化，同时提出学生要克服的弱点，鼓励学生找到接下来的发展方向，同时给予一定的指导。课堂评价也要具备多面性，应能够反映出学生在学习中的情感、态度和能力，课堂评价也要做到及时性，应针对学生的点滴进步及时地给予积极向上的评价，这有助于学生树立学习的信心，在知识学习时可以更加轻松且容易，从而既能够发挥课堂教学评价的作用和价值，又能够保障教育水平得到提高。

（5）课堂测试：在课堂上进行小测验，检查学生对当堂所学知识的掌握情况。在应对课堂测试时，以下是一些策略和注意事项：一是提前复习，在测试前，确保你已经复习了相关的课程内容，包括笔记、教科书和课堂讲义。二是制订学习计划，安排好复习时间，确保你有足够的时间来复习所有的内容，避免临时抱佛脚。三是注意测试要求，在开始测试前，仔细阅读所有的题目，了解每道题目的要求和分值。四是确保理解，在回答问题之前，确保你理解了问题的意思，避免因为误解而做出错误的回答。五是注意时间分配，根据测试的时间限制，合理分配给每道题目的时间，确保你有足够的时间完成整个测试。六是注意细节，在回答选择题或填空题时，注意细节，避免因为粗心而犯错。七是审题认真，在作答时，确保你理解了题目要求，清晰地表达自己的观点和想法。八是校对答案，在完成测试后，留出时间来检查和校对你的答案，确保没有漏掉任何问题或犯了明显的错误。九是保持冷静，即使遇到困难的问题，也要保持冷静，尽力解决，不要因为一道题目而影响整个测试的表现。

（6）项目作业：布置项目作业，让学生在一定时间内完成一个项目，评价他们的综合能力和创造力。在课堂教学中设计项目作业时，可以采取以下策略：一是明确项目目标和要求，确保学生清楚了解项目的目标、要求和评估标准，以便他们知道如何着手完成作业。二是提供支持和资源，为学生提供必要的支持和资源，包括参考资料、指导文档、示范作品等，以帮助他们顺利完成项目。三是鼓励合作与交流，鼓励学生之间进行合作与交流，可以通过小组项目或讨论会等形式促进学生之间的互动和合作。四是设定明确的时间表，为项目作业设定明确的时间表和截止日期，帮助学生规划时间、分配任务，确保项目按时完成。五是提供反馈和评价，在项目进行过程中及时提供反馈和指导，帮助学生改进作业质量，同时在项目结束后进行评价，让学生了解自己的表现和进步。六是鼓励创新和自主学习，鼓励学生在项目中展现创新思维和自主学习能力，让他们有机会尝试新的方法和解决方案。以上策略，可以帮助学生更好地参与项目作业，提高他们的学习效果和能力。

（7）口头报告：要求学生进行口头报告，展示他们对某个主题的研究和理解，评价他们的表达能力和逻辑思维能力。如学习美术之后，以问题链形式设问，在这节课中学习到了哪些美术知识？对我有哪些启发？我有哪些进步和不足等。学生的评估体系越完整，学生就会越了解自我，也会使学生逐渐形成反思的习惯。学生会注意到学习方法和学习结果之间的关系，也会找到在美术学科的学习中如何更好地适应自己的个性特点。

（8）开放式问题：提出开放式问题，让学生自由发挥，展示他们的思考能力和创造力。在课堂教学中设置开放性问题可以激发学生的思考能力和创造力，促进他们的自主学习和探究精神。一是提出问题时要确保问题具有启发性和挑战性，可以引导学生思考、讨论和探索。二是鼓励学生提出自己的观点和想法，不要限制他们的思维。三是可以通过小组讨论或合作学习的方式，让学生共同探讨开放性问题，促进彼此之间的交流和合作。四是在问题设计上引导学生跨学科思考，促使他们将不同学科的知识和技能进行整合与应用。五是鼓励学生提出解决问题的方法和策略，培养他们解决问题的能力和创新思维。六是在课堂中及时给予学生反馈和指导，引导他们深入思考和探索问题的本质。通过设置开放性问题，激发学生的学习兴趣和动力，培养他们的批判性思维和解决问题能力，提高他们的学习效果和学习质量，培养他们的思维品质。

以上是一些常见的课堂教学评价策略，老师可以根据具体情况选择合适的策略来评价学生的学习情况。

本章以具体学科为例，根据调查、访谈以及课堂观察中获得的信息，以具体的学科为例，探究指向思维品质培养的问题链课堂教学设计策略。

问题链的设计原则有：问题链的设计要基于最近发展区理论、循序渐进的教学原则，以及相互关联的整体性和启发性原则。

本章从情境、问题、探究、交流、总结、迁移、评价七个方面提出了问题链课堂教学的具体实施策略，为其他教师将问题链课堂教学的策略运用到教学实践中去提供了参考，在乡村学校开展培训中为乡村教育振兴起到了一定的作用，为达到促进学生的思维品质培养目标起了关键作用。

问题链课堂教学研究成效

问题链课堂教学法产生于马赫穆托夫的"问题教学"理论，针对问题式教学过程中出现的一系列如问题设置不合理、问题之间缺乏逻辑性、问题流于形式、问题脱离学生生活等问题，问题链课堂教学法为解决问题教学困境和顺应新课改而生。

课题组根据取得的研究成果，边实验边总结，采用李克特五级量表，实验前开展前测，实验后开展后测，经过一年以上的实验检验，证明课题组提出的"问题链课堂教学"理念和使用的"问题链课堂教学"策略是有效的。

第一节 问题链课堂教学实效性检验调查

本研究采用同一个班级设置前测问卷和后测问卷的方式进行检测，前测从课题结题后的2021年9月开始，到2023年7月结束，跨两个学年度，检测情况如下。

一、基本情况

本次参与实践学校6所，分别是毕节市民族中学5个班、纳雍一中1个班、赫章县朱明中学2个班、大方县理化初级中学1个班、威宁石门民族中学1个班、威宁十一中1个班。参加实践检验学生552人，其中男生255人，女生297人，七年级47人，八年级102人，九年级78人，高一年级156人，高二年级111人，高三年级58人，涉及学科有英语、物理、数学、生物等。

二、对问题链的认识

对问题链的认识统计表如表8-1所示。

表8-1 对问题链的认识统计表（N=552）

题目	项目		A.完全知道	B.知道	C.基本了解	D.知道一点	E.完全不知道
4. 您原来知道"问题链"吗？	前测	数据	9	52	126	194	171
		李克特五级量表值	2.16				
	后测	数据	198	213	83	48	10
		李克特五级量表值	3.98				
	李克特五级量表上升值		1.82				

从表中数据可以看出，实验前552名学生对"问题链"的认识处于低水平状态，李克特五级量表值才2.16分，说明学生对于"问题链"的认识偏低。经过近一年的实践后，学生对"问题链"的认识提高到了3.98分，仅提升1.82分，但总分值还是不太高，以后还要加大实践力度，让学生直接地享受到"问题链"教学的乐趣。

三、对"问题链课堂教学"教学实效性的调研

对"问题链课堂教学"教学实效性的调研统计表如表8-2所示。

表8-2　对"问题链课堂教学"教学实效性的调研统计表（N=552）

题目	项目		A. 完全知道	B. 知道	C. 基本了解	D. 知道一点	E. 完全不知道
5. 您认为"问题链课堂教学"是否有利于激发学生的学习兴趣	前测	数据	64	169	166	109	44
		李克特五级量表值	3.18				
	后测	数据	218	231	64	30	9
		李克特五级量表值	4.12				
	李克特五级量表上升值		0.94				
6. 您认为"问题链课堂教学"是否有利于培养学生的学习热情和实践能力？	前测	数据	62	180	169	93	48
		李克特五级量表值	3.21				
	后测	数据	227	237	56	21	11
		李克特五级量表值	4.17				
	李克特五级量表上升值		0.96				
7. 您认为"问题链课堂教学"是否有利于培养学生的问题意识	前测	数据	64	182	150	111	45
		李克特五级量表值	3.20				
	后测	数据	247	209	67	16	13
		李克特五级量表值	4.20				

续表

题目	项目		A. 完全知道	B. 知道	C. 基本了解	D. 知道一点	E. 完全不知道
和创新思维?	李克特五级量表上升值		1.00				
8. 您认为"问题链课堂教学"是否有利于增加教师知识储备，提升专业技能	前测	数据	83	179	163	91	36
		李克特五级量表值	3.33				
	后测	数据	254	210	55	22	11
		李克特五级量表值	4.22				
	李克特五级量表上升值		0.89				

从实验检验数据可以看出，在"问题链课堂教学"有利于激发学生的学习兴趣方面，实验检验前李克特五级量表数值为3.18，实验后数据为4.12，李克特五级量表上升值为0.94。

在"问题链课堂教学"有利于培养学生的学习热情和实践能力方面，实验检验前李克特五级量表数值为3.21，实验后数据为4.17，李克特五级量表上升值为0.96。

在"问题链课堂教学"有利于培养学生的问题意识和创新思维方面，实验检验前李克特五级量表数值为3.20，实验后数据为4.20，李克特五级量表上升值为1.00。

在"问题链课堂教学"有利于增加教师知识储备和提升专业技能方面，实验检验前李克特五级量表数值为3.33，实验后数据为4.22，李克特五级量表上升值为0.89。

从数据可以明确，实施"问题链课堂教学"，可以激发学生的学习兴趣、培养学生的学习热情和实践能力、培养学生的问题意识和创新思维、有利于增加教师知识储备和提升专业技能。实践效果是非常显著的。

四、对教师使用"问题链课堂教学"的调研

对教师使用"问题链课堂教学"的调研统计表如表8-3所示。

表8-3 对教师使用"问题链课堂教学"的调研统计表（N=552）

题目	项目		A.完全使用	B.使用	C.基本使用过	D.有时使用过	E.完全没有
9.您的任课老师是否使用过"问题链课堂教学"？	前测	数据	63	137	153	138	61
		李克特五级量表值	3.01				
	后测	数据	225	228	55	30	14
		李克特五级量表值	4.12				
	李克特五级量表上升值		1.11				
10.您是否希望您的任课老师使用"问题链"开展教学？	前测	数据	97	165	161	102	27
		李克特五级量表值	3.37				
	后测	数据	250	217	54	23	8
		李克特五级量表值	4.23				
	李克特五级量表上升值		0.86				
11.您感觉您的任课老师使用"问题链"开展教学后您的学习效果如何？	后测	数据	250	206	56	30	10
		比例	45.29%	37.32%	10.14%	5.43%	1.81%
		李克特五级量表值	4.19				

从实验检验数据可以看出，在您的任课老师是否使用过"问题链课堂教学"方面，实验检验前李克特五级量表数值为3.01，实验后数据为4.12，李克特五级量表上升值为1.11，从学生的角度说明"问题链课堂教学"已经正常使用。

在您是否希望您的任课老师使用"问题链"开展教学方面，实验检验前李克特五级量表数值为3.37，实验后数据为4.23，李克特五级量表上升值为0.86。说明"问题链课堂教学"已经受到了学生的普遍欢迎，教师们要加强这方面的实践。

在您感觉您的任课老师使用"问题链"开展教学后您的学习效果如何方面，实验检验李克特五级量表数值为4.19，获得赞成率达到了83.8%。说明"问题链课堂教学"实践获得了学生的认可，通过了实践检验，并且效果是非常显著的。

第二节　问题链课堂教学在课堂教学中的应用效果总结

本研究对"问题链课堂教学"的理念和教学流程进行了应用实践，分别是毕节市民族中学5个班、纳雍一中1个班、赫章县朱明中学2个班、大方县理化初级中学1个班、威宁石门民族中学1个班、威宁十一中1个班。检验学生552人，其中女生297人，男生255人，高三年级58人，高二年级111人，高一年级156人，九年级78人，八年级102人，七年级47人，通过对学生的学习情况和学习成绩进行前后分析，得出以下结果。

一、学生学习的兴趣明显提高

"问题链课堂教学"是以学生为主体的，在课堂上学生根据教师的提示和指导进行探究活动，在接受知识的同时也在主动挖掘知识，使得课堂气氛活跃，学生乐在其中，学习兴趣更加浓厚，学生会使用思维导图做笔记，能够在课堂中应用系统思维、质疑思维等，所提出的问题能够形成问题链。

表8-4　学生学习的兴趣是否得到提高统计表（N=552）

题目	项目		A. 完全能够	B. 能够	C. 基本能够	D. 有一点能够	E. 完全不能够
12. 您认为教师所提出的问题能够激发您主动学习的兴趣吗？	后测	数据	231	227	74	15	5
		比例	41.85%	41.12%	13.41%	2.72%	0.91%
		李克特五级量表值	4.20				

表8-4调查结果显示，96.38%的学生认为教师在课堂上提出的问题能够激发其主动学习的兴趣，只有3.63%的学生认为教师在课堂上提出的问题不能激发其学习兴趣。李克特五级量表计算值为4.20。说明在"问题链课堂教学"实践了一年以上后，学生学习的兴趣明显有了提高，说明"问题链课堂教学"能够使学生想学，对学生学习兴趣的提高要优于传统教学模式。如赵老师任教的高二（7）班是学校里的普通班级，她使用"问题链课堂教学"时特别注重学生兴趣的培养，2021年11月高二上学期半期考试小茜的英语得分为97.5分（满分为150分），该生在班级排名第4名，在全校排名第98名，经过近两年的实践，到2023年7月学期考试，该生英语成绩达到132分（满分为150分），在班级排名第1名，在全校排名第17名，在班级名次上升了3位，在全校名次上升了80位，这是一个效果非常明显的个案。可见，使用问题链课堂教学，提升了学生的学习兴趣，学生的成绩自然就提升了，学习效果达成。

二、学生学习态度有明显变化

"问题链课堂教学"是基于情境、问题导向的互动式、启发式、探究式、体验式的教学，需要将实际情境纳入学科教学，引导学生关注生活中的学科知识及应用。

表8–5　学生学习态度是否有明显变化统计表（N=552）

题目	项目	A. 完全会	B. 会	C. 基本会	D. 有一点会	E. 完全不会
13．在实施"问题链课堂教学"实践后，您会主动预习、主动思考、自觉学习吗？（后测）	数据	263	214	60	12	3
	比例	47.64%	38.77%	10.87%	2.17%	0.54%
	李克特五级量表值	4.31				

表8-5的调查结果显示：97.28%的学生会主动预习、主动思考、自觉学习，学习态度有明显变化，只有2.71%的学生不会主动预习、主动思考、自觉学习，学习态度没有转变。李克特五级量表计算值为4.31，处于优秀水平。

在"问题链课堂教学"实践后，学生会主动进行课前预习，结合自己的生活实际，主动思考，自己尝试构建知识，能够保持严谨认真的态度，注意力集中，对学生的自觉性提出更高的要求。把"问题链课堂教学"应用到课堂教学以后，实验班学生对学习态度有了明显好转，可见"问题链课堂教学"有利于提高学生的学习态度。如杨老师担任班主任的高三（12）班小萍，在高三开学初开展实践，2021年1月高二上学期期末考试该生成绩337.5分（总分750分），在全班排名66名，在全校排名770名，属于二本都不能上线的学困生，通过"问题链课堂教学"的实践推广，重点培养科学思维意识和自觉意识，该生2022年6月参加全国高考，理工类考467分（总分750分），贵州省位次上升到40671名，在班级位次上升到30名，并从对她的访谈中，验证了"问题链课堂教学"的开展对于提升学生学习态度作用明显。

三、学生学习方法掌握更好

通过对实验学生的前测和后测，在学习方法上发现实验班学生的学习方法掌握程度明显提升。

表8-6　实验班学习方法检验结果对照表（N=160）

班级	班主任	人数	学习方法前测（用李克特五级量表统计结果）	学习方法后测（用李克特五级量表统计结果）	学习方法李克特五级量表提升值
毕节市民族中学高三（12）班物理	杨××	58	3.68	4.36	0.68
赫章县朱明中学八（2）班生物	杨××	53	3.53	4.27	0.74
赫章县第六小学五（3）班	蒋　×	49	3.84	4.39	0.55

表8-6调查高中、初中、小学三个班的数据结果显示：学习方法实践前李克特五级量表值分别为3.68、3.53、3.84，处于良好水平。把"问题链课堂教学"应用到课堂教学以后，李克特五级量表值分别为4.36、4.27、4.39，提升值分别为0.68、0.74、0.55，实验前后学生的学习方法掌握程度存在显著性差异。可见"问题链课堂教学"的使用能够促使学生更好地掌握学习方法。例如，杨老师在执教初中生物时，非常注重学生学习方法的指导，如所任教的七（1）班小蔡，在2020—2021第一学期全县统一检测中，生物成绩66分，在全校排名第

9名，2021—2022第一学期进入八（1）班后，小蔡的生物成绩提升到97分，全校排名第1。学习方法是"问题链课堂教学"培训的一个重要方面，注重"问题链"的教学，教学效果是明显的。

四、学生探究能力得到发展

"问题链课堂教学"的中心环节是探究。在教学实践中发现，能够积极地参与到探究活动的学生，探究能力较强，能够掌握探究的流程，并且能够在探究活动中解决出现的问题，巩固探究方法。

表8-7　学生探究能力是否得到发展统计表（N=552）

题目	项目		A.完全有提升	B.有提升	C.基本有提升	D.有一点提升	E.完全没有提升
15.在"问题链课堂教学"实践后，您认为您在发现问题、分析问题、解决问题和从不同角度进行思考寻找多种解决问题方法上，与实践前相比是否有提升？	后测	数据	239	223	69	15	6
		比例	43.30%	40.40%	12.50%	2.72%	1.09%
		李克特五级量表值	4.22				

表8-7调查结果显示：96.20%的学生认为在发现问题、分析问题、解决问题和从不同角度进行思考寻找多种解决问题方法上，与实践前相比有提升，只有3.81%的学生认为与实践前相比没有提升。李克特五级量表计算值为4.22，处于优秀水平。

通过后测学生的"探究能力"问卷，发现参与实验的学生的探究能力表现优秀，学生探究能力有了显著性变化，敢于提出问题并进行探索，有总结归纳规律的意识。由此可见"问题链课堂教学"比传统教学模式更具优势，学生认可探究教学，在探究活动中能够不断增强自己的探究意识和探究能力。

五、实验班学生成绩明显提高

课题组成员执教的是高二（7）班，高二（7）班的对比班级是高二（4）（5）（6）（7）四个班，自2021年9月以来的平均分情况统计如表8-8所示。

表8-8　实验班学生成绩明显提高对比统计表

考试情况	班级	任课教师	均分情况	分差	排名情况	备注
2021年9月 高二上学期期末 同一层次班级分 班时情况	高二（4）班	周　×	61.01			
	高二（5）班	赵××	61.31			
	高二（6）班	王××	61.17			
	高二（7）班	赵　×	60.91	−0.40	第四	
2021年11月 高二上半期考试 情况	高二（4）班	周　×	64.03			
	高二（5）班	赵××	64.50			
	高二（6）班	王××	65.33			
	高二（7）班	赵　×	70.70	6.67	第一	
2022年5月 高二下半期考试 情况	高二（4）班	周　×	85.65			
	高二（5）班	赵××	86.79			
	高二（6）班	王××	86.18			
	高二（7）班	赵　×	94.15	8.50	第一	
2022年6月 高二下第三次考 试情况	高二（4）班	周　×	74.44			
	高二（5）班	赵××	80.61			
	高二（6）班	王××	79.00			
	高二7班	赵　×	89.44	15.00	第一	
2022年7月13日 高二下第三次考 试情况	高二（4）班	周　×	83.53			
	高二（5）班	赵××	86.92			
	高二（6）班	王××	84.69			
	高二（7）班	赵　×	95.44	11.91	第一	

　　由表8-8可以看出，高二（7）班在对学生进行第一次学习成绩测试时，还处于"问题链课堂教学"的起步阶段，学生对该"问题链课堂教学"理念和流程还没有完全适应，均分排名靠末，四个班的成绩没有显著性差异。实施了两个月以后，学生接受并逐渐适应了"问题链课堂教学"理念和流程学，可以看到第二次学习成绩后测时，高二（7）班的成绩有了显著性差异，与其他班相比，均分提升了6.67分。坚持了半年的实践，在2022年5月下半期考试检验时，与其他班相比，均分提升了8.50分。2022年7月期末考试，高二（7）班的成绩

差异特别显著，与其他班相比，均分提升了11.91分。可以看出，使用"问题链课堂教学"的教学理念和教学方法，实验班的学业成绩明显高于对照班。由此可得，使用"问题链课堂教学"让学生会学了，有利于提升学生的成绩，使用的时间越长，教学效果越明显。

总之，"问题链课堂教学"实践后，学生的"问题链"认识提高了，学生学习的兴趣明显提高，学生学习态度有明显转变，学生对学习方法掌握更好，学生探究能力得到发展，实验班学生成绩明显提高。

六、帮扶学校成效显著，助力乡村振兴任重道远

笔者所在的帮扶团队，开展对农村学校教师的培训帮助活动，助力乡村振兴。深入乡村学校近100所，结果显示参加项目实践后，学生的思维能力和问题能力均有提升，助力了乡村振兴。如黔西市长堰中学，一所农村村级初级中学，成功申报市级课题2项，县级课题9项，学生参加中考高中入学率达70%，学校因此获县级多次表彰。

问题链课堂教学法是在马赫穆托夫的"问题教学"理论基础上发展起来的，旨在解决传统问题式教学中存在的一系列问题，如问题设计不科学、逻辑不连贯、形式化严重以及与学生生活脱节等。这种方法的提出，不仅是为了克服问题教学的困境，更是为了适应新课程改革的要求，促进学生思维品质的提升和全面发展。

课题组从2021年9月开始，在6所学校，涉及初中高中共11个班级552名学生开展实践检验，到2023年7月结束，根据取得的研究成果，边实验边总结，采用李克特五级量表，实验前开展前测，实验后开展后测，经过实验检验，证明课题组提出的"问题链课堂教学"理念和使用的"问题链课堂教学"策略是有效的，有以下效果。

一是学生学习的兴趣明显得到提高；二是学生学习态度有明显变化；三是学生学习方法掌握更好；四是学生探究能力得到发展；五是实验班学生成绩明显提高；六是帮扶学校成效显著，助力乡村振兴任重道远。

下一步，课题组成员还将在市教育局组织的活动中加大推广力度，同时向市外和省外延伸，使研究成果真正地服务于课堂教学，提升教学质量，培养学生的思维品质。

第九章

问题链课堂教学实践案例

　　问题链课堂教学法作为一种创新的教学模式，不仅有助于激发学生的学习兴趣和主动性，还能有效提升学生的思维能力和问题解决能力。然而，理论探索总是需要结合实践案例来验证其有效性和可操作性。

　　为此，本书特别加入了问题链课堂教学实践案例。这些案例不仅展示了问题链课堂教学法在实际教学中的具体应用，还通过真实的课堂情境，揭示了问题链课堂教学法对学生思维品质培养的积极作用。通过深入分析这些案例，读者可以更加直观地理解问题链课堂教学法的核心理念和操作策略，从而更好地将其应用于自己的教学实践中。

　　此外，问题链课堂教学实践案例的加入，也为教育工作者提供了宝贵的教学参考和借鉴。这些案例中所展现的成功经验和策略，可以为广大教师在教学创新上提供思路和启示，促进教育教学质量的整体提升。

第一节　高中英语教学设计

人教版高中英语必修一Unit 1 "Teenager Life"（Reading for Writing）教学设计

表9-1

授课年级	高一		学科		英语	
设计者	赵　×		执教班级		高一（15）班	
时间安排	讲授	15分钟	活动	20分钟	其他	5分钟
一、教学目标（按学科核心素养目标要求）						
在本节课结束时，学生能够：						
语言能力 思维品质 学习能力	通过略读文本了解大意，获取正式建议信的写作要点； 细读文本找出相关的细节信息并理解建议信的文体结构和表达方式； 能够写一封针对解决青少年问题的建议信。					
语言能力 思维品质 学习能力	要求学生在阅读相应语篇后给Eric、XuTing或MinHo写一封建议信，帮助这些青少年解决在生活和学习中遇到的一些问题。学会根据书面表达评价标准（content，cohesion，words&sentences和handwriting）对自己的写作进行同伴互评和自我评价。					
学习能力 文化意识	引导学生结合文本，理解"青少年养成的好习惯能让人受益终身"的意义，并引导学生在青少年时代养成良好的生活习惯和学习习惯。					
二、教学重点和难点						
项目	内容			解决措施		
教学重点	帮助学生掌握建议信的常见结构和语言特征，能写出一封语义连贯、结构清晰的建议信，并学会对自己的写作进行自我评价和同伴互评。			以建构主义理论为指导，联系学生自身实际，通过教师搭建"支架"、提供写作评分评价表及学生独立思考、小组合作、自主探究等活动增强学生的学习能力和语言能力。		

教学难点	阅读并理解建议信写作的语言特征，运用几个不同的建议表达法能够写一封针对解决青少年问题的建议信。鼓励学生运用好词、句型及高级句式等完成高质量的写作。	以建构主义理论为指导，通过阅读文本提供可理解性输入和学生小组合作、探究互动，培养学生的思维品质、语言能力和学习能力。

三、学习特征分析

知识基础：通过阅读文本的学习，大多数学生能理解并模仿写出建议信，但对于建议信的写作特征和写作内容及写作中的好词好句的使用有待强化。

能力基础：由于在词汇和句型积累方面不足，缺乏对建议信写作特征和写作内容的认识，写作时需要文本的辅助。

学习者特征分析：刚上高一的学生虽然初步具备写作的基本能力，但对于正式建议信写作的写作内容进行思维和表达，还是有一定的难度。

学习动机：由于"青少年的生活"这一话题符合学生实际生活，学生对建议信写作教学的内容有很强的学习兴趣。

学习风格：本节课建议信写作教学活动的设计能让所有学生积极参与，激发学生的学习兴趣，能培养学生自主学习和合作探究的能力。

四、教学内容

教材分析	该板块设计了读写结合的活动，活动主题是"写一封建议信"（Write a letter of advice）。青少年思想活跃，渴望独立，在"幼稚"与"成熟"之间徘徊，所以在这个特殊的年龄段，青少年会面临各种各样的问题。该板块引导学生思考网瘾、早恋、孤独、与父母之间的代沟等问题，并讨论解决的方法，最终落实到一封建议信的书写。这个活动旨在让学生能够体会到互相沟通、真诚相助的重要性，并能对照反思自己的行为，解决现实生活中出现的问题。与该板块相对应的阅读和写作活动，内容涉及当今社会的热门话题："低头族"问题及代际沟通问题。通过这些活动，给学生一个换位思考的机会，从成年人的视角看待自己这代人的问题，增进青少年与父母之间的理解。阅读文本是一封青少年咨询师Susan Luo写给一位因朋友沉迷于电脑游戏和网络而担忧的青少年的建议信。这是一封比较正式的书信，包括日期、称呼、正文、结尾和签名。正文分为两段：第一段说明写信人已经知晓来信人的问题，了解来信人的感受，即担心朋友上网成瘾；第二段说明了网瘾的害处，并提出解决问题的建议。这封建议信的语言特征是使用了几种不同的建议表达法，如"I recommend that ..." "I think you should..." "Why not...."等。本教材以英式英语为主，所以文本中的日期使用了"日—月—年"英式写法。

五、教学资源

教材、导学案、微视频、多媒体、教学课件、黑板和粉笔

续 表

六、教学过程（活动）		
引入性问题链		
教学步骤	教学活动	设计意图及核心素养提升点
Step1 （情境创设）	教师首先提供情境：As you know, teenagers may meet amounts of problems inside and outside school. Now, discuss the following questions with partners. 接下来在此情境下设计引入式问题链： Q1. What problems have you met inside and outside school? Q2. What did or will you do to solve these problems? Q1让学生讨论，描述自己在生活、学习中遇到的问题，引导学生发现现实生活中的问题。 Q2让他们思考并讨论自己为解决这些问题曾做出或者即将做出的努力，启发他们主动思考解决问题的方法。 这两个问题都围绕本课时的主题"青少年的生活、困难和建议"展开。	设计意图： 引入性问题链是教师为了引出课堂内容而设计的能够引起学生兴趣的问题链。该问题链创设真实的学习情境，旨在充分调动学习的学习积极性，激活学生的已有认知，以说促写，为学生写作建议信搭建脚手架。 核心素养提升点：语言能力、思维品质、文化意识。
探究性问题链		
Step2 （问题引导）	教师通过设计探究式问题链引导学生阅读文本，通过回答以下问题，了解文本大意并思考建议信的文体特征和内容特点。 Q1. What is Worried Friend's problem? Q2. What suggestions does Susan Luo give to Worried Friend? Q3. Besides suggestions, what else does Susan Luo say in her letter?	设计意图： 探究性问题链是指在学习过程中，教师为引导学生独立、自主解决问题而设计的一系列问题，以此培养学生的探索精神和创新能力。这三个问题能帮助学生梳理文本信息。回答Q3时，学生可能会照读文中的原句，教师可以帮助学生概括总结： She understands Worried Friend's problem and feeling. She also talks about the negative effects of computer addiction. 核心素养提升点：语言能力、思维品质及学习能力。

续 表

诊断性问题链		
Step3 （探究学习）	教师引导学生了解正式建议信的格式、建议信的常见内容构成，以及提出建议的表达法。学生完成活动2中的两个任务并回答下面的问题。 Q1. What are necessary parts of a letter?（Date, greeting, body, close, and signature.） Q2. Do you think parts A, B, and D are necessary in a letter of advice? Why? Q3. Can you think of more expressions of making suggestions? Q4. What expressions does Susan Luo use to show her understanding? Q5. Can you think of other ways to express understanding?	设计意图： 诊断性问题链是指教师针对一个特定的知识点而设计的一系列问题，目的是让学生暴露自己的弱点和疑惑，从而帮助教师准确把握学生的弱点，对症下药，让学生在犯错、探错、改错的过程中获得知识和技能。其中，Q3的设计目的在于启发学生思考并学习与人交流的技巧。理解和共情，会拉近人与人之间的距离，从而使交流更加有效。建议信的A、B、D这三个部分可以使这封信更温暖，更有说服力，更容易被人接受。Q3、Q4和Q5是语言表达拓展活动。 核心素养提升点：语言能力、思维品质及学习能力。
Step4 （课堂评价）	激励评价（assess同伴互评&教师点评） 教师给学生15分钟独自完成写作后，让学生对照写作评分标准（content, cohesion, words&sentences和handwriting）先进行正面激励的组内交叉互评，学生可以勾画出好词好句，然后挑选几份学生中的优秀作品呈现让大家共同欣赏、评价并提出修改建议。最后，由教师对展示的作品进行综合评价和归纳总结。 学生进行自我评价，同伴互评和组间互评。 教师做激励性总结评价。	设计意图： 通过评价环节，学生互为读者交换阅读，不但促进学生间的取长补短和相互借鉴，还可以帮助学生建立读者意识。组内互评时，教师要引导学生在欣赏和正面激励评价其他同学的作品时积极发表观点与看法。旨在培养学生的批判性思维能力和提升语篇阅读的鉴赏能力。其次教师最后整合性点评可以使学生的评价思维从感性认识的层面上升到理性认识的层面，从而培养学生思维品质的深刻性。 核心素养提升点：语言能力、文化意识、思维品质、学习能力。
Step5 （迁移拓展）	Q1. What are necessary parts of a letter? Q2. Do you think what parts are necessary in a letter of advice? And tell the reasons.	设计意图： 迁移性问题链是指为了将所学知识应用到现实生活中或者新情境中所设计

续 表

	迁移性问题链	
Step5 （迁移拓展）	Q3. Can you think of more useful expressions of giving suggestions? Q4. What expressions can be used to describe one's understanding? Q5. Can you think of more expressions to show our understanding? 基于阅读文本和上一环节的写作，要求学生仿照建议信的写作结构和写作要点，进行知识和思维能力的迁移，写出一封语义连贯、结构清晰的建议信。 为了避免学生受到母语表达的负迁移影响，可提供以下表达建议和安慰的语言结构： You'd better ... Why don't you ...? How about ...? I'd like to suggest ... What do you think ...? My advice is/would be ... It might be a good idea to ... 表达理解安慰： I'm sorry to hear/know/learn that ... I know how it feels to ... It happens to everyone. I know you didn't mean to ... Everyone will have one of those periods when things seem to be going wrong.	的一连串问题。学生要积极参加学习理解、迁移创新等英语学习活动，并为"在新语境中迁移所学内容，实现创新表达"创造条件。本节课是将所学知识即建议信的写作应用到新的真实的语境。本环节的设计正是为解决学生现实生活中具体问题而设计的，目的在于最终将理论应用于实践，将书本知识运用到现实生活。 核心素养提升点：语言能力、文化意识、思维品质及学习能力。
	递进式问题链	
Step6 （体验运用）	在课堂结束时，基于本节课的写作任务，教师设计递进式问题链，步步深入，由易到难，逐步提高对学生能力的要求。 Q1. Can you come up with more words to express the importance of something? Q2. Can you come up with any phrases? Q3. Can you come up with any sentence patterns?	设计意图： 递进式问题链是指教师对教学内容进行整合，根据事物之间的必然联系将教学重、难点按照内在逻辑关系进行一系列的设问，让学生在探究问题的过程中，形成解决问题的能力。教师应为学生创设一定的学习情境，设计一系列难度螺旋上升的问题。

续 表

| Step6（体验运用） | words：
important, significant, vital, essential, matter, count
phrases：
be of importance / significance
stress/emphasize the importance of（doing）sth
sentence patterns：
What is important is that ....
It is ... that matters.
As is known to all, it is greatly essential that...
1. 教师让位学生用几句话把自己学习或生活中需要求教的问题写在一张纸条上，并对问题简要描述。纸条上要写上自己的名字。
2. 每人将自己写好问题的纸条统一放入一个纸箱里。
3. 教师摇晃箱子，打乱纸条顺序，再让每人抽取一张纸条。
4. 学生就所抽取的纸条上的问题写出自己的建议。
5. 学生轮流读出抽到的纸条上的问题和姓名，以及自己所提的建议。
6. 全班根据每位发言人的表现评选出最佳顾问。 | Q1能够激发学生想起一些表示"重要"的单词。
Q2是对Q1的提升，要求学生回忆一些关于"重要"的固定搭配。
Q3的难度进一步提高，要求学生思考复合句句式如主语从句、表语从句、强调句型等。根据以上三个问题，教师引导学生学会"重要"的不同表达方式，由简单到复杂，由普通到高级，不仅能帮助学生积累词汇，还能提高他们的写作能力。
核心素养提升点：思维品质、文化意识、语言能力和学习能力。 |

七、板书设计

Book1 Unit 1 Teenager Life Reading for Writing

Situation→Suggestions→Reasons→Expressions：

表达理解安慰：
I'm sorry to hear /know /learn that ...
I know how it feels to ...
I know you didn't mean to ...
It happens to everyone.
Everyone will have one of those periods when things seem to be going wrong.
share with me some tips on how to do

表达建议：
You'd better ...
Why don't you ...?
How about ...?
I'd like to suggest ...
What do you think ...?
My advice is/would be ...
It might be a good idea to ...

续 表

八、教学反思与评价

本节以读促写课按照"文本内容理解→文本结构和语言特点分析→写作情境设置→完成写作任务→展示写作成果"的顺序展开。活动1属于语言输入阶段，学生阅读建议信，并就信中所提建议进行讨论。活动中设计的三个问题分为三个层面，层层递进。问题1是对文本中基本信息的理解；问题2让学生对文本中的建议做出评价并阐述原因，以培养他们的批判性思维能力；问题3让学生针对文本中的问题提出自己的建议，以培养学生的创造性思维能力。活动2属于文本结构和语言特点分析，设计了两个任务。任务1引导学生在理解文本内容的基础上，关注建议信的结构。常见的回复为：先明确了解来信人的问题，表达理解来信人的感受；提出建议，说明建议的理由和对解决问题的期望等。任务2引导学生有意关注建议信的语言特征，即提出建议的表达法。活动3属于语言输出阶段，即写作部分，呈现了整个写作过程：从明确写作任务，进行写前准备，到按照提纲完成初稿，再到与同伴互评修改，最后确定终稿。活动4属于作品展示阶段。

本节课的设计采用"问题链"教学，各教学步骤使用的问题链则是教师依据学生水平创设的一连串问题，问题之间层层深入、彼此联系而相互独立。师生在围绕问题链交互作用的过程中，以完成教学目标和培养学生核心素养为目的。受王后雄按照教学功能的差异对化学教学中问题链分类的启发，本节课的问题链包括引入性问题链、诊断性问题链、探究性问题链、迁移性问题链和递进式问题链。

九、布置作业

Homework:

Continue to polish your writing and then copy it out in your exercise book after class.

设计意图：要求学生课后根据写作评分标准各项细则，认真对课堂写作初稿补充、修正和打磨，必要时利用网络查询相关的资料加深学生理解建议信文体结构，厘清语篇中自己的写作思路、信息呈现及句型使用的方式和途径，从而正确理解语篇写作的主题意义，通过课外学习进一步拓展迁移课堂教学的写作内容及提升写作技能。

人教版高中英语必修一Unit 4 NATURAL DISASTERS（Discovering Useful Structures）教学设计

表9-2

授课年级	高一		学科		英语	
设计者	赵 ×		执教班级		高一（7）班	
时间安排	讲授	15分钟	活动	20分钟	其他	5分钟
一、教学目标（按学科核心素养目标要求）						
在本节课结束时，学生能够：						
语言能力 思维品质	复习that、which、who（whom）引导的定语从句。理解定语从句的结构和表意功能，学习并掌握关系代词whose引导的定语从句。					
语言能力 思维品质	要求学生掌握定语从句，并能够将这些定语从句用于对具体事物的描述，以提升自己的语言表达和运用能力。					
二、教学重点和难点						
项目	内容			解决措施		
教学重点	引导学生自己去发现、归纳和总结限制性定语从句的使用规律、结构和表意功能，并最终能够在真实语境中运用限定性定语从句；恰当地使用描述朋友行为和品质的词汇并能运用限定性定语从句对朋友的行为和品质加以修饰、限定和说明。			引导学生独立默读，对比课本上的两组例句并关注粗写体部分。引导学生通过绘制思维导图直观呈现定语从句中先行词（人/物）和关系代词代替先行词在定语从句中的成分（主/宾/定）的正确使用。运用限定性定语从句描述朋友的品质等。		
教学难点	引导学生理解定语从句对于丰富句子内容和描述事物特征、补充信息的语言功能；引导学生能从真实的语篇和语用环境中运用限定性定语从句补充信息，丰富自己的语言表达。			基于能够使用单个词汇对自然现象或自然灾害进行描述的已有认知，通过目标语的学习，引导学生从改写单句入手，能逐步运用限定性定语从句描述自然现象等。		

续 表

三、学习特征分析

知识基础：学生通过初中的学习，对于定语从句有了初步的认识，但还不能系统地掌握定语从句的使用规律和注意事项，对于关系代词的正确选择和使用有待强化。

能力基础：绝大多数学生学习主动性强，学习内驱力足，并在平时的学习过程中养成独立思考、合作探究、同伴互评和课前预习的学习习惯。

学习者特征分析：高一学生已初步具备定语从句的基本知识，但要准确使用定语从句进行思维和表达单元主题"友谊"，还存在一定的难度，需进一步提高。

学习动机：学生对本节课的主题内容有十分强烈的兴趣和好奇心，预期会表现出多元化的学习方法和策略。

学习风格：本节课教学活动的设计能调动学生积极参与，激发学生的兴趣和思考，培养学生自主探究学习能力的核心素养。

四、教学内容	
教材分析	本单元以自然灾害为话题，探讨在"人与自然"的主题之下，当人类面临自然灾害的威胁时，应该树立防灾意识，不断研究和认识自然灾害，提高在灾害中逃生和生存的能力。本单元从认识自然灾害的种类开始，到介绍近现代历史上国内外发生过的重大自然灾害事件，再到探讨面对灾害的威胁和所造成的损失时，人们可以采取的应对措施等。本单元还力图体现"灾害无情，人有情"的主题意义，即人类在重大自然灾害面前不屈不挠，相互援助，坚定信心，重建家园。主题图呈现的是一群解放军战士在汶川地震的废墟中运送伤者的感人画面，体现了在发生重大自然灾害时，军民同心，合力救助受灾人员的大无畏的人道主义精神，突出了解放军战士在赈灾工作中的重要作用和无私奉献。 了解自然灾害、积极应对自然灾害、知道防范和减少自然灾害损失的基本措施，这些也是21世纪公民应该具备的基本素质。开篇页的引言"Live to Tell：Raising Awareness，Reducing Mortality"，可以翻译为"用生命呼吁：增强减灾意识，减少人员伤亡"。这句话是2016年联合国世界减灾日的活动主题，目的是呼吁全球各地的人们重视自然灾害，树立防灾意识。结合单元主题、单元目标及Discovering Useful Structures内容和功能分析，本节课的设计采用"问题链"教学，各教学步骤使用的问题链彼此联系而相互独立。受王后雄（2010）按照教学功能的差异对化学教学中问题链分类的启发，本节课的问题链包括引入性问题链、诊断性问题链、探究性问题链、迁移性问题链和总结式问题链。

五、教学资源

教材、导学案、微视频、多媒体、教学课件、黑板和粉笔

续　表

六、教学过程（活动）		
引入性问题链		
教学步骤	教学活动	设计意图及核心素养提升点
Step1 （情境创设）	教师引入单元标题，激活学生背景知识。教师创设问题链： Q1. What do you know about natural disasters? Q2. How many kinds of natural disasters can you think of? Q3. Have you ever experienced any natural disasters? 教师可以追问： Q4. What problems/natural disasters do you see in the picture? Q5. What do you think the soldiers are doing? Can the person in the picture survive? Can we stop natural disasters from happening?	设计意图： 引入性问题链是教师为了引出课堂内容而设计的能够引起学生兴趣的问题链（刘荣兵，2013）。该问题链创设真实的学习情境，旨在调动学习的学习积极性，激活学生的已有认知，启发学生思考，培养学生的思辨能力。培养学生积极应对灾难的意识和态度。优化学生思维情境，调动学生认真思考，有效激发学生对目标语的学习动机和兴趣。 核心素养提升点：文化意识、语言能力、思维品质。
诊断性问题链		
Step2 （问题引导）	1. 学生阅读活动1的任务要求，然后根据初中时学习过的定语从句的知识，找出句子中的定语从句。 2. 教师通过教学软件或板书呈现这些句子，然后通过下列诊断性问题链引导学生思考定语从句的修饰和限定作用。 Q1: Translate the sentences into Chinese. Q2: Think about which noun is modified by the relative clause. Q3: Why do we use the relative clause? Q4: What if relative clauses are not used in these sentences? 3. 教师将学生在主篇阅读文本中找到的含有定语从句的句子呈现出来，把它们与活动1中的句子放在一起，让学生按关系代词进行分类，并在小组内讨论其用法，然后通过以上诊断性问题链进一步归纳总结定语从句的使用规律，最后教师在学生讨论的基础上进行补充并总结。	设计意图： 诊断性问题链是指教师针对一个特定的知识点而设计的一系列问题，目的是让学生暴露自己的弱点和疑惑，从而帮助教师准确把握学生的弱点，对症下药，让学生在犯错、探错、改错的过程中获得知识和技能（王后雄，2010）。英文和中文在语法句式上有很大的区别，适当的英汉翻译练习可以帮助学生利用母语知识理解英文句子的含义和结构。教师应重视在语境中呈现新的语法知识，让学生观察所学语法项目的使用场合、形式、意义及语用功能。单从句子层面的观察是不够的，学生更需要在语篇的语境中体验语法。 核心素养提升点：语言能力、文化意识、思维品质、学习能力。

续表

	探究式问题链	
Step3（探究学习）	Q1. What is the different function between adjective phrases and attributive clauses? Q2. What should we pay attention to when translating attributive clauses into Chinese? Q3. What is the relationship between antecedents and relative pronouns? "探究学习"就是在已有认知基础上自主获得新的知识，学生通过观察、对比、发现、归纳和总结出定语从句的表意功能。培养学生的归纳和总结、概括并整合信息的能力。学生既巩固了之前对关系代词引导定语从句的理解，还能对定语从句知识进行系统性、层次性的梳理。	设计意图： 探究性问题链是指教师在教学过程中，为了激发学生的独立思考和自主解决问题能力，而精心构思的一系列问题序列。这种设计旨在通过引导学生逐步深入地分析问题、解决问题，进而培养他们的探索精神与创新能力，推动学生主动学习和深度学习的发生。左边四个问题链的设置环环相扣，螺旋形地呈现了关系代词引导定语从句用法。 核心素养提升点：学习能力、思维品质及语言能力。
Step4（课堂评价）	T：要求学生独立阅读语篇，整体理解语境和语篇大意；让学生分组改写画线句子，比较并讨论改写前后的表达有何不同；邀请小组代表分享改写的句子，最后在PPT上展示答案，全班核对。 S：第一步：学生独立阅读语篇，整体理解语境和语篇大意。第二步：学生分组，然后按要求改写画线句子，比较并讨论改写前后的表达有何不同。第三步：个别小组分享改写的句子，结合教师呈现的答案同伴互评或组间互评。	设计意图： 通过独立阅读语篇大意，整体理解语境后改写语篇中相邻的两个单句，让学生加深对定语从句的语法功能在真实语境中的理解。学生通过独立完成、小组讨论和组间讨论的过程体现了元认知理论，教师给学生提供元认知策略以优化他们的课堂学习效率。小组分享改写的句子，全班核对答案。学生做自我评价或同伴互评时，加深和巩固对目标语的理解。同伴互评、组内互评、组间互评都能听取不同的观点和见解。这样的相互启发和取长补短从多个角度完善对定语从句的理解，让学生拓宽了思维的广阔性和灵活性。 核心素养提升点：语言能力、思维品质、学习能力。

续 表

迁移性问题链		
Step5 （迁移拓展）	Q1. Must we use relative pronouns like which or that to lead the attributive clauses when the antecedent refers to a place? Q2. How to correctly use relative pronouns when the antecedent refers to a place? Q3. What is the difference between attributive clauses and appositive clauses? T：组织小组讨论，引导和鼓励各小组根据语篇内容，恰当使用由关系代词引导的定语从句。	设计意图： 迁移性问题链是指为了将所学知识应用到现实生活中或者新情境中所设计的一连串问题。学生要积极参加学习理解、迁移创新等英语学习活动，并为"在新语境中迁移所学内容，实现创新表达创造条件"。本堂课迁移性问题链的设置是指为了将本节课所学的定语从句知识应用到新的真实的新语境。让学生对定语从句的语法功能在真实语境中的运用进行深入的反思，并深入理解关系代词和先行词的关系。Q3就定语从句和同位语从句进行简单的比较，归纳相同点和不同之处。 核心素养提升点：语言能力、思维品质、学习能力。
总结式问题链		
Step6 （体验运用）	Q1. What new ideas did you learn about attributive clauses? Q2. Did you use any of them in your language activities? Q3. What problems did you have with attributive clauses? How did you solve the problems? Q4: Make a mind-map to summarize the usage of attributive clauses. Q1帮助学生回忆本单元所学到的语法目标语——定语从句，夯实学生的语言知识。Q2帮助学生复习读思部分中所用到的阅读技巧，巩固使用合适学习策略的能力。Q3引导学生对本单元的学习情况进行自评和他评，与同学一起解决学习难题，这既培养了学生的评价能力，也提高了其解决问题的能力。Q4思维导图的绘制解决了定语从句先行词和关系代词对应关系琐碎的教学痛点，有效帮助学生直观理解和掌握关系代词的用法。	设计意图： 总结式问题链是指教师在课时教学、单元教学或者专题教学结束时，为帮助学生回忆、总结一节课或一个单元的知识结构而设计的问题链（王后雄，2010）。Q1～Q4这样的"问题链"能帮助学生形成系统的知识网络，并且，针对语言能力、学习能力、文化意识和思维品质的设问，可让学生反思、总结阶段性学习成果。这一环节让知识与方法同步，包含了语言知识技能的迁移和思维方法的迁移，为下一步学习关系副词引导的定语从句夯实基础。 核心素养提升点：思维品质、语言能力和学习能力。

续 表

七、板书设计		

关系代词	指代的先行词	在从句中的成分
that	指人或指物	主语或宾语
who	指人	主语或宾语
whom	指人	宾语
which	指物	主语或宾语
whose	指人的或指物的	定语

八、教学反思与评价

定语从句是高中语法的重要组成部分，在历来的高考试题中都有所体现，是语法教学部分的重点。本节课为语法复习课，采用"问题链"教学，各教学步骤使用的"问题链"则是教师依据学生水平创设的一连串问题，问题链的设计注重层次性，每个问题都以前一个问题为基础，不断深入、逐步展开，同时保持彼此间的紧密联系而又相对独立。在教学过程中，师生围绕这一连串问题链进行互动，旨在达成教学目标并促进学生核心素养的全面发展。这一设计理念受到了王后雄教授在化学教学中按照教学功能差异对问题链分类的启发，力求通过精细化的问题设计，引导学生进行深度思考和有效学习。本节课的"问题链"包括引入性问题链、诊断性问题链、探究性问题链、迁移性问题链和总结式问题链。渗透"呈现—观察—对比—发现—总结—运用"的语法教学模式让学生基于元认知在真实的语境语篇中探究、发现和归纳限定性定语从句的语法规则。教师将学生在主篇阅读文本中找到的含有定语从句的句子呈现出来，让学生按关系代词进行分类，并在小组内讨论其用法，然后说出定语从句的使用规律。学生在总结过程中使用思维导图说明定语从句的关系代词与先行词之间的关系。就学生对规律的掌握而言，让他们通过主动观察、探究而总结出规律比直接听教师讲授的效果好。教师尽量把主动体验、思考、学习的机会留给学生，在学生总结的基础上再进行系统的或补充性的讲解。"问题链"教学具有更强的开放性特征，更强调学生在课堂学习过程中的自主探索。在高中英语语法教学中，由于语法填空题语篇的灵活性及多元性，需要学生具备灵活应变的语法知识变通能力，如果课堂上单纯依靠教师的讲解和学生的死记硬背很难充分满足高中学生语法知识的语用能力。"问题链"教学的设置在语法教学中更加注重调动学生的积极性和主动性，鼓励学生在课堂内外进行主动探究，拓展学生的知识迁移能力，丰富学生语法使用过程中的运用体验，将探究式学习策略始终贯穿语法教学的全过程，使课堂教学更契合学生的现有认知水平，强调用语言做事，更有利于培养学生的语言运用能力。

九、布置作业

家庭作业：
要求学生仿效主篇阅读文本，模拟该语篇另写一篇记述汶川地震，并恰当使用关系代词引导的定语从句以增加语言的丰富性、生动性和准确性。

人教版高中英语必修一Unit 5 THE VALUE OF MONEY （Reading and Thinking）教学设计

表9-3

授课年级	高一		学科		英语	
设计者	赵　×		执教班级		高一（12）班	
时间安排	讲授	15分钟	活动	20分钟	其他	5分钟

一、教学目标（按学科核心素养目标要求）

在本节课结束时，学生能够：

语言能力 思维品质	体会戏剧中不同语调表达情感的作用，能够在剧本朗诵或表演中使用恰当的语调提升表现力和感染力，同时把握好句子重读、弱读和节奏。阅读根据马克·吐温短篇小说《百万英镑》及同名电影改编的戏剧剧本（节选），理解故事情节、人物性格及作品的思想内涵，熟悉剧本的文体特征，品味英语戏剧的魅力。
语言能力 思维品质	基于故事的发展逻辑预测后面的情节；理解文字的隐含信息，根据语调、语气、神态、动作等推断人物情感变化、分析人物性格；通过创编剧本培养想象力和创造力。
学习能力 文化意识	能够根据背景知识、语境信息以及说话人的语气和语调等推断视听材料中的隐含信息；能够结合剧本中的对白、人物的神态、语气、动作等线索挖掘文字背后的深层含义，准确把握文本蕴含的主题意义。通过马克·吐温和莫泊桑的作品了解19世纪末20世纪初英、美、法等西方资本主义国家的文化背景、社会状况、道德观念等，树立正确的金钱观和价值观。

二、教学重点和难点

项目	内容	解决措施
教学重点	1. 学习和理解戏剧语言的特点，提高文学修养，陶冶情操和提升综合语言能力。 2. 培养学生对表层信息的理解，根据已知信息推理和判断，引导学生分析人物的心理活动和情感。	1. 提供背景知识。教师用中英文为学生提供一些关于戏剧的背景知识，讲述戏剧的要素，了解什么是戏剧冲突。 2. 为学生提供KWL表格，帮助他们对相关信息进行分类和整理。

续 表

教学难点	引导学生学习和把握剧本的文体特征，并通过人物对白等分析其情感和性格。推断潜台词，深入理解文本，巩固所学词汇。	让学生边听录音边阅读课文，感受人物对白所呈现出的思想感情，找出这一场中的戏剧冲突，并回答与课文内容相关的几个简单的问题。

三、学习特征分析

知识基础：经过学生们课前的预习和查阅资料，学生对马克·吐温以及他的代表作和写作风格有了初步认识。

能力基础：学习主动性强，并在平时的学习过程中养成分组讨论和预习的好习惯。

学习者特征分析：高一学生已初步具备用英语获取信息、处理信息、分析问题和解决问题的综合能力，但要用英语进行思维和表达，还是有一定的难度，需进一步地提高。

学习动机：由于课前对该剧本的小说和电影有一些了解，学生对本节课的内容有十分强烈的好奇心，表现出多样的学习技能和策略。

学习风格：本节课的多项教学活动的设计让学生积极参与，激发学生的兴趣和思考，培养学生自主探究学习能力的核心素养。

四、教学内容

教材分析	本单元的主题是"金钱的价值"（The Value of Money），主体部分是根据美国作家马克·吐温的短篇小说《百万英镑》和同名电影改编的戏剧剧本。《百万英镑》属于文学作品。本单元是高中英语必修阶段第一次呈现戏剧体裁。本节课的学习任务是"阅读两个富豪打赌的戏剧片段"。这场戏引出了整个故事的背景和起因：两个富豪兄弟用一张百万英镑钞票打赌，身无分文的亨利恰巧路过。在询问了一系列问题后，两兄弟确认他就是最合适的人选，于是将那张百万英镑的钞票放在一个信封里交给了他，亨利糊里糊涂地接受了约定。这场戏充分表现了亨利正直、诚实、坦率、要强的性格，为后面进一步展现他的性格和心理活动做铺垫。从单元主题意义的角度看，本部分体现了金钱在不同人生活中的意义和重要性：富翁用百万英镑打赌，金钱是他们验证假设、平息争论的工具；对于饥肠辘辘的亨利来说，金钱却是他填饱肚子的唯一途径，但是他并不想直接得到富翁的接济，而是希望得到一份工作，通过自己的劳动赚钱。文本分析：戏剧是一种综合的舞台艺术，剧本是文学体裁的一种，是舞台演出的基础，直接决定戏剧的思想性和艺术性。剧本通常用"幕"（Act）和"场"（Scene）来表示段落与情节。"幕"是指情节发展的一个大段落，即拉开舞台大幕一次，一幕就是戏剧一个较完整的段落。"场"是指一幕中发生空间变换或时间隔开的情节，即拉开舞台二道幕一次，它是戏剧中较小的段落。"一幕"分为若干场。该板块呈现的是《百万英镑》戏剧第一幕第三场的剧本。

五、教学资源

教材、导学案、微视频、多媒体、教学课件、黑板和粉笔

续 表

六、教学过程（活动）		
引入性问题链		
教学步骤	教学活动	设计意图及核心素养提升点
Step1（情境创设）	读前活动。 Q1. What do I know about the author, time, setting, characters, plot and ending of The Million Pound Bank Note? Q2. What do I want to know about the author, time, setting, characters, plot and ending of The Million Pound Bank Note? Q3. What have I learnt about the author, time, setting, characters, plot and ending of The Million Pound Bank Note?	设计意图： 课堂导入，创设语境。引入性问题链是教师为了引出课堂内容而设计的能够引起学生兴趣的问题链。读前引入性问题链的设置，激发学生联系课前对《百万英镑》的已有认知，为后面的阅读内容做铺垫，帮助学生更好地理解剧本写作特点和读后重构剧本内容。 核心素养提升点：语言能力、文化意识、思维品质及学习能力。
递进式问题链		
Step2（问题引导）	读中活动。 通读全文，理解大意。 再读全文，理解细节。 细读文本，整合信息。 Q1: Use one or two sentences to summarize the plot of the scene. Q2. When in America, what happened to Henry? Q3. About a month ago, what happened to Henry? Q4. Towards night, what happened to Henry? Q5. The next morning, what happened to Henry? Q6. After he arrived in London, what happened to Henry? Q7. While walking outside the two brothers' house, what happened to Henry? Q8. At last, what happened to Henry?	设计意图： 递进式问题链是教师通过对教学内容的系统整合，依据知识间的内在逻辑和必然联系，对教学重点和难点进行精心设计的一系列连续性问题。这些问题旨在引导学生逐步深入探索，在解决问题的过程中锻炼和提升他们的思维能力，从而培养形成解决问题的能力。这种教学方式有助于学生构建完整的知识体系，提升学习效果。Q1让学生阅读全文，理解大意，尝试用一两句话归纳概括这一场戏剧的主要情节。Q2至Q4让学生熟悉本单元词汇，关注表层信息的理解，学生须具备获取与梳理、概括与整合信息的能力。Q5至Q8旨在关注学生对深层信息的理解，教师应提示学生从文本中搜索相关信息，并用自己的话回答问题。学生须具备描述与阐释、推理与判断的能力。学生在表达中应注意语言的逻辑性和流畅性。 核心素养提升点：语言能力、思维品质及学习能力。

续　表

探究式问题链		
Step3（探究学习）	读中活动。 为了训练学生的高阶思维能力，教师还可以补充一些问题，启发学习思考并回答： Q1. If you were Henry, how would you feel when you were given the letter? Q2. Can you imagine what was said in the letter? Q3. What do you think Henry would do with the money? Q4. Why is the story set in London, Britain rather than in the United States?	设计意图： 探究性问题链旨在学习过程中，教师精心设计一系列问题，引导学生以独立、自主的方式解决问题。这些问题不仅锻炼了学生的问题解决能力，更重要的是激发了他们的探索热情，培养了他们的创新思维和批判性思维，使他们能够主动探索知识的深度和广度。从培养思维的层次看，这部分属于深入并超越文本的层面，旨在激发学生深入文本，不但关注对表层信息的理解，还应该具备获取与梳理、概括与整合信息的探究学习能力。教师应提示学生从文本中搜索相关信息，并用自己的语言归纳总结。激发学生有目的地深入探究对主题的认识。教师应鼓励学生大胆表达，并在文本中找出支撑点。 **核心素养提升点：语言能力、思维品质及学习能力。**
Step4（课堂评价）	T：要求学生细读文本，揣摩主人公的心理活动。先让学生在文本中画出活动3中的句子，反复默读，在语境中体会亨利说这些话时的心情。播放课文录音，让学生重点关注这几个句子的语调、语气。最后，让学生两人一组讨论，选择适当的形容词描述亨利的情感，并与全班分享。细读文本，体会言外之意。让学生两人一组讨论活动4中的句子，揣摩其隐含意义。在讨论中，尽量让学生说明理由，做到言之有理、论之有据。 S：根据小组代表的汇报，学生进行自我评价，同伴互评和组间互评。 T：做激励性总结评价。	设计意图： 准确理解文本的字面意义只是阅读的初步要求，而把握上下文的逻辑关系，领会文中的有关暗示，推敲其特定的内涵，洞察其深层意义，推断作者的"言外之意"则是阅读的更高要求。教师要引导学生欣赏和正面激励评价其他同学的发言，旨在培养学生批判性思维的能力和提升语篇阅读的鉴赏能力，培养学生思维品质的深刻性。 **核心素养提升点：语言能力、文化意识、思维品质、学习能力。**

迁移性问题链		
Step5 （迁移拓展）	Q1. Some people say that money is everything. But some people still think that money can't bring them happiness. Is money so important? Money is not everything. It can buy you a house but not a home; It can buy you a bed but not sleep; It can buy you a clock but not time; It can buy you books but not knowledge; It can buy you blood but not life; It can buy you a position but not respect; … Q2. Why is the story set in London, Britain rather than in the United States? Q3. What motivates the brothers to make their bet? Q4. What do you think happened to Henry in the American consulate? Q5. Why don't the brothers want Henry to open the envelope before 2 o'clock?	设计意图： 迁移性问题链是教师特意设计的一系列问题，旨在引导学生将已学到的知识灵活应用到实际生活中或新的情境中。这些问题鼓励学生积极参与学习理解、知识迁移和创新实践等英语学习活动，为他们在新语境中有效迁移和应用所学内容、实现创新表达创造有利条件。通过这种方式，学生能够更好地将理论知识与实际生活相结合，提升他们的知识应用能力和创新能力。Q1至Q5引导学生领会文中的有关暗示，推敲其特定的内涵，洞察其深层意义，推断作者的"言外之意"。这些信息需要学生进一步去推敲、探究和拓展迁移。对隐含信息的理解不能脱离文本主旨，而应根据已有知识以及上下文推导出隐含在文章中但没有直接表达出来的意思。 核心素养提升点：语言能力、思维品质及学习能力。
总结式问题链		
Step6 （体验运用）	读后活动。 让学生回顾文本，关注文本特征。 Q1.What is the text type of this reading? Q2. How is this text type different from others? Q3. What are the basic elements of a play script? Q4. What are some of the language features of a play script? Q5. 鼓励学生扮演不同角色并加入适当的表情。 让学生巩固重点词汇和词块。要求学生完成活动5的短文填词练习。鼓励学生运用以下关键词写出阅读文本的概要。	设计意图： 总结式问题链是教师在教学环节结束时，尤其是在课时、单元或专题教学收尾之际，精心设计的一系列问题。这些问题旨在帮助学生回顾并系统总结所学知识，梳理知识结构，形成完整的知识体系。通过回答这些问题，学生能够巩固学习成果，加深对知识点的理解和记忆，为后续学习奠定坚实基础。Q1至Q4旨在归纳英文戏剧的基本构成要素和语言特征。Q5旨在通过角色扮演让学生巩固重点词汇和词块，在熟读剧本的基础上，通过使用恰当的语气和语调来表达情感、塑造人物。教师还可以鼓励学生加入适当

续 表

Step6（体验运用）	have an argument/make a bet/settle the argument take part in the bet/invite sb into one's house by accident/seek help/ get upset with sb postpone/odd/end with	的表情、手势等，以增强表现力。 核心素养提升点：思维品质、文化意识、语言能力和学习能力。

七、板书设计

Unit 5 THE VALUE OF MONEY（reading and thinking）

Henry Adams	1. proud 2. honest 3. careless	Working as an unpaid sailor Asking for work not charity Not sailing his boat well
Oliver and Roderick	1. rich 2. trusting 3. good judge of character	Servants and a big house Giving a stranger the bank note without any guarantee Telling by his face that Henry is honest

八、教学反思与评价

本节课为阅读课，采用"问题链"教学。受王后雄按照教学功能的差异对化学教学中问题链分类的启发，本节课的"问题链"包括引入性问题链、递进式问题链、探究性问题链、迁移性问题链和总结式问题链。读前、读中和读后三阶段的阅读强调学生对阅读教学过程的参与，关注学生的阅读体验，也凸显了教学中对阅读理解能力与思维品质的提升与培养。在本节课中学生能理解故事情节、人物性格及作品的思想内涵，熟悉剧本的文体特征，品味英语戏剧的魅力。通过马克·吐温的作品了解19世纪末20世纪初英、美、法等西方资本主义国家的社会状况和道德观念等，帮助学生树立正确的金钱观和价值观。《百万英镑》属于文学作品。由于本单元是高中英语必修阶段第一次呈现戏剧体裁，考虑到阅读剧本对学生有以下四点好处：了解英语国家历史、社会、文化；了解英语戏剧的特点，提升文学修养；陶冶情操，获得心灵启迪；提高综合语言能力。角色扮演（role-play）是常用的英语口语训练方式，学生需要具备一定的语言交际能力。角色扮演包括：建立小组→确定场景→角色分工→操练彩排→表演展示→评价反馈。教师可将该活动布置为课后作业，专门安排一个课时让学生表演，并拍下视频，为学生留下生动的影像资料。课后，教师可以将学生分成不同小组，让他们分别扮演这场戏中的不同角色，包括narrator、servant、Roderick、Oliver和Henry。教师帮助学生体会各自的身份，在熟读剧本后通过使用恰当的语气和语调来表达情感、塑造人物。教师还可以鼓励学生加入适当的表情、手势等，以增强表现力。读后活动属于开放性问题，其目的是培养和提高学生思维的敏捷性、灵活性、批判性和创造性。

九、布置作业
Homework: What do you think will happen to Henry later? Will the bank note help him or get him into trouble? （Write a passage about 150 words） 设计意图：以"问题""话题写作"作为思维训练的载体，将思维教学进一步拓展延伸，加强了思维训练，拓展了学生的分析判断能力和想象能力，形成课内课外互为一体的"主动学习、积极思考"的学习方式，增强了思维的深刻性与广阔性，促进了学习能力提高。

第二节　高中物理教学设计

《传感器及其工作原理》教学设计

表9-4

授课年级	高二	总学时数	1学时
设计者	杨永×	所属学校	毕节市民族中学
一、教学目标			
物理观念	1. 了解什么是传感器，知道非电学量转化为电学量的技术意义； 2. 知道传感器中常见的三种敏感元件：光敏电阻、热敏电阻和霍尔元件及其工作原理。 3. 了解传感器的应用。		
科学思维	通过对视频实验的观察、思考和探究，学生在了解传感器、熟悉传感器工作原理的同时学习相关学科知识。		
科学探究	经历科学探究过程，学习科学研究方法，培养学生的观察能力、实践能力和创新思维能力。		
态度与责任	1. 体会传感器在生活、生产、科技领域的种种益处，激发学生的学习兴趣，拓展学生的知识视野，并加强物理与STS的联系。 2. 通过学生合作探究，培养学生实事求是的科学态度、团队合作精神和创新意识。		
二、学情分析			
知识基础	1. 学生已经学习完成选修3—2的第四章电磁感应现象和第五章交变电流，对学习本节知识没有知识障碍。 2. 学生在平常的学习和生活中已经接触过一些零碎的关于摩擦力的例子。		
能力基础	学生经常使用小组合作、交流评估等方法，有新课改学习理念。		
学习者特征分析	1. 学习者为高二年级的学生，对有关生活的知识好奇心较强，具有强烈的探究欲望； 2. 学生都是以小组为合作单位，一个同学的交流代表小组内同学的交流。		

续　表

学习 动机分析	学生学习的目的是了解物理知识在生活中的应用，并能够应用物理知识解释生活中的现象。
学习 风格分析	很多创新设计或头脑奥林匹克竞赛都涉及传感器的应用，充分利用这些有利条件，可以对学生的长远发展产生深远的影响。

三、教学内容

教材分析	本节以传感器的功能与原理为主线，让学生综合运用已经学过的或将要学到的物理知识来认识传感器的工作原理。这是本章第一节内容，侧重点在让学生了解传感器，认识其工作原理，知道有哪些重要的传感器元件，同时还要给学生以学习方法的指导，通过探究性学习和合作学习来学习新知识。 传感器在现代生活中已经被广泛应用，是测量和控制电路中不可缺少的元器件。传感器的设计和使用中涉及相当多的物理学知识，将力学、电磁学的知识与传感器的设计、应用紧密联系，是物理教学中一项重要任务和内容，也是新课改中心思想的重要体现。 传感器及其工作原理这一节内容要求学生能通过观察一些现象和常见的事例，初步形成传感器的概念，并介绍三种制作传感器所使用的敏感元件，运用以前学习过的物理知识了解它们的工作原理，从而为了解传感器的应用打下良好的基础。 为了增加学生的技术知识和常识，提高应用知识以及进行电器复杂设计的能力，学好本节知识是非常必要的。
知识结构图	**传感器** 　定义：把非电学量转化为电学量的一类仪器 　工作原理：非电学量→敏感元件→转换器件→转换电路→电学量 　**敏感元件** 　　热敏电阻和金属热电阻——温度传感器 　　光敏电阻——光传感器 　　电容式传感器 　　霍尔元件——霍尔传感器 　**应用** 　　力传感器（电子秤） 　　声传感器（话筒） 　　温度传感器（电熨斗、电饭锅、测温仪、温度报警器皿） 　　光传感器（鼠标器、火灾报警器、光控开关）

续 表

四、教学重点和难点

重点：理解并掌握传感器三种常见敏感元件的工作原理。

难点：分析传感器的应用电路。

五、教学过程（活动）

教学环节	教学内容	师生活动及意图
第一个问题： 为什么要学习传感器？	1. 播放电动门视频和展示烘干机图片，引入课题"传感器及其工作原理"。 2. 展示杨利伟在神舟五号上的图片和"勇气号"火星探测器在火星上的图片。	引导学生猜想本节课上课内容，激发学生学习兴趣和了解传感器应用之广。
第二个问题：什么是传感器？	1. 观看演示实验：小盒子A的侧面露出一个小灯泡，盒外没有开关，但是把磁铁B放到盒子上面灯泡就发光，把磁铁移走灯泡就熄灭。盒子里有什么装置？	学生观察视频，教师引导学生猜想，激发探究欲望；
	2. 学生自行总结原理：当磁体靠近干簧管时，两个簧片被磁化，相互吸引而接通，干簧管能起到开关的作用。	学生讨论总结原理；
	3. 传感器的定义：传感器是指这样一类元件：它能够感知诸如力、温度、光、声、化学成分等非电学量，并把它们按照一定的规律转化成电压、电流等电学量，或转化为电路的通断。	教师引导得出传感器的定义；
	4. 传感器的作用是什么？传感器的作用是把非电学量转化为电学量或电路的通断，从而实现很方便地测量、传输、处理和控制。 角度 位移 速度 压力 温度 → 传感器 → 电压 电流 电阻 电容 湿度 声强 光照	学生总结：非电学量→传感器→电学量

续 表

| 第三个问题：什么是光敏电阻？ | 观看有关热敏电阻、光敏电阻视频；学生讨论完成：

1. 光敏电阻特性：光敏电阻对光敏感。当改变光照强度时，电阻的大小也随之改变。一般会随着光照强度的增大而电阻值减小。

2. 光敏电阻的工作原理：硫化镉是一种半导体材料，无光照时，载流子极少，导电性能不好；随着光照的增强，载流子也增多，导电性变好。光敏电阻能够把光照强弱这个光学量转换为电阻这个电学量。

3. 光敏电阻的应用事例：例1. 如图所示为光敏电阻自动计数器的示意图，其中R_1为光敏电阻，R_2为定值电阻。此光电计数器的基本工作原理是（　　）

A. 当有光照射R_1时，信号处理系统获得高电压；

B. 当有光照射R_1时，信号处理系统获得低电压；

C. 信号处理系统每获得一次低电压就计数一次；

D. 信号处理系统每获得一次高电压就计数一次。

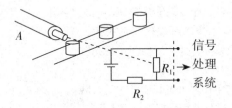 | 学生总结视频里的内容，即光敏电阻、热敏电阻特性；

学生巩固应用， |
| 第四个问题：什么是热敏电阻？ | 1. 热敏电阻的特性：热敏电阻的阻值会随着温度的升高而减小，具有负温度系数。

2. 通过视频观看，介绍热敏电阻的应用：温度计。

3. （1）金属导体与半导体材料的导电性能与温度的变化关系不相同。金属导体的导电性能随温度升高而降低，半导体材料的导电性能随温度升高而变好。 | 学生总结视频里的内容，即热敏电阻特性；

学生讨论总结热敏电阻的金属导体的电阻的区别； |

续 表

	（2）热敏电阻灵敏度高，但化学稳定性较差，测量范围较小；金属热电阻的化学稳定性较好，测量范围较大，但灵敏度较差。 （3）热敏电阻和金属热电阻能够将温度这个热学量转化为电阻量这个电学量。 （4）随着水温升高，多用表的指针偏角逐渐变大。 4. 热敏电阻的应用事例：例2.有定值电阻、热敏电阻、光敏电阻三只元件分别接入如图所示电路中A、B两点后，用黑纸包住元件置入热水中，观察欧姆表的示数，下列说法正确的是（　　） 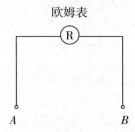 A. 置入热水中与不置入热水中相比，欧姆表示数变化较大，这只元件一定是热敏电阻； B. 置入热水中与不置入热水中相比，欧姆表示数不变化，这只元件一定是定值电阻； C. 用黑纸包住与不用黑纸包住元件相比，欧姆表示数变化较大，这只元件一定是光敏电阻； D. 用黑纸包住与不用黑纸包住元件相比，欧姆表示数相同，这只元件一定是定值电阻。	学生巩固应用。
第五个问题：什么是电容式传感器？	1. 观看视频：了解四种电容式传感器（测定角度、测定液面高度、测定压力、测定位移）的原理，深化对传感器的理解； 2. 电容式位移传感器能把物体位移这个力学量转换为电容这个电学量； 3. 巩固练习：例3. 传感器是一种采集信号的重要器件，如图是一种测定压力的电容式传感器，当待测压力F作用于可动膜片产生	学生观看视频，教师引导其分析工作原理； 学生巩固应用； 达到掌握知识的目的。

	变形，引起电容的变化，若将电容器、灵敏电流计和电源串联接成闭合电路，那么（　　） A. 当F向上压膜片电极时，电容将减小； B. 当F向上压膜片电极时，电容将增大； C. 若电流计有示数，则压力F发生变化； D. 若电流计有示数，则压力F不发生变化。 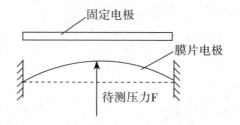 	
第六个问题：什么是霍尔元件?	1. 在一个很小的矩形半导体（如砷化铟）薄片上，制作四个电极E、F、M、N就成为一个霍尔元件。 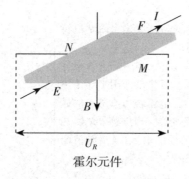 霍尔元件	学生观看视频，运用原来所掌握的知识，讨论分析得出霍尔元件的形成原因。
	2. 霍尔效应：定向移动的电荷受到方向平行于侧面向里的洛伦兹力的作用。在这个力的作用下，薄片两个侧面上会累积起正负电荷。随着电荷积累，在内外侧面间会形成一个逐渐增强的电场。定向移动的电荷同时受到洛伦兹力和电场力的作用。当电场力增大到与洛伦兹力相等时，内外侧端面间就形成一个稳定的电场，此时两端面形成一个稳定的电压U_H。这种现象称为霍尔效应，这个电压叫作霍尔电压。	教师引导，学生自行推导霍尔效应公式。

续 表

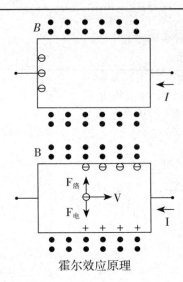

霍尔效应原理

3. 推导霍尔效应的相关公式。

可以证明，霍尔电压U_H：$U_H=k\dfrac{IB}{d}$

d——薄片的厚度　k——霍尔系数

4. 霍尔元件——把磁感应强度这个磁学量转换为电压这个电学量。

5. 巩固应用霍尔效应：例3.如图是火警报警的一部分电路示意图。其中R_2为用半导体热敏材料制成的传感器，电流表为值班室的显示器，a、b之间接报警器。当传感器R_2所在处出现火情时，显示器的电流I、报警器两端的电压U的变化情况是（　　　）

A.I变大，U变大　　　　B.I变小，U变小

C.I变小，U变大　　　　D.I变大，U变小

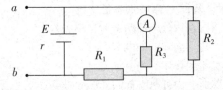

通过例题的形式，达到对知识的巩固。

第七个问题：你有什么反思和体会？	通过本节课的学习，你有什么收获或体会？	学生分成8个小组，讨论后分组进行汇报。

续　表

六、布置作业

| 课后收集有关传感器的知识，并了解其原理，写一篇主题为生活中如无传感器，会是一个什么样子的小论文。 | 学生课外体验，让知识得以延伸与巩固。 |

教学流程

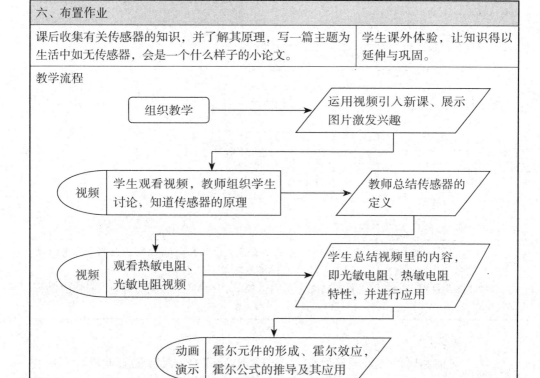

七、教学评价

1. 希望通过本节课的教学，学生理解传感器的使用范围之广，在生活中的重要性，体会物理STS思想。

2. 本节课主要是通过视频、图片、动画作为辅助材料，通过学生分组讨论、合作交流开展完成，充分体现了新课程理念，师生互动、生生互动得以张扬。

3. 本节课内容简单，在高考中没有太多涉及，所以许多教师可能不会太重视，但我认为对于培养学生的科学素养具有极其重要的作用。所以我选本节课作为公开教学的一种尝试。

4. 本节课所涉及的视频、图片、动画特别多，要学会在网上进行收集和整理，遴选网络资源。

续 表

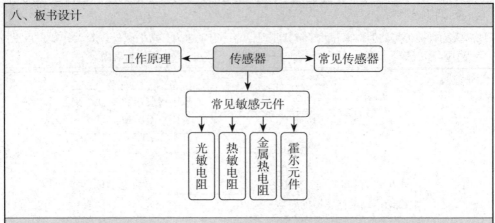

八、板书设计

九、课后反思

1. 通过本节课的教学之后，教学目标任务基本完成，但是在时间分配上出现不均衡的现象，导致后边学生自我总结、交流互动环节时间太少。

2. PPT课件背景用支嘎阿鲁湖作为背景，虽然体现了地方特色，但是有些地方对比的效果不是太好。

设计说明：

学生对传感器的知识很感兴趣，但是高中物理中与具体的工业设计和控制方面的知识结合得不多，所以在教学的过程中应通过尽量多的实物、图片、动画等途径多方面增加学生的感性认识，提高学生的学习兴趣，增加学生的求知欲，并引导学生进行主动探究。

课程设计上，运用问题解决模式，以学生的感性认识为出发点，在教师所提出的逐个循序渐进的问题的引导下，学生自主展开探究。只有这样才能让学生成为学习的主体，而教师的主导作用也能充分发挥。

本节课在设计上，充分应用多媒体手段，充分发挥动画演示的功能，让学生通过动画了解电容式传感器的功能与原理。

本节课设计几个学生讨论环节，目的在于让学生在交流中学习，让别人的智慧启发自己，从而进行有效的合作学习。同时，增加"学以致用"环节，让学生利用自己已经学习过的知识，结合新学习的知识来解决问题。这一环节在这种实践性很强的知识学习过程中是非常必要，也是非常重要的。

《导体的电阻》教学设计

表9-5

授课年级		高二		总学时数		1学时
设计者		杨永×		所属学校		毕节市民族中学
时间安排	讲授	20分钟	活动	20分钟	其他	5分钟
教材、教辅介绍						
教材名称			编著者	出版社		版别
普通高中课程标准实验教科书 《物理选修3-1》			张大昌 彭前程	人民教育 出版社		第3版
普通高中课程标准实验教科书 《物理选修3-1》教师教学用书			教材 研究所	人民教育 出版社		2010年 4月版

一、教学分析

教学目标	1. 物理观念： （1）深化对电阻的认识，了解导体的电阻规律，能用电阻的计算公式进行有关计算。 （2）理解电阻率的物理意义，并了解电阻率与温度的关系。
	2. 科学思维： （1）通过探究导体的电阻与材料、长度及横截面积的定量关系，掌握科学的探究方法，体验科学的探究过程。 （2）学习实验数据的处理方法，发展思维能力，让同学们更深入地认识电阻。
	3. 科学探究： （1）通过实验探究，培养实事求是、尊重客观规律的态度； （2）通过小组交流与讨论，培养学生合作与交流的团队精神； （3）通过对相关科技问题的讨论学习，增强将物理知识应用于实际的意识，加强对学生的人文教育。
教材分析	1.《导体的电阻》是人教版高中物理选修3-1第2章第6节的内容，是学习选修3-1第2章内容的基础，既与生活紧密联系，又是教学中的重点。 2. 本节内容涉及重难点知识较多，重点是电阻定律的理解和掌握，难点是如何设计合理可行的实验方案，如什么情况下考虑电阻率随温度的变化，什么情况下忽略这种影响。

161

续 表

学情分析	学生都知道用伏安法测电阻，但不知道电阻与哪些因素有关，所以对本节课的知识非常好奇，因此，用实验探究和理论探究，可以让学生多动手，多分析，通过合作讨论教学法，将难以理解的知识融于活动的教学中。
学习者 特征分析	1. 知识基础：经过前面的学习，学生初步知道用伏安法测电阻。 2. 能力基础：学生通过观看不同种类电阻实物，自己动手实验探究和理论探究，使学生掌握电阻率的概念，知道电阻与哪些因素有关。 3. 学习者特征分析：学生初中时学过一点电学的相关知识，因此对电学知识的理解不够深入，思维方式还处于浅显、表面，因此我主要采用情境教育、动手操作的教学思维模式。 4. 学习动机：由于电阻的知识和生活常识联系性强，因此学习者对有关生活知识的好奇心较强，具有强烈的探究欲望。 5. 学习风格：教学活动的设计和学生参与实验探究，激发兴趣和思考，培养学生科学探究的核心素养。

二、教学重点和难点

项目	内容	解决措施
教学重点	探究电阻定律的定量关系	1. 参与构建实验方案； 2. 微视频介绍实验过程
教学难点	1. 如何设计合理可行的实验方案； 2. 什么情况下考虑电阻率随温度的变化，什么情况下忽略这种影响	用微课讲解实验过程

三、教学准备

1. 实验器材：蓄电池、电流表、伏特表、滑动变阻器、不同材料、粗细、长度的导线若干。

2. 助教学资料：微视频、多媒体教学课件

四、教学设计

教学理念、设计内容、设计意途等，教师可根据自己的情况自行调整。

流程一：情境

教师的活动	学生的活动	设计意图
请仔细观察两只灯泡的照片，说出它们有哪些不同之处引出本节课的主题：导体的电阻。	学生紧跟老师抛出的问题来思考：灯丝粗细与灯的明亮度？	关键词：情境教学。通过生活图片导课，激发兴趣，让学生感觉本节课的内容和生活联系紧密。

流程二：问题		
教师的活动	学生的活动	设计意图
制作为一个时长6分钟的微视频播放。	学生认真观看微课： 1. 控制变量法测电阻大小的实验过程和方法。 2. 总结实验结论。	关键词：微课教学。 重点知识点录制为微视频，可以让学生合理利用课余时间进行学习。

流程三：探究		
教师的活动	学生的活动	设计意图
在本节课中： 同种材料，S一定，改变 L，测R； 同种材料，L一定，改变 S，测R； 不同材料，L一定，S一定，测R。	1. 同学们通过观察所给实验器材，讨论怎样选取器材进行实验。 2. 分别请3个小组代表上台讲解。	关键词：模型与建构。 培养学生的观察能力、动手能力和表达能力。

流程四：交流		
教师的活动	学生的活动	设计意图
老师和学生交流，教会学生用思维导图构建本节课的主要内容，能够完整表达本节课内容的同时，充分展现各知识之间的联系。	两个电路的总电阻： $R_并 = \dfrac{R_0}{n}$ n个电阻并联 $R_串 = nR_0$ n个电阻串联 1. 做导学案 2. 手绘思维导图	关键词：归纳与概括。 学生对所学知识进行系统性、层次性的梳理，从而培养学生的归纳和总结能力。

续 表

流程五：总结		
教师的活动	学生的活动	设计意图
在本节课中，通过对导体的电阻有关知识的学习，同学们现在来回忆今天学到了什么？请2～3位同学做总结性的、互补性的发言。	让学生交流总结，可能有的同学对所学的知识总结不够完善，因此请2～3位同学进行互补性发言。学生以电阻为核心，分别展开对电阻有关知识的学习。学生也结合自己的想法绘制思维导图。	关键词：归纳与创新。在教学活动中及时运用新型的、科学的、创新的教学模式：思维导图教学法，增添课堂色彩，提高课堂效率。

流程六：迁移		
教师的活动	学生的活动	设计意图
同种材料的导体，其电阻 R 与它的长度 L 成正比，与它的横截面积 S 成反比；导体电阻与构成它的材料有关。	1.（多选）下列说法中正确的是（　　） A. 据 $R=\dfrac{U}{I}$ 可知，当通过导体的电流不变时，加在电阻两端的电压变为原来的2倍时，导体的电阻也变为原来的2倍 B. 导体的电阻是其本身的属性，通过导体的电流及加在两端的电压改变时导体的电阻不变 C. 据 $\rho=\dfrac{RS}{I}$ 可知，导体的电阻率与导体的电阻和横截面积的乘积 RS 成正比，与导体的长度 I 成反比 D. 导体的电阻率与导体的长度 I、横截面积 S、导体的电阻 R 皆无关 2. 如图甲为一测量电解液电阻率的玻璃容器，P、Q 为电极，设 $a=1\text{m}$，$b=0.2\text{m}$，$c=0.1\text{m}$，当里面注满某电解液，且 P、Q 间加上电压后，其 U–I 图线如图乙所示，当 $U=10\text{V}$ 时，求电解液的电阻率 ρ 是多少？ 甲	关键词：演绎与推理。题目为载体，提炼信息，推出公式。

续 表

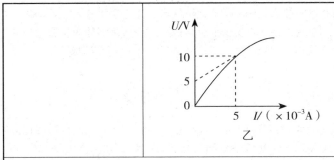

乙

流程七：评价

教师的活动	学生的活动	设计意图
1. 伏安法测电阻安培表内外接法怎样判断？ 2. 滑动变阻器怎样连接？ 3. 一段均匀导线对折两次后并联在一起，测得其电阻为0.5Ω，导线原来的电阻多大？	1. 学生思考，并主动上黑板勾画出相关的电路图。 2. 分别让三个不同层次的同学上黑板进行计算，老师根据计算情况进行评价？	关键词：再现与整理。通过学生的总结交流，加强学生对主干知识、主要知识的理解与记忆，用实物图直观、简洁地表达知识。

五、教学流程

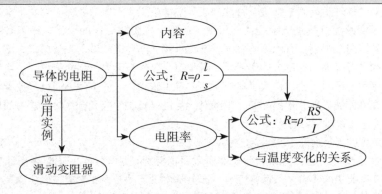

六、即时训练

检查目标	检测题的内容
训练学生掌握情况	1. 一根阻值为R的均匀电阻丝，在下列哪些情况中其阻值仍为R（设温度不变）（　　） A. 当长度不变，横截面积增大一倍时 B. 当横截面积不变，长度增加一倍时 C. 当长度和横截面积都缩小为原来的一半时 D. 当长度扩大一倍而横截面积缩为原来的一半时

续 表

训练学生掌握情况	2. 一根细橡胶管中灌满盐水，两端用短粗铜丝塞住管口。管中盐水柱长为40cm时测得电阻为R，若溶液的电阻随长度、横截面积的变化规律与金属导体相同。现将管中盐水柱均匀拉长至50cm（盐水体积不变，仍充满橡胶管）。则盐水柱电阻变为（　　　） A. $\frac{4}{5}R$　　　　B. $\frac{5}{4}R$　　　　C. $\frac{16}{25}R$　　　　D. $\frac{25}{16}R$ 3. 两根不同材料制成的均匀电阻丝，长度之比为$l_1:l_2=5:2$，直径之比为$d_1:d_2=2:1$，给它们加相同的电压，通过它们的电流之比为$I_1:I_2=3:2$，则它们的电阻率之比$\rho_1:\rho_2$为（　　　） A. $\frac{4}{15}$　　　　B. $\frac{8}{3}$　　　　C. $\frac{8}{5}$　　　　D. $\frac{16}{15}$

七、布置作业

1. 做导学案中题目。
2. 教材第59页练习2、3、4。

八、教学反思

（一）本节课的成功之处

本节知识较简单，电阻定律只是在初中的基础上给出了一个定量的关系。但是，本节还是有一个新的要点，那就是，我们发现导体的电阻还会和温度相关。这一点在实际中是有意义的，比如，物理学家们根据这个特性制成了热敏电阻，大家只要去了解一下电饭煲的工作原理，就会感受到热敏电阻的使用价值。此外，电阻随温度的变化在接下来的第四节（超导及其应用）中还会有深刻的发挥。本节采用"问题链教学"教学模式，激发学生的探究热情和学习兴趣。通过个体学习、小组学习、合作探索、学生交流汇报、实验操作、师生交流等教学组织形式，扩大了单位时间内学生主动学习的空间，而且释放了学生的精神活动，充分体现了新课程倡导的"重视对学生进行自主探究和合作学习能力的培养"的理念，改变学生被动学习的方式。

（二）本节课的不足之处

学生理解公式没有问题，但在导线长度横截面积特别是半径发生变化时会出计算上的错误，或者空间想象力不够。实验探究有一部分学生没有动手，我希望在以后的课堂中，让更多的学生参与活动，感受生活，以培养学生作为发展的终极目标。

《功、热和内能的改变》（第一课时）教学设计

环节一：情境激趣

1. 利用图片激趣

教师活动：展示火山爆发、蒸汽火车运行、火力发机厂的图片。

学生活动：观察图片思考：它们是如何形成的呢？

设计意图：激发学生学习兴趣，为学习新知识埋下伏笔，同时刺激学生思维兴奋中心。

2. 利用演示实验及视频激趣

教师活动：取一个压缩空气引火仪，将瓶取下，在底部放少量的硝化棉，然后将活塞迅速压下，请同学们观察现象。

学生活动：学生观察视频，尝试解释原因。

设计意图：引发学生认知冲突，暴露已有概念，学生利用原有知识不能完整解释，对新知识的学生激发兴趣，建立学生思维兴奋中心，培养学生思维的敏捷性。

环节二：问题激思

教师活动：为了完整地解释以上问题，我们需要学习新的内容"功、热和内能的改变"。在本节课中，我们主要解决以下问题（同时用思维导图板书展示问题）。

（1）焦耳定律的两个实验是什么？

（2）如何利用功能关系获得内能的概念？

（3）做功与内能改变的关系如何理解？

（4）热传递与内能改变的关系如何理解？

学生活动：学生做思维导图笔记，同时思考提出的问题链。

设计意图：将一节课的内容设计成一连串的几个大问题，以便于将每一个大问题又分解为几个小问题，将问题以问题链的形式呈现给学生，激发学生的

思考，培养学生思维的批判性和创造性，形成思维的系统性。

环节三：探究激成+评价激增

教师活动：教师引导学生观看两个焦耳热功当量的动画实验：一是对系统做机械功；二是对系统做电功。要求学生仔细观察，播放完毕后让学生6人一组分组探究，并考虑以下问题：①通过第一个焦耳的实验你得出什么结论？②通过第二个焦耳的实验你又能得出什么结论？③综合两个焦耳实验你得出什么结论？教师针对学生讨论的结果给予及时的评价。

学生活动：学生6人一组分组探究，经过三个过程：一是自主静思；二是小组内的合作探思；三是在班上的交流反思。最后学生通过探索得出了以下结论：

焦耳的第一个热功当量的动画实验，是重物下落带动叶片转动，实现机械功转化为能量，多次实验表明，尽管各次悬挂重物的质量不同，下落的高度也不一样，只要重力做功相同，容器内水温升高的数值都是相同的，即系统状态的变化是相同的。

焦耳的第二个热功当量的动画实验，是重物下落带动发电机发电，电热丝加热水，实现电功转化为能量，多次实验表明，如果过程是绝热的，对于同一个系统，不管通过电阻丝的电流大小如何、通电时间长短如何，只要所做的电功相等，则系统温度上升的数值是相同的，即系统状态的变化是相同的。

分析两个动画实验后得出共同的结论：不管做功方式和过程如何，只要做功的数量相同，状态的变化与做功的方式无关，状态的变化就一定相同。也就是说，在绝热过程中，做功的多少只由始末两个状态决定，而与做功方式无关。

评价激增：学生之间交流后，引导学生之间互评。

设计意图：通过实验探究，学生享受知识探究获得过程的乐趣，同时在探究过程中培养学生思维的严密性和逻辑性，锻炼学生的语言表达能力和同学们之间的协作互助能力。

环节四：交流激动+评价激增

教师活动：在绝热的热力学系统过程中，做功的多少只由始末两个状态决定，与做功的具体过程和方式没有关系。请同学们思考后交流：在我们学过的力中，有哪些只由起点和终点两个位置决定，而与物体的运动路径无关呢？

在此基础上介绍内能的定义。任何一个热力学系统都必定存在一个只依赖于系统自身状态的一种能量，这种能量叫作系统的内能。

学生活动：学生先独立思考，然后在小组内交流，最后在班上公开交流。

重力做功→重力做功对应重力势能的变化（"管他山高与水深，咱只在乎两点真"，即重力做功只与起点和终点的竖直高度有关，与路径无关）；

电场力做功→电场力做功对应电势能变化（即电场力做功只与起点和终点沿电场线的距离有关，与路径无关）；

系统外力做功→系统外力做功对应系统内能的变化。

评价激增：学生之间交流后，引导学生之间互评，增强学生的信心。

设计意图：让学生将新学的知识融入旧知识中去，培养学生的类比思维能力，培养学生思维的深刻性和质疑性，形成系统知识体系。

环节五：总结激理+评价激增

教师活动：引导学生讨论焦耳的两个实验，绝热即与外界没有热量交换，$Q=0$，即在$Q=0$时，系统内能的变化量与外界对系统所做的功（或系统对外界所做的功）的关系。

学生活动：学生讨论总结，在热力学系统的绝热过程中，当系统从一个状态经过绝热过程到达另一个状态时，内能的增加量$\Delta U=U_2-U_1$就等于外界对系统所做的功W，即$\Delta U=W$。

评价激增：学生之间交流后，引导学生之间互评。

设计意图：让学生从实验现象中，挖掘其所含的本质问题，培养学生思维的系统性。

环节六：迁移激扩（一）+评价激增

教师活动：在演示实验中，压缩空气拿硝化棉燃烧，实质是外界对系统做功，内能如何变化呢？

演示实验，取一个透明塑料瓶，向瓶内注入少量的水。将橡胶塞打孔，安装上气门嘴，再用橡胶塞把瓶口塞紧，并向瓶内打气，观察橡胶塞跳出时瓶内的变化，内能如何变化呢？

学生活动：对公式$\Delta U=W$进行分析，并且结合相关规定解答。

外界对系统做功，$W>0$，$\Delta U>0$，内能增加。

系统对外界做功，$W<0$，$\Delta U<0$，内能减少。

评价激增：学生之间交流后，引导学生之间互评。

设计意图：学生运用所学知识，分析和解释物理现象，深化对知识的运用，培养学生思维的广阔性。

环节七：迁移激扩（二）

教师活动：如果一个系统，外界没有对其做功，其也没有对外界做功，只和外界有热量交换，那么内能的变化量与热量之间是什么关系呢？请同学们课后思考，下节课进行交流。

学生活动：记录要求，课下探究。

设计意图：让学生根据所学的 $\Delta U=W$ 的研究方法，推导出 $\Delta U=Q$，培养学生的类比思维。

环节八：迁移激扩（三）

教师活动：在课后每人至少找到一个食品包装袋，查看包装上标有该食品的热量值，检查是否有错误。

学生活动：记录作业，课后完成。

设计意图：对所学知识迁移运用，并且解决生活中的相关问题。

"二链七环节"教学范式在高中物理中的应用

——以"生活中的圆周运动"教学为例

（一）引言

在高中物理教学的广阔天地里，"生活中的圆周运动"作为核心内容，扮演着承上启下的重要角色。它不仅是学生前期学习圆周运动基本概念的深化与拓展，更是理论知识与生活实践紧密结合的生动体现。通过这一课题的深入探究，学生不仅能够巩固和加深对向心力、角速度、线速度等圆周运动关键要素的理解，还能深刻体会到物理学原理在日常生活中的应用价值，从而激发他们对物理学科更深层次的兴趣和热爱。

"生活中的圆周运动"之所以引人入胜，在于它无处不在的身影：从飞驰而过的汽车轮胎，到游乐场里旋转的摩天轮；从卫星环绕地球的轨道，到自然界中行星绕日的轨迹，无一不蕴含着圆周运动的奥秘。这些生动的实例，为学生提供了一个观察、思考、探索物理世界的广阔舞台，使得抽象的物理概念变得具体而生动。

在教学中创新性地引入"二链七环节"教学范式。这一范式以问题链和思维链为双轮驱动，通过七个紧密相连的教学环节，系统地引导学生从具体到抽象、从现象到本质地理解圆周运动的规律，同时全面培养他们的思维能力。从情境激发好奇心，到问题引导思考；从探究形成知识体系，到互动交流促进思维碰撞；从总结反思构建系统认知，到迁移拓展解决实际问题；通过评价反馈提升学生的自我反思和批判性思维能力，整个教学过程形成了一个闭环，确保了教学效果的最大化。

（二）"二链七环节"教学范式概述

以问题链和思维链两条主线，以情境、问题、探究、交流、总结、迁移、评价为环节，各环节相互衔接，共同构成完整的教学流程。

问题链，按照做什么、什么要求、怎么想、怎么说、怎么总结、怎么测、怎么评，通过有逻辑的问题，引导学生深入思考，形成知识体系。

思维链，培养学生思维的敏捷性、创造性、严密性、深刻性、系统性、广阔性和批判性等思维能力。

（三）"二链七环节"在"生活中的圆周运动"教学中的应用

1. 创设情境，引入新课

在教育理论与实践的深度融合下，"二链七环节"教学范式以其独特的优势，为高中物理教学注入了新的活力。在"生活中的圆周运动"课堂教学中，通过精心设计的教学环节，不仅加深了学生对圆周运动规律的理解，还极大地激发了他们的学习兴趣和探究欲望。

本环节的核心在于通过具体、生动的实例，为学生构建一个与日常生活紧密相连的物理学习情境。教师首先播放了一段水流星杂技的视频，这段视频以其惊险刺激的画面迅速吸引了学生的眼球。视频中，杂技演员手持装有水的杯子，在高速旋转的过程中，水却奇迹般地没有洒出。这一违背常识的现象立即引发了学生的好奇和疑问。

接着，教师趁热打铁，提出了一个直击课程核心的问题："做圆周运动的水杯中的水为什么洒不出来？"这个问题不仅与即将学习的圆周运动知识紧密相关，还巧妙地设置了认知冲突，激发了学生的探究欲望。学生开始主动思考，尝试用自己的语言或已有知识来解释这一现象，但往往难以得出满意的答案。这种"心求通而未得，口欲言而弗能"的状态，激发学生深入学习的最佳时机。

通过这一环节的实施，教师成功地创设了一个充满趣味性和挑战性的学习情境，为后续的圆周运动知识学习奠定了良好的情感基础。同时，也让学生深刻体会到物理学知识与日常生活的紧密联系，增强了他们学习物理的兴趣和动力。

2. 科学探究，提出问题

在教学领域，科学探究被视为一种高度有效的教学策略，它强调学生作为学习主体的主动性与参与性。建构主义学习理论认为，学生是通过与环境的互动来构建自己的知识体系的，教师不再是单纯的知识传递者，而是学生学习的引导者和促进者。通过提出问题、假设形成、实验设计、数据收集与分析、结论得出等环节，鼓励学生主动探索未知，培养他们的问题解决能力、批判性思维能力和创新能力。

在"生活中的圆周运动"课题的教学中，可以精心设计一系列连贯且富有挑战性的学习活动。首先，教师利用多媒体设备播放了一段精心挑选的火车转弯对比视频。这段视频通过慢动作回放、多角度展示等手法，清晰地呈现了火车在不同条件下转弯时的动态变化，特别是火车脱轨瞬间的惊险场景，极大地吸引了学生的注意力，激发了他们的探究兴趣。

视频播放结束后，教师适时提出了两个关键问题："火车转弯时做什么运动？需要的向心力由谁来提供？"这两个问题不仅紧扣课题核心，而且具有高度的启发性和引导性。它们促使学生从直观的视频观察转向深层次的物理思考，引导他们回顾如匀速圆周运动的定义、特点以及向心力的概念等，并应用圆周运动的基本知识。

为了解答这些问题，教师组织学生进行分组讨论和受力分析。学生被分为若干小组，每组分配不同的探究任务，如分析火车转弯时的受力情况、绘制受力分析图、计算所需的向心力等。在小组内部，学生们积极交流意见，分享想法和见解，共同构建解决问题的方案。同时，教师也穿梭于各小组之间，给予必要的指导和帮助，确保探究活动顺利进行。

在受力分析的过程中，学生们运用牛顿第二定律和圆周运动的基本公式，对火车转弯时的受力情况进行深入剖析。他们发现，火车在转弯过程中需要受到一个指向圆心的力来提供向心力，以保证其能够沿着弯道平稳行驶。这个力可能由外轨对车轮的侧向支持力、车轮与铁轨间的摩擦力等多种因素共同构成。通过这一系列探究活动，学生们不仅加深了对圆周运动规律的理解，还学会了如何运用物理知识解决实际问题。

本环节的设计意图在于通过科学探究的方式，激发学生的探究欲望和学习兴趣，使他们在主动思考和解决问题的过程中，巩固并深化对圆周运动相关知识的理解。通过视频的直观展示和问题的巧妙引导，教师成功地创设了一个充满挑战性和趣味性的学习情境，促使学生积极参与到探究活动中来。同时，通过分组讨论和受力分析等环节的设计，教师还注重培养学生的团队合作精神、沟通能力和批判性思维能力等综合素养。这些能力的培养对于学生未来的学习和生活都具有重要的意义。

3. 自主探究，形成知识

在物理教学中，自主探究学习尤为重要。物理学是一门以实验为基础的科学，许多物理概念和规律都是通过实验得出的。自主探究学习作为一种教学方式，其核心在于赋予学生主动探索知识的权利和责任。它不仅是一种学习方法，更是一种学习态度和能力的培养过程。在自主探究学习中，学生不再是被动接受知识的容器，而是成为知识的主动建构者。他们通过观察、实验、推理、讨论等活动，亲自参与知识的形成过程，从而更深刻地理解知识的本质和内在联系。

通过自主探究学习，学生可以亲自动手进行实验，观察物理现象，分析数据，得出结论，从而更直观地理解物理概念和规律。此外，自主探究学习还能培养学生的实验技能、数据分析能力、批判性思维以及解决问题的能力，这些都是未来科学研究和创新活动中不可或缺的能力。

在"生活中的圆周运动"教学环节中，为了让学生更深入地理解火车转弯时向心力的来源，并掌握平面内圆周运动的一般研究方法，教师可以设计一系列详细且富有层次的教学活动。

（1）教师首先向学生展示自制教具——火车车轮模型，并详细介绍其构造和使用方法。同时，教师强调该模型在模拟火车转弯情境中的重要作用，激发学生对即将进行的实验活动的兴趣。

（2）学生分组观察火车车轮模型，尝试模拟火车转弯的情境。在观察过程中，教师鼓励学生提出问题，如"火车在转弯时哪些力在起作用？""这些力是如何影响火车行驶稳定性的？"等问题，以引导学生思考并明确探究的方向。

（3）在学生提出问题后，教师适时回顾圆周运动的相关理论知识，如向心力、角速度、线速度等概念，并引导学生思考这些概念如何应用于火车转弯的情境中。同时，教师提供PPT课件作为辅助资料，帮助学生更好地理解理论知识。

（4）在理论回顾的基础上，学生分组设计实验方案，利用火车车轮模型和PPT课件中的受力分析图进行受力分析。随后，学生进行实验操作，观察火车车轮模型在转弯时的受力情况。

（5）学生分组讨论实验过程中遇到的问题和解决方案，分享经验和见解。通过讨论和交流，学生逐渐形成了对火车转弯时向心力来源的清晰认识。

（6）学生进行口头汇报，总结实验过程和结果，反思自己在自主探究过程中的收获和不足。教师对学生的表现给予肯定和鼓励，并提出改进意见和建议。通过总结与反思环节，学生不仅巩固了所学知识，还提升了自主学习能力和批判性思维。

4. 互动交流，加深理解

学习是一个师生互动的过程，通过与他人的交流、合作与对话，共同构建知识。在这一理论框架下，互动交流被视为促进学生思维发展、深化知识理解的有效手段。通过互动交流，学生可以分享自己的观点、倾听他人的见解，从而在思想碰撞中激发新的思考火花，拓宽认知视野。此外，互动交流还有助于培养学生的团队合作精神、沟通能力和表达能力，培养学生适应社会的素养。

在"生活中的圆周运动"教学中，教师可以精心组织了一场小组讨论活动，旨在通过学生之间的互动交流，进一步激发他们对火车转弯问题的深入思考，并培养他们的团队合作精神和表达能力。

活动开始前，教师明确了讨论的主题和目标，即围绕火车转弯时向心力的来源及其影响因素展开讨论，并鼓励学生提出见解和疑问。随后，学生被分为若干小组，每组选出一名组长负责协调讨论进程。

在讨论过程中，学生们积极发言，分享自己对火车转弯问题的理解。他们结合前面的实验观察、理论学习和个人思考，提出了各种见解和假设。有的学生从物理原理出发，详细分析了火车转弯时所需的向心力及其来源；有的学生则从实际案例出发，探讨了火车脱轨等事故的原因和预防措施。在讨论中，学生们不仅表达了自己的观点，还认真倾听他人的见解，并尝试从不同角度审视问题，从而拓宽了自己的认知视野。

教师在此过程中充当了引导者和点评者的角色。他们适时提出启发性问题，引导学生深入思考；同时，他们也对学生的发言给予及时的反馈和点评，肯定优点并指出不足之处。这种及时的指导和点评不仅帮助学生纠正了错误的理解，还激发了他们进一步探究的欲望和动力。

这一环节的互动交流，学生们不仅加深了对圆周运动规律的理解，还培养了团队合作精神和表达能力。他们学会了如何与他人有效沟通、协作解决问题，并在这一过程中不断提升自己的思维能力和认知水平。

5. 总结反思，形成体系

在认知心理学中，总结反思被视为知识构建过程中的关键步骤。它不仅是对学习内容的简单回顾，更是学习者主动对所学知识进行梳理、整合和批判性思考的过程。通过总结反思，学习者能够识别出知识之间的内在联系，构建出层次清晰、逻辑严密的知识体系。这一过程不仅能够促进知识的长期记忆，还能提升学习者的元认知能力，即对学习过程的自我监控和调节能力。因此，总结反思对于培养学生的系统性思维、条理性思维和批判性思维具有重要意义。

在"生活中的圆周运动"教学中，教师可以采取以下一系列细致入微的教学策略，以确保学生能够通过总结反思形成完整且系统的知识体系。

教师首先引导学生从多个维度对火车转弯问题的讨论进行总结。这包括向心力来源的总结（如外轨对车轮的侧向支持力、车轮与铁轨间的摩擦力等）、影响因素的总结（如转弯半径、转弯速度、轨道设计等）以及圆周运动基本规律的总结等。通过多维度的总结，学生能够对火车转弯问题形成全面的认识。

在总结的基础上，教师进一步引导学生将所学知识串联起来，形成系统的知识体系。他们通过提问、引导讨论等方式，帮助学生识别出知识之间的内在联系，如向心力与圆周运动半径、速度之间的关系等。同时，教师还可以利用类比、举例等教学方法，帮助学生将抽象的概念具体化、形象化，从而加深他们的理解。

为了帮助学生更好地巩固所学知识并形成知识体系，教师还要精心设计板书。板书内容既包括了圆周运动的基本概念、公式和原理，也涵盖了火车转弯问题的具体分析和解决策略。在板书设计的过程中，可以鼓励学生提出见解和补充意见。这种互动式的板书设计不仅激发了学生的参与热情，还使知识体系更加完善、全面。

在总结反思的过程中，教师还鼓励学生进行批判性思考。他们引导学生对所学知识进行质疑、挑战和评估，以培养学生的批判性思维能力和自我反思能力。例如，教师可以提问："我们的结论是否完全正确？有没有可能存在其他解释或影响因素？"通过这样的问题引导，学生能够更加深入地思考问题，不断完善自己的知识体系。

最后，教师设计了针对性的巩固练习和反馈环节。他们通过练习题、案例分析等形式，帮助学生巩固所学知识并检验学习效果。同时，教师还可以及时给予学生反馈和指导，帮助他们纠正错误、弥补不足并进一步提升学习能力。

通过这一环节的深入总结反思和教学活动扩展，学生不仅能够形成完整且系统的知识体系，还能够提升系统性思维、条理性思维和批判性思维等综合素养。这为他们在未来的学习和生活中更好地运用所学知识解决问题奠定了坚实的基础。

6. 迁移拓展，解决问题

迁移学习理论是教育学与心理学交叉领域中的一个重要概念，它强调知识的可迁移性和应用性。根据这一理论，学习不仅是对特定信息或技能的掌握，更重要的是能够将所学内容灵活地应用到新的情境或问题中。在物理教学中，迁移拓展环节尤为关键，它不仅要求学生理解并记忆物理概念和规律，更要求他们能够将这些知识转化为解决实际问题的能力。通过迁移拓展，学生不仅能够加深对物理概念的理解，还能培养创新思维、批判性思维和问题解决能力，为他们未来的学习和生活奠定坚实的基础。

在"生活中的圆周运动"教学中，为了更深入地培养学生的迁移能力和解决问题的能力，教师可以设计一系列丰富多彩的教学活动。

（1）情境模拟与案例分析。教师首先通过多媒体展示汽车过桥、航天器失重、离心运动等实际情境的视频或图片，营造身临其境的学习氛围。接着，教师引导学生对每个情境进行详细的案例分析。例如，在汽车过桥的情境中，教师可以提问："为什么汽车在拱形桥顶部时会有一种被'抛'出去的感觉？"引导学生运用圆周运动和向心力的知识进行分析。

（2）小组合作与讨论。学生被分成若干小组，每组负责一个具体情境的分析和讨论。小组成员之间需要相互协作，共同提出解决方案，并准备向全班展示。在讨论过程中，教师鼓励学生提出不同的观点和假设，并引导他们通过逻辑推理和实验验证来检验这些假设的正确性。

（3）实验设计与操作。对于一些可以通过实验验证的情境（如离心运动），教师组织学生设计并实施实验。学生需要自行准备实验器材、设计实验步骤、记录实验过程并分析结果。通过实验操作，学生不仅能够直观地观察到物理现象的发生过程，还能更深入地理解背后的物理原理。

（4）问题解决策略指导。在整个迁移拓展过程中，教师注重对学生问题解决策略的指导。教授学生如何分析问题、如何提出假设、如何设计实验以及如何解释实验结果等关键步骤。同时，教师还鼓励学生反思自己的解题过程，总结成功经验并吸取失败教训，以不断提升自己的问题解决能力。

（5）总结与反思。在每个情境分析结束后，教师组织学生进行总结与反思。学生需要回顾整个分析过程，总结所学到的知识和方法，并思考如何将它们应用到其他类似的问题中。教师还要引导学生思考这些物理现象在日常生活中的应用价值和社会意义，以培养他们的社会责任感和人文关怀精神。

通过这一深入的教学活动扩展，学生不仅能够在迁移拓展环节巩固和深化对圆周运动等物理概念的理解，还能培养创新思维、批判性思维和问题解决能力。他们学会了如何将所学知识灵活应用到实际生活中，解决了一系列与圆周运动相关的实际问题。这一过程不仅拓宽了他们的思维视野，还增强了他们的实践能力和自信心，为未来的学习和生活奠定了坚实的基础。

7. 评价反馈，培养批判性

在教育评价的理论框架内，形成性评价与总结性评价的结合被视为提升教学质量和促进学生全面发展的有效手段。形成性评价强调教学过程中的即时反馈，帮助教师调整教学策略，同时鼓励学生自我监控学习进度，及时纠正错误。总结性评价则侧重于学习周期结束后的综合评估，旨在全面了解学生的学习成果，为后续教学提供依据。在"生活中的圆周运动"教学中，设计达标检测题并实施评价反馈，正是为了融合这两种评价方式的优点，既关注学生学习过程中的表现，又重视学习成果的总结与反思。

此外，自我评价与反思作为学习过程中的重要环节，对于培养学生的批判性思维和自我调控能力具有关键作用。自我评价能促使学生主动审视自己的学习过程和成果，识别优点与不足；而反思则引导学生深入思考学习中的问题和挑战，探索改进策略。通过这一过程，学生不仅能够加深对知识的理解和掌握，还能够提升自主学习和终身学习的能力。

达标检测题的深入设计。检测题的设计紧密围绕"生活中的圆周运动"教学目标，确保题目能够全面覆盖圆周运动的基本概念、原理、计算方法以及实际应用等方面。为了全面评估学生的能力，检测题采用选择题、填空题、计算题、简答题和案例分析题等多种题型。选择题和填空题侧重于基础知识的考察；计算题则要求学生运用公式进行精确计算；简答题和案例分析题则鼓励学生结合生活实例进行分析和解释。题目设计注重情境化，通过引入日常生活中的圆周运动现象（如汽车过桥、自行车转弯、游乐场设施等），使学生能够在解决实际问题的过程中运用所学知识，增强学习的实用性和趣味性。题目难度从易到难逐步递增，既有基础题巩固学生的基本知识，也有提高题和挑战题激发学生的潜能与创造力。这样的设计有助于区分不同学生的学习水平，为后续的个性化辅导提供依据。

全面引导自我评价与反思。即时反馈：学生在完成检测题后，教师及时批改并反馈结果。对于普遍存在的问题，教师在课堂上进行集中讲解；对于个别学生的特殊问题，则采取一对一辅导的方式进行解决。教师引导学生从多个维度对自己的学习成果进行评价，包括知识的掌握程度、解题方法的正确性、解题速度的快慢等。通过自我评价，学生能够客观地认识到自己的优点和不足。在自我评价的基础上，教师鼓励学生进行深入反思。他们引导学生思考自己在解题过程中遇到的困难和挑战，分析错误产生的原因，并提出改进策略。同时，教师还鼓励学生相互评价和交流讨论，以促进共同进步。根据自我评价和反思的结果，学生制订个性化的改进计划。这些计划可能包括加强基础知识的学习、提高解题速度、改进解题方法等方面。通过实施改进计划，学生能够不断提升学习能力和水平。

在实施改进计划的过程中，教师持续监控学生的学习进度和成果，并根据实际情况进行调整和优化。同时，教师还鼓励学生保持积极的学习态度和良好的学习习惯，为未来的学习和生活奠定坚实的基础。

综上所述，深入设计达标检测题并全面引导学生自我评价反思是"生活中的圆周运动"课题教学不可或缺的一环。通过这一过程，教师不仅能够全面了解学生的学习情况，还能够有效提升学生的批判性思维和自我调控能力，为他们的终身发展奠定坚实的基础。

（四）结论与展望

在"生活中的圆周运动"这一课题的教学中，通过实践"二链七环节"教学范式，我们取得了显著的教学成效。这一教学范式不仅成功地将抽象的物理概念与实际生活紧密联系起来，激发了学生的学习兴趣和探究欲望，更重要的是，它在培养学生多元化思维能力方面展现出了独特的优势。

首先，从知识的传授与巩固角度来看，"二链七环节"教学范式通过系统化的教学环节设计，确保了学生对圆周运动相关知识的全面理解和扎实掌握。从创设情境引入新课，到通过科学探究提出问题，再到自主探究形成知识，学生经历了从感性认识到理性思考的全过程，知识体系的构建更加牢固。

其次，在思维能力培养方面，该教学范式展现出了卓越的效果。通过问题链的引导，学生的敏捷性思维得到了锻炼，他们能够快速响应问题，灵活运用所学知识。同时，在探究和交流环节中，学生的创造性思维被充分激发，他们敢于提出新观点，勇于尝试新方法。此外，通过总结反思和迁移拓展，学生思维的严密性、深刻性、系统性、广阔性和批判性也得到了显著提升。他们学会了如何严谨地分析问题，如何深入地挖掘问题背后的原理，如何系统地整合知识，如何将所学知识应用于更广泛的领域，以及如何批判性地评价自己的观点和他人的见解。

展望未来，"二链七环节"教学范式在物理教学中的应用前景广阔。

首先，我们可以进一步探索和完善该策略在不同教学内容中的应用。无论是力学、热学、光学还是电磁学等其他物理分支，都可以通过精心设计的教学环节来培养学生的多元化思维能力。同时，针对不同学生的学习需求和特点，我们可以灵活调整教学策略和方法，以实现个性化教学。

其次，随着教育技术的不断发展，我们可以将现代信息技术与"二链七环节"教学范式相结合，打造更加生动、直观、互动的教学环境。例如，利用虚拟现实技术模拟复杂的物理现象，利用大数据分析学生的学习行为和学习成效，以便更精准地实施个性化教学，等等。

此外，我们还应关注教学评价体系的改革与创新。传统的单一评价方式往往难以全面反映学生的学习成效和思维能力发展情况。因此，我们可以构建多元化、过程性、发展性的评价体系，将形成性评价与总结性评价相结合，将自我评价、同伴评价与教师评价相结合，以更全面地了解学生的学习状态和发展潜力。

总之，"二链七环节"教学范式在物理教学中的应用实践为我们提供了一条培养学生多元化思维能力的新途径。未来，我们将继续探索和完善这一教学策略，以适应教育改革的需要和学生发展的需求，为培养具有创新精神和实践能力的高素质人才贡献力量。

第三节　初中生物教学设计

《动物的运动》教学设计

表9–6

<table>
<tr><td colspan="2">授课年级</td><td colspan="3">八年级</td><td colspan="2">总学时数</td><td colspan="2">1学时</td></tr>
<tr><td colspan="2">设计者</td><td colspan="3">杨兴×</td><td colspan="2">所属学校</td><td colspan="2">赫章县朱明镇初级中学</td></tr>
<tr><td>时间安排</td><td colspan="2">讲授</td><td>10分钟</td><td colspan="2">活动</td><td>30分钟</td><td>其他</td><td>5分钟</td></tr>
<tr><td colspan="9">教材、教辅介绍</td></tr>
<tr><td colspan="5">教材名称</td><td colspan="2">编著者</td><td>出版社</td><td>版别</td></tr>
<tr><td colspan="5">义务教育教科书
《生物学八年级上册》</td><td colspan="2">人民教育出版社
课程教材研究所</td><td>人民教育
出版社</td><td>2013年版</td></tr>
<tr><td colspan="9">一、教学分析</td></tr>
<tr><td rowspan="4">教学目标（按学科核心素养目标要求）</td><td colspan="2">生命观念</td><td colspan="6">体验屈肘、伸肘过程中肌肉状态的变化，认同动物的结构和功能的统一性。</td></tr>
<tr><td colspan="2">科学思维</td><td colspan="6">1. 观察家兔骨骼、肌肉、关节模型，归纳运动系统的组成。
2. 骨、关节、肌肉协调配合完成运动的过程。</td></tr>
<tr><td colspan="2">探究实践</td><td colspan="6">1. 解剖鸡翅，找到白色的肌腱，观察它与肌肉和骨的连接情况。
2. 制作肌肉牵引骨运动的模型，理解骨、关节和肌肉在运动中的协调作用。</td></tr>
<tr><td colspan="2">态度责任</td><td colspan="6">关注运动系统的健康，形成积极参加体育锻炼的意识和习惯。</td></tr>
<tr><td>教材分析</td><td colspan="8">本节是在学习了动物的类群基础上，通过观察骨骼、肌肉和关节的结构，说明动物的运动依赖于一定的结构基础，再分析关节、肌肉、骨的关系，搞清三者之间在运动过程中的协调关系，让学生对动物运动的本质有更深的认识，为学习先天性行为和学习行为、社会行为对动物个体和群体生存的意义及对环境的影响做铺垫，有利于学生认识动物的本质特征。</td></tr>
</table>

续 表

	学生在生活中对肌肉、骨骼和关节等结构有所了解，但对动物完成运动的各结构的协调配合及完成运动过程中各系统的协调配合认识不深。在教学中要坚持从形象到抽象的思维过程，适当加入推理判断，让学生体会通过推理获取新知识的乐趣。培养学生良好的学习习惯和严谨的科学态度，从而形成正确的生物学科素养。
学情分析	

二、教学重点和难点

项目	内容	解决措施
教学重点	运动系统的组成，关节、骨骼肌的结构。	观察除去皮肤的鸡翅从而探究了解运动系统的组成。
教学难点	骨、关节和肌肉协调配合完成运动的过程。	通过模型和自身结构，体验运动系统的协调配合。

三、教学准备

相关材料、图片、视频、模型、模具、除去皮肤的鸡翅等。

四、教学设计

基本流程：情境

教师活动	学生活动	设计意图
播放动物运动的视频，提问：视频中都看到哪些动物？它们在干吗？它们依靠什么运动？它们运动的方式一样吗？	观看视频，观察动物运动的行为	创设情境，活跃气氛，通过感官刺激激发学生兴趣，引出本节课内容。

问题

教师活动	学生活动	设计意图
在情境中引导学生思考：动物所表现的如捕食、求偶、迁徙等行为的各种各样的运动依靠的是哪些身体结构？这些结构之间有什么联系？它们是怎样完成各种动作的？	学生思考，分小组讨论	通过问题引发学生的认知冲突，调动学生学习的积极性。

探究、交流		
教师活动	学生活动	设计意图
探究一　运动系统的组成 1. 组织学生体验屈肘动作，想一想：屈肘是靠哪些结构完成的？这些结构在屈肘、伸肘时会发生什么变化？如果肘关节受伤，还能正常完成这些动作吗？ 2. 多媒体展示家兔骨骼的示意图，引导学生观察图片，比较、讨论前肢和后肢的骨的形态有什么区别？骨在运动中有什么作用？骨类似杠杆的什么结构？ 3. 多媒体展示关节示意图，组织学生观察关节的结构。带领学生绘制关节结构图，思考、讨论关节的结构特点、关节在运动中的作用。 4. 多媒体展示除去皮肤的鸡翅（解剖鸡翅），了解肌肉附着在骨上的方式。依次拉动每组肌肉，观察骨的运动。除去肌肉，观察骨与骨之间的连接。 5. 请同学们举例，说说人体有哪些部位有关节。进行体育运动时，哪些关节容易受伤？平时应当怎样保护？ 教师带领学生总结归纳：运动系统主要是由骨、关节和肌肉组成的。骨与骨之间通过关节等方式相连形成骨骼，附着在骨骼上的肌肉称为骨骼肌。	学生观察思考后，总结运动系统的组成： 1. 动物的行为常表现为各种各样的运动，哺乳动物的运动系统由骨、关节和肌肉组成。 2. 关节由关节头、关节囊、关节腔、关节窝、关节软骨等组成。关节囊及韧带使关节具有牢固性；关节软骨和滑液使关节具有灵活性。 3. 教师带领学生分析肌肉附着在骨上的方式，并归纳骨、关节、肌肉的协调配合。	通过一系列层层递进的问题链，引发学生自主思考探究，小组合作讨论回答问题。激发学生的兴趣，发散学生的思维，培养学生的核心素养。
探究二　骨、关节和肌肉的协调配合 1. 教师过渡：我们现在已经知道动物的运动需要依靠一定的身体结构（运动系统）。下面就让我们来探究运动系统是如何产生一个动作的。 2. 演示运动的产生，知道骨骼肌受神经传来的刺激收缩时，就会牵动骨绕关节活动，于是躯体的相应部位就会产生运动。		

续表

3. 阅读教材第44页图5—33，让学生自己练习屈肘和伸肘的动作，并用另一只手触摸肱二头肌和肱三头肌，感受它们有什么变化。引导学生探究、提问：屈肘时，肱二头肌、肱三头肌有什么变化？伸肘时这两组肌肉又有什么变化？说明了什么？ 4. 用木条、橡皮筋、螺丝做肌肉牵引骨运动的模型，理解骨、关节和肌肉在运动中的协调作用。 5. 教师提问：仅靠运动系统就能完成动作吗？（提示：请同学们回忆一次剧烈运动后的情境） 6. 教师提问：同学们在运动会上参加比赛时，满脸通红、汗流浃背，这说明有哪些系统参与完成运动呢？ 7. 这些系统都有什么作用呢？ 8. 引导学生阅读教材第45页，了解运动系统的意义。	1. 学生小组合作，交流讨论。 2. 学生通过观察，了解运动是如何产生的。 3. 学生按老师的要求，完成动作。带着问题进行阅读、探究和讨论：屈肘时肱二头肌收缩，肱三头肌舒张；伸肘时肱二头肌舒张，肱三头肌收缩。只有两者配合默契，才能完成运动。 4. 师生共同总结：①运动的产生：骨骼肌受神经传来的刺激收缩时，就会牵动骨绕关节活动。②骨起杠杆作用，关节起支点作用，骨骼肌起动力作用。 5. 总结归纳：我们可以做出各种精细复杂的动作，这是因为体内各个系统默契合作。 6. 运动并不是仅靠运动系统来完成的，还需要其他系统如神经系统的调节。运动所需的能量，有赖于消化系统、呼吸系统、循环系统等系统的配合。 7. 强大的运动能力，有利于动物寻觅食物、躲避敌害、争夺栖息地和繁殖后代，以适应复杂多变的环境。	

总结		
教师活动	学生活动	设计意图
教师：引导学生积极发言，总结本节课的所思所获，从而理解"结构与功能相统一"这一观点。	畅所欲言，归纳总结本课知识，建构知识体系。	培养学生归纳总结、建构知识体系的能力，让学生形成系统思维。

续　表

迁移		
教师活动	学生活动	设计意图
 请据图分析回答问题。 （1）图A表示_____动作，图B表示_____动作。 （2）①是_____，在图A中处于_____状态；②是_____，在图A中处于_____状态；图B中①和②的状态分别是_____和_____。 （3）刘春红是奥运会举重冠军，当她抓起杠铃时，她上臂的肌肉中，处于收缩状态是_____，处于舒张状态的是_____，当她将杠铃成功举过头顶稳定的那一刻，处于收缩状态是_____，处于舒张状态的是_____。 （4）当你双手自然下垂时，感觉到比较轻松，是因为①②均处于_____状态。	思考讨论，回答问题。	将生物学知识与生活相联系，让知识的学习有延伸，帮助学生建立积极思考的态度。
评价		
教师活动	学生活动	设计意图
教师：在学生回答问题后给予及时的正面反馈，引导学生形成正确的观点。	学生：小组回答时对小组的展示结果进行评价，指出错误并赞扬正确观点。	在关注学生知识的基础上提升学生的思维品质，通过师生、生生间评价引导学生

续 表

		掌握正确的生命观念、锻炼学生的思维，培养学生的态度与责任。

五、板书设计

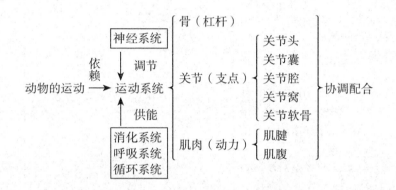

六、布置作业

分层作业：根据能力，选择完成教材本课课后练习题。

七、教学反思

"授人以鱼，不如授人以渔。"在教学过程中重要的是重视对学生的学法指导，培养学生的学习创新能力。学生的学习过程是一个积极主动的认识过程，只有经过学生自己的思维、概括和理解，生物学知识结构才能真正被接纳为认知结构，从而获得深刻的领悟。在课堂教学中，要培养学生解决问题的能力。教师首先要激发学生具有积极的探索欲望，同时在教学中利用一切教学材料、生活实际现象引导学生去探索、分析和总结，使学生的学习过程本身构成一个解决问题的过程。

《基因的显性和隐性》教学设计

表9–7

<table>
<tr><td colspan="2">授课年级</td><td colspan="2">八年级</td><td colspan="2">总学时数</td><td>1学时</td></tr>
<tr><td colspan="2">设计者</td><td colspan="2">杨兴×</td><td colspan="2">所属学校</td><td>赫章县朱明镇初级中学</td></tr>
<tr><td>时间安排</td><td>讲授</td><td>10分钟</td><td>活动</td><td>30分钟</td><td>其他</td><td>5分钟</td></tr>
<tr><td colspan="7">教材、教辅介绍</td></tr>
<tr><td colspan="3">教材名称</td><td colspan="2">编著者</td><td>出版社</td><td>版别</td></tr>
<tr><td colspan="3">义务教育教科书
《生物学八年级下册》</td><td colspan="2">人民教育出版社课程教材研究所</td><td>人民教育出版社</td><td>2013年版</td></tr>
<tr><td colspan="7">一、教学分析</td></tr>
<tr><td rowspan="4">教学目标（按学科核心素养目标要求）</td><td>生命观念</td><td colspan="5">1. 明确性状的显性和隐性与显性基因和隐性基因的关系；
2. 概括近亲结婚的危害；</td></tr>
<tr><td>科学思维</td><td colspan="5">通过对孟德尔豌豆杂交实验的分析，引导学生思考推理，逐步得出结论，并尝试通过基因显、隐性的原理来解释现实生活中的生命现象。</td></tr>
<tr><td>探究实践</td><td colspan="5">通过实践掌握绘制遗传图解并运用其解决遗传学相关问题的能力。</td></tr>
<tr><td>态度责任</td><td colspan="5">体会近亲结婚的危害，生活中提高坚决抵制近亲结婚行为的意识，认同优生优育。</td></tr>
<tr><td>教材分析</td><td colspan="6">“基因的显性和隐性”是生物教材八年级（下）第二章第三节内容。本节内容是在第一节基因控制生物的性状和第二节基因在亲子代间传递的内容之上的学习，是前两节内容的综合和深入，是本章的重难点，也是初中生物的难点之一，学好本节内容，是对前面所讲知识的衔接，能够让学生理解生物遗传的实质，为下面学习人的性别遗传和生物的变异奠定理论基础。</td></tr>
<tr><td>学情分析</td><td colspan="6">学生通过前面两节对基础概念的学习，掌握了基因在亲子代间传递的规律和过程，为本节课学习打下了基础，但是遗传规律、基因的传递规律对初中学生来说，依然是个难点，因为很抽象，学起来也比较枯燥乏味，所以本节课把学生熟悉的能看到的大量的生活实际现象结合起来，为了调动学生兴趣，并运用知识解决生活实际，让知识更具体，更目标化。</td></tr>
</table>

续 表

二、教学重点和难点		
项目	内容	解决措施
教学重点	1. 孟德尔豌豆杂交实验的现代遗传学解释; 2. 性状的显性、隐性, 显性基因和隐性基因的关系; 3. 正确绘制遗传图解并运用其解决遗传学相关问题。	通过分析孟德尔豌豆杂交实验,一步步引导学生思考推测了解相关知识。
教学难点	1. 性状的显性、隐性, 显性基因和隐性基因的关系; 2. 正确绘制遗传图解并运用其解决遗传学相关问题。	分析孟德尔的推论并在课上让学生绘制遗传图解,教师指正错误。

三、教学准备

微视频、多媒体教学课件

四、教学设计

基本流程:情境

教师活动	学生活动	设计意图
复习导入:回顾上节课知识,完成填空题。 教师:想一想上节课的填空练习,如果把图中的染色体去掉,只看成对的基因在亲子代间的传递,表示出来就是遗传图解。请同学们在"想一想,议一议"中画出来。	学生回忆上节课知识,举手回答。 学生初步绘画遗传图解。	承上启下,引出课题。

问题

教师活动	学生活动	设计意图
教师:生殖细胞中染色体数目比体细胞中减少一半。基因的传递、性状的遗传情况都可以用这样的遗传图解来表示。请同学们再来分析几个遗传现象: ①父母都是双眼皮,而小明却是单眼皮,这是怎么回事呢? ②妈妈是双眼皮,爸爸是单眼皮,小强却双眼皮,是不是小强只遗传了妈妈的基因而没有遗传爸爸的基因? ③父母都是单眼皮,推测他们的孩子可能是什么眼皮?	学生讨论交流,分析有可能出现的原因,做出多种猜测。	引起学生产生疑问,思考,激发学生学习兴趣。

续　表

探究、交流		
教师活动	学生活动	设计意图
探究活动一：孟德尔豌豆杂交实验 介绍孟德尔的背景资料 1. 提问：自然界中有那么多生物，孟德尔为什么要选择豌豆？豌豆有许多性状，但孟德尔所选的这七种性状有什么特点？孟德尔做的豌豆杂交实验有什么现象，说明了什么？ 2. 组织学生阅读教材第33页的图片和文字，观察描述实验现象。	认真地听孟德尔的故事 1. 思考问题，看书，找出豌豆的特点：自花传粉、闭花授粉、相对性状区别明显等。 2. 通过阅读，小组间思考讨论，交流：孟德尔用纯种高茎豌豆与纯种矮茎豌豆作为亲本（P）进行杂交，子一代（F1）全部表现为高茎；子一代（F1）自交，得到子二代（F2），发现后代中既有高茎也有矮茎，且高茎比矮茎多得多。	发现遗传学现象。通过孟德尔实验揭示遗传现象规律，明确性状的显性和隐性与显性基因和隐性基因的关系，并能准确判断性状的显隐性。
探究活动二：性状的显性和隐性与显性基因和隐性基因的关系 1. 提问：高茎和矮茎杂交后为什么后代都是高的，矮的基因是不是消失了？ 2. 为什么矮的基因控制的性状没有表现？ 3. 把杂种豌豆再种下去，后代却有高有矮，矮的又出现了，这说明了什么？	学生认真思考问题，小组间讨论交流，举手尝试回答； 1. 矮基因没有消失。 2. 说明矮基因控制的性状没有表现。 在老师的引导下得出结论： （1）相对性状具有显性性状和隐性性状之分。 （2）显性性状由显性基因控制，隐性性状由隐性基因控制。 （3）习惯上用同一字母的大小写分别表示基因的显、隐性，显性基因如果用D表示，则隐性基因便用d表示。 （4）体细胞基因是成对存在的，生殖细胞只有成对基因中的一个。	
探究活动三：遗传图解绘制 结合孟德尔实验对子一代和子二代形成过程做出遗传图解绘制。	学生绘制遗传图解 子一代 亲代性状　高茎　　　矮茎 亲代基因　DD　×　dd 　　　　　　↓　　　↓ 生殖细胞基因　D　　　d 　　　　　　　↘　↙ 受精卵基因　　　Dd 子一代性状　　高茎	正确绘制遗传图解并运用其解决遗传问题。

续 表

<table>
<tr>
<td></td>
<td>
子二代

子一代的性状　高茎　　高茎

子一代的基因　　Dd　×　Dd

生殖细胞的基因　D　d　D　d

受精卵的基因　DD　Dd　Dd　dd

子二代的性状 高茎 高茎 高茎 矮茎
</td>
<td></td>
</tr>
<tr>
<td>
探究活动四：禁止近亲结婚
通过引出"达尔文与表姐结婚带来的苦恼"等案例，揭示为什么两个正常人结婚会生出患病的孩子这一问题。
1. 提问：为什么会出现这种情况？
2. 什么时候夫妻双方携带相同隐性致病基因可能性增大？
3. 近亲结婚有什么危害？
4. 自主阅读教材第36页，了解我国民法典相关规定。
</td>
<td>
1. 学生认真思考问题，小组间讨论交流，得出推论：
人类的某些遗传病是由隐性基因控制的，而同家族中携带同样的隐性致病基因的可能性很大，所以才会有这样的悲剧。
2. 学生了解近亲结婚的概念和危害：
我国法律规定，直系血亲和三代以内旁系血亲禁止结婚。
近亲结婚易导致后代中隐性致病基因结合率增大，患遗传病的概率会加大。
</td>
<td>
体会近亲结婚的危害，生活中提高坚决抵制近亲结婚行为的意识。
</td>
</tr>
</table>

总结

教师活动	学生活动	设计意图
组织学生思考：通过本节课的学习，你有什么收获或体会？	学生举手回答本节课的收获及反思，积极总结，回顾知识。	巩固知识，激发学生课后学习的兴趣。

迁移

教师活动	学生活动	设计意图
为探究番茄果色的遗传，某实验小组用红果番茄和黄果番茄进行了如下实验：	积极思考，利用学习的知识作答。	让知识的学习有延伸，帮助学生建

组别	亲代	子代/个	
		红果	黄果
甲	黄果×黄果	0	235
乙	红果×红果	?	60
丙	红果×黄果	120	126

请分析回答：

（1）在遗传学上，番茄的红果和黄果称为一对_____。

（2）番茄的_____是显性性状。推断依据是_____组，理由是_____。

（3）用B表示显性基因，b表示隐性基因，丙组亲代红果的基因组成是_____，子代中红果的基因组成是_____。乙组子代中红果数量应该接近_____个。

（4）将黄果番茄作为接穗嫁接到红果番茄的砧木上，则后代所结出的果实的基因型是_____。

（5）已知番茄卵细胞中染色体数目是12条，则其体细胞中染色体数目是_____对。

立积极思考的学习态度。

评价		
教师活动	学生活动	设计意图
对教学过程中学生的回答做出正向、积极、鼓励性的评价。	小组展示时，小组间相互评价、共同进步； 学生自评本节课的表现。	以教师评价、学生自评、小组互评等多种评价方式促进学生全面健康地发展。

续 表

五、板书设计
第三节 基因的显性和隐性 （一）孟德尔豌豆杂交实验 （二）显性性状和显性基因：大写字母 隐性性状和隐性基因：小写字母 （三）禁止近亲结婚

六、布置作业
分层作业：根据能力，选择完成教材本课课后练习题。

七、教学反思
在本节课中，教师如果像通常情况下，把孟德尔豌豆杂交实验现象及结果直接灌输给学生，学生的思维就不会被调动，不会借助已有的知识经验和体验去探究理解，只要把老师讲的记住，就算完成任务。而本节课我先把问题抛给学生，让学生从问题出发，调动已有的知识经验理解问题，体现了新课程理念的追求，即对人的关注，实现了知识与能力的同步发展。同时改变了教师的课程观，实现教学相长。不足之处：这节课理论性强，比较抽象，因此教学中无法兼顾所有学生，感觉有一部分学生不是很理解，可能需要放慢讲课的速度，尽量对难点反复强调，讲解清楚。

《用药与急救》教学设计

表9-8

授课年级		八年级		总学时数		1学时	
设计者		杨兴×		所属学校		赫章县朱明镇初级中学	
时间安排	讲授	10分钟	活动	30分钟	其他		5分钟
教材、教辅介绍							
教材名称			编著者		出版社		版别
义务教育教科书 《生物学八年级下册》			人民教育出版社课程教材研究所		人民教育 出版社		2013年版

一、教学分析		
教学目标（按学科核心素养目标要求）	生命观念	认同用药和急救是保障人体生命健康的有效措施。
	科学思维	1. 认同用药和急救是保障人体生命健康的有效措施。 2. 举例说出配备家庭小药箱的基本常识。 3. 举例说明120、心肺复苏、止血等急救方法。
	探究实践	1. 解读"药物使用说明书"的活动，提高观察、对比、分析、判断、归纳与应用知识等能力。 2. 模拟心肺复苏、止血，初步具备在紧急情况下采取急救措施的能力。
	态度责任	1. 认同安全用药的重要性，学会安全用药。 2. 关注自己、亲友与他人的健康，形成对健康负责、关爱他人、珍爱生命的观念。
教材分析		本章是从传染病到健康问题的一个过渡部分，主要介绍了安全用药常识和一些急救方法。内容比较丰富活泼，密切贴近生活，对学生今后的健康生活有很重要的指导作用。这就要求教师在教学中，知识与能力并重。
学情分析		学生已经掌握了较丰富的生物学知识，对日常用药也有了一定的生活经验。他们思维敏捷，能够通过对以往学过知识的分析得出正确结论，但系统的医药知识是首次接触。他们具备了基本的生物学学习方法，如实验法和观察法，但是将生物学知识运用在实际中的能力较弱。

二、教学重点和难点

项目	内容	解决措施
教学重点	安全用药的基本常识；学会阅读药品使用说明书。	通过引导学生自主阅读课本了解安全用药，指导学生认识药品使用说明书。
教学难点	区别处方药和非处方药；阅读药品使用说明书。	让学生分组分析处方药和非处方药，小组竞答其区别。

三、教学准备

多媒体课件、相关图片和视频、药物说明书等。

四、教学设计

基本流程：情境

教师活动	学生活动	设计意图
播放视频展示2020年新冠疫情初期，抢购双黄连口服液的场景。提问：人们为什么要抢购双黄连口服液？没有能吃双黄连吗？吃了会怎么样？ 让学生思考无病服药和过量服药的后果。	思考回答	通过贴近生活的实例激发兴趣。

续 表

问题		
教师活动	学生活动	设计意图
教师提问：平时同学们是如何对待生活中的小病小痛的呢？有没有用药？是自行服用还是遵医嘱呢？ 多媒体出示教材第86页"想一想，议一议"，讨论：你赞同图中同学说的话吗？ 教师讲述："良药苦口利于病。"正确用药能够治疗疾病，解除病痛。然而，"是药三分毒"，凡是药物都带有一定的毒性或副作用，若应用不合理，则有可能危害我们的健康。因此，了解一些安全用药常识，对于保障身体健康有重要意义。这节课就让我们来学习用药与急救。	学生交流后进行回答： 不赞同。这违背了安全用药的原则，药物一般都带有一定的毒性和副作用，用量越大，副作用可能也就越大。	通过问题引发学生的思考，引入新课的学习。

探究、交流		
教师活动	学生活动	设计意图
实验探究活动一：药品的分类 提问什么是处方药、非处方药？如何区分它们？通过什么途径可以获得？	根据阅读和生活经验思考并回答。 引导学生观察家中药品的包装盒区分处方药和非处方药。	引导学生搜索有关的前概念知识，为后面的学习做铺垫。
实验探究活动二：对症选药、合理服药、正确处理药物 活动1：帮助生病的小敏同学从药店选择合适的药品。 提供3种药品的包装盒信息，提问学生，应该选择哪种药物？选择依据是什么？选完后如何服药？ 师展示药品说明书，引导学生获取信息。通过问题引导学生分析、利用说明书中的信息解决问题，如选药、服药。 教师补充过期药品处理的方法。 活动2：设计家庭小药箱	学生思考、讨论并回答。 学生仔细查看药品说明书，思考并回答。学会利用说明书中的信息去安全选药、用药，并在活动2中进一步应用。	生活情境教学，可以培养学生解决真实问题的能力，有助于自己的生活。 培养学生获取有效信息解决问题的能力、全面考虑问题的能力。

		让学生学会合理处理过期药品，保护环境。
实验探究活动三：紧急呼救120；心肺复苏的实施过程和技巧，AED的操作方法。 设置情境：家里只有你和姥姥两个人，姥姥有心脏病史，突然发作，晕了过去，你该怎么办？打谁的电话？ 拨打120需要什么信息？（请同学进行角色扮演） 如果在野外一时找不到电话，而情况又十分危急的话你会如何施救？ 教师补充讲解基本施救的方法，并提出问题，引导学生观看心肺复苏视频，记录必要信息。 师生共同梳理心肺复苏的重要环节，教师展示多组操作细节的动图。请学生代表模拟演示。	学生观看心肺复苏的视频，记录必要信息。 小组间组织交流信息，梳理心肺复苏的重要环节。模拟心肺复苏的操作。 选几组上台展示，其他学生评价。	真实情境教学，可以激发兴趣，也能培养学生解决真实问题的能力。
实验探究活动四：出血与止血 问题引导学生自主学习。 （1）出血有哪几种类型？ （2）各有什么流血特征？ （3）不同出血类型，应该采用什么止血方法？ 师用概念图形式，配合图片来总结。 应用分析：动脉和大静脉流血，应压迫什么位置止血？	学生自主阅读并找出信息、呈现。 学生配合回答，并将知识系统化整理。 学生在教师引导下进行分析。	引导学会将知识系统化整理，建立知识框架。

总结		
教师活动	学生活动	设计意图
组织学生思考：通过本节课的学习，你有什么收获或体会？	学生举手回答本节课的收获及反思，积极总结，回顾知识： 1.安全用药 ①区分处方药和非处方药；②药品说明书。	巩固知识，激发学生课后学习的兴趣。

续 表

	2. 急救 ①"120"紧急呼救；②胸外心脏按压；③人工呼吸；④出血和止血。	

迁移

教师活动	学生活动	设计意图
提问学生，日常生活中遇到煤气中毒、触电、烫伤、骨折、气管堵塞，应如何急救？	学生尝试回答。听讲，并于课后详细了解。	对生活中常见的危机情况救助方法进行了解，有助于提升安全意识和救助责任感。

评价

教师活动	学生活动	设计意图
对教学过程中学生的回答做出正向、积极、鼓励性的评价。	小组展示时，小组间相互评价、共同进步； 学生自评本节课的表现。	以教师评价、学生自评、小组互评等多种评价方式促进学生全面健康地发展。

五、板书设计

安全用药与急救
- 安全用药
  - 用药常识：了解药物的药品名称、主要成分、作用与用途、禁忌证、用法与用量、制剂与规格、注意事项、生产日期和有效期
  - 药物类型：处方药和非处方药
- 急救
  - 紧急呼救电话：120
  - 人工呼吸
  - 胸外心脏按压
  - 出血和止血

六、布置作业

1. 尝试绘制本节课思维导图；
2. 根据自身情况，选择完成教材课后练习题。

续表

七、教学反思

在讨论过程中及时进行启发诱导，既要引导学生发散思维，又要启发学生进行聚合思维，同时还要赞赏学生的大胆见解，并及时指正，整个过程教师要控制好课堂讨论时的气氛，组织好课堂秩序。最后，师生一起进行归纳、总结。在教学过程中，要能较好地把握课堂气氛，可以通过课件视频与模型进行直观教学、小组合作学习、动手实习演练等，理论联系实际等教学方法和教学活动的设计是有效可行的，能切合学生实际，激发兴趣，降低学习难度，提高学习效率。

本节教学目标不但有生命观念和科学思维的培养，还有情感的教育，即珍爱生命、乐于助人的情感。但关爱他人不是一两节生物课教学就能做到的，需要长期坚持。此外，对学生学习能力与习惯的指导培养也需要教师有计划地长期在教学中坚持。

《种子的萌发》教学设计

表9-9

授课年级	七年级		总学时数		1学时
设计者	杨兴×		所属学校		赫章县朱明镇初级中学
时间安排	讲授	10分钟	活动	30分钟	其他	5分钟

一、教学分析			
教学目标（按学科核心素养目标要求）	生命观念	阐明种子萌发的环境条件
	科学思维	1.结合生活经验及实验观察尝试推测种子萌发的环境条件。 2.通过参与实验方案的设计，探究影响种子萌发的环境条件，掌握对照实验这一方法，培养设计对照实验方案的能力和创新能力。
	探究实践	1.用"实验法完成种子萌发的环境条件"的探究。 2.通过自主探究和小组合作探究，学会控制实验条件，设计合理的实验组与对照组进行探究实验，检验不同的环境因素对种子萌发的影响。
	态度责任	1.学生形成爱护植物的情感，树立保护环境的意识； 2.学会从特殊到一般的思维方法，形成善于通过分析、归纳得出结论的习惯。

续 表

教材分析	《种子的萌发》是生物教材七年级（上）第二章第一节内容。在学生已学习相关生物知识的基础上，从被子植物一生的自然生命规律出发，以种子萌发的条件和过程为知识主线，以实验操作的能力培养为目标，最终达到让学生灵活运用探究实验理解种子萌发环境条件的目的。本节内容承上启下，在介绍了"种子的结构"之后，观察、实验研究"种子的萌发"的条件，接着就是"植株生长"的知识，达到循序渐进推进学习的目的，符合了观察实验的时间规律。在实验材料的准备上，完成观察种子结构后，继续做种子的萌发实验，萌发后的种子继续用来观察根的结构和功能，整个知识结构更加系统。
学情分析	七年级学生正处于青春期，好奇心和学习能力强，抽象思维略显不足。因此，在现实教学过程中，要以学生的生活经验为基础，通过音视频等教学手段，创设情境，激发学生学习兴趣。对于本节课，学生有一定的生活经验，因此可以通过"生活经验"推测种子萌发的条件，在原有知识引领的前提下让学生自主思考，既达到了激发兴趣的目的，又增加了学生求知的热情。"理论与实践的结合"让学生将知识反映于实际，通过实验观察的现象，到选择某一条件深入探究，让学生更系统地掌握观察问题、分析问题、解决问题的能力。

二、教学重点和难点

项目	内容	解决措施
教学重点	设计完整的探究实验方案并操作；探索总结种子萌发需要的环境条件。	通过资料引导学生设计实验方案并实施。
教学难点	将多个变量逐一分开分别设计对照组和实验组；通过探究实验最终得出实验结论。	给学生选取一个实验变量进行演示实验，再让学生自己进行设计，分析实验现象并得出结论。

三、教学准备

黄豆种子若干、培养皿、水、纸巾

四、教学设计

基本流程：情境

教师活动	学生活动	设计意图
1. 复习知识提出问题：被子植物的一生包括了哪些过程？被子植物发育的起点是什么？种子的萌发经历什么过程？需要什么条件？ 2. 播放动画"种子的萌发"，讲述种子萌发这种顽强、冲破一切阻碍的精神。	思考并回答问题：被子植物的一生包括种子的萌发，植株的生长、发育、繁殖、衰老和死亡。 观察种子萌发过程，体悟种子萌发时百折不挠的精神。	创设情境，活跃气氛，引出本节课内容。

问题		
教师活动	学生活动	设计意图
1. 实验探究的一般过程是什么？ 2. 设计探究实验有什么注意事项？ 3. 什么是对照试验？	回忆探究实验，思考并回答问题。	温故知新，巩固实验探究相关知识，为接下来的实验做准备。

探究、交流		
教师活动	学生活动	设计意图
探究种子萌发的环境条件 1. 提出问题 提问：种子萌发需要哪些环境条件？哪些是必要条件？如何通过实验来探究？引导学生分析和做出各种假设。	小组合作讨论，各抒己见，种子萌发需要土壤、阳光、温度、水分、空气……	小组合作，激发学生兴趣，发散学生思维。
2. 做出假设 指导学生阅读课本第89页的三个材料，得出种子萌发的三个必要条件，并排除某些因素（如土壤、阳光、肥料等）。	学生小组间交流讨论，做出假设：种子的萌发需要适宜的温度、一定的水分和充足的空气。	
3. 制订计划 （1）分组：四人为一小组，再把所有的小组分成三大组，第一大组研究的变量是温度，第二大组研究的变量是水分，第三大组研究的变量是空气。 （2）引导学生完成导学案内容，并上讲台展示。 （在活动前，说明规则，并提示对照实验的关键是控制单一变量）	小组激烈讨论，完成导学案上相关内容，并上讲台展示； 其他相同方案小组认真听讲、对展示小组的方案查漏补缺。	培养学生学会科学设计实验的思路，进一步巩固实验设计的一般原则。
4. 实施计划 提示并指导学生根据本组实验设计方案，模拟完成实验装置的组装，组装完成后，上讲台进行展示。（展示过程中，分析学生的实验装置在各种现实环境中的可行性）	小组合作，完成实验装置的组装； 上台进行展示，简述自己的实验装置。	培养学生的合作能力、思考能力和动手能力。

续 表

5. 得出结论 6. 表达与交流 学生通过观察实验视频，分析实验现象，小组交流讨论得出实验结论。	种子萌发的环境条件： 1. 一定的水分 2. 充足的空气 3. 适宜的温度	培养学生观察分析、归纳总结能力。

总结

教师活动	学生活动	设计意图
组织学生思考：通过本节课的学习，你有什么收获或体会？	学生举手回答本节课的收获及反思，积极总结，回顾知识。	巩固知识，激发学生课后学习的兴趣。

迁移

教师活动	学生活动	设计意图
提问学生：在日常生活中，如何帮助家里栽种，取得丰收？	积极思考，联想生活和实际回答。	将生物学知识与生活相联系，让知识的学习有延伸，帮助学生建立积极思考的学习态度。

评价

教师活动	学生活动	设计意图
对教学过程中学生的回答做出正向、积极、鼓励性的评价。	小组展示时，小组间相互评价、共同进步； 学生自评本节课的表现。	以教师评价、学生自评、小组互评等多种评价方式促进学生全面健康地发展。

五、板书设计

种子的萌发
种子萌发的环境条件：
1. 一定的水分
2. 充足的空气
3. 适宜的温度

续 表

六、布置作业

选择完成以下题目：

1. 秋季小麦播种后，接着下了一场雨，结果小麦出苗很少，其主要原因是＿＿＿＿。春播时，使用地膜覆盖可以＿＿＿＿。

2. 播种在水涝地里的种子，不易萌发的主要原因是＿＿＿＿。

3. 保存种子的条件是：

4. "清明前后，种瓜点豆。"清明时节，我国很多地区的农民忙着春耕播种，这是因为种子的萌发需要（　　　）

A. 适宜的温度　　　B. 充足的水分　　　C. 充足的空气　　　D. 适宜的光照

七、教学反思

本节课的教学思路是结合学生的学情，围绕本节课的教学目标进行设计的。本节课的重点是让学生运用对照实验法设计并完成对"种子萌发的环境条件"的探究。学会控制实验变量，探究不同的环境因素对种子萌发的影响，进行科学方法的训练。为了解决这个重难点，我让学生当一回小科学家，探究种子萌发需要哪些环境条件。以小组为单位尝试设计一组"对照实验"。通过活动让学生体验科学探究的一般过程。学生在老师的引导下，积极地参与每一个环节的活动，在活动中体验、找寻答案，有效地激发学生学习的积极性和主动性，并培养学生与人合作的能力、分析问题的能力、语言表达的能力等。

"二链七环节"在初中生物教学中的应用策略

——以"细胞通过分裂产生新细胞"为例

（一）引言

在初中生物教学中，"细胞怎样构成生物体"这一章节具有举足轻重的地位。它不仅是学生理解生物体结构与功能的基础，更是他们进一步探索生物学奥秘的关键入口。这一章节内容丰富多彩，涵盖了细胞的结构、功能以及细胞间的相互作用等多个方面，为学生构建了一个全面而系统的生物体认知框架。其中，"细胞通过分裂产生新细胞"作为核心内容之一，更是承载着揭示生命繁衍与成长奥秘的重要使命。细胞分裂不仅是生物体生长、发育和繁殖的基础，也是遗传学、细胞学等多个生物学分支的重要研究内容。为了更好地帮助学生跨越理解的门槛，深入掌握这一核心知识点，笔者采用了"二链七环节"的教学策略。这一教学策略注重知识的传授与巩固，同时着重培养学生的各种思维能力，以期通过这一教学模式的创新应用，提升学生的学习效果和思维能力，为他们后续的生物学学习奠定坚实的基础。

（二）熟悉新课标要求

初中生物课程标准明确要求，学生需要了解"生物体具有一定的结构层次，从细胞到组织、器官、系统乃至整个生物体，每一层次都承载着特定的结构和功能"。在这一认知过程中，学生必须认识到细胞是生物体结构和功能的基本单位，它是生命活动的基础和核心。以此为基础，学生还需深入了解细胞的分裂、分化和生长等重要的生命活动，这些生命活动不仅维持着生物体的正常生理功能，也推动着生物体的生长、发育和繁殖。

这一课标要求不仅是对知识点的掌握，更是培养学生生物学核心素养的关键环节。通过学习细胞的相关知识，学生可以逐步建立起对生命现象的科学认知，提升他们观察、分析和推理的能力。

"细胞通过分裂产生新细胞"是人教版七年级上册第二单元"生物体的结构层次"中第二章"细胞怎样构成生物体"的第一节，具有承上启下的重要作用。它主要讲解细胞通过分裂产生新细胞的过程，包括细胞分裂的类型、过程和意义等。这一内容的学习对于学生后续理解生物体的生长、发育和繁殖等过程具有重要意义，也为他们进一步探索生物学的奥秘打下了坚实的基础。

（三）"二链七环节"教学策略实施

1. 创设情境，激发兴趣，培养学生思维的敏捷性

创设情境教学法认为，通过构建与学习内容紧密相关、生动具体的场景，可以有效地激活学生的认知兴趣和求知欲。在这种教学方法中，教师利用多媒体等现代技术手段，将抽象的知识以直观、形象的方式呈现给学生，从而降低学习难度，提高教学效果。特别是在培养学生思维敏捷性方面，创设情境能够迅速吸引学生的注意力，引导他们主动观察、思考和探索，进而在面对问题时能够迅速做出反应，并用准确的语言表达出自己的观点。

在课堂上，教师首先通过多媒体设备展示受精卵从发育到成人过程中体内细胞数目变化的图片，创设一个生动、直观且富有吸引力的教学情境。这些

图片以时间序列的方式,清晰地展示了从单个受精卵开始,经过不断地细胞分裂、增殖、分化和组织形成,最终形成复杂多细胞生物体的过程。每张图片都配以简洁明了的文字说明,帮助学生更好地理解图片内容。

随后,教师提出问题:"在生物体从小长到大的过程中,细胞是如何变化的?"这个问题直接指向了本节课的核心内容,即细胞通过分裂产生新细胞的过程。它引导学生主动思考,并尝试用自己的语言来描述这一过程,从而激发他们的探究欲望。

设计意图:这一环节的设计意图在于通过创设具体、生动且贴近学生生活实际的教学情境,激发学生的学习兴趣和探究欲望。当他们看到受精卵如何逐步发展成为一个完整的生物体时,自然会产生好奇心和求知欲,想要进一步了解其中的奥秘。同时,通过提出问题引导学生主动思考,可以培养他们思维的敏捷性,使他们在面对问题时能够迅速做出反应,并尝试用自己的语言来表达观点。

实际效果显示,学生们积极参与思考,尝试用自己的语言来描述生物体生长过程中的细胞变化。他们不仅能够准确地描述细胞分裂的过程,还能够联想到细胞分化、组织形成等相关知识,显示出较高的思维水平。这一过程不仅锻炼了他们的思维能力,还提高了他们的语言表达能力。通过这样的教学环节,学生们能够更加深入地理解细胞分裂在生物体生长过程中的重要作用,为后续的学习打下坚实的基础。同时,他们也对生物学产生了更浓厚的兴趣,愿意主动探索更多的生物学知识。

2. 设置问题,激发思考,培养学生思维的创造性

建构主义学习理论强调,学生的学习是一个主动建构知识的过程,而非简单地接收教师传授的信息。在这一过程中,教师通过设置问题、提供资源和引导讨论等手段,激发学生的探究欲望和思考能力,促使他们主动建构自己的知识体系。特别是在培养学生思维的创造性方面,建构主义认为,教师应鼓励学生挑战传统观念,提出新的想法和解决方案,从而培养他们的创新思维和解决问题的能力。

教师展示细胞生长和分裂的详细图片及概念,这些图片清晰地描绘了细胞从生长到分裂的整个过程,包括细胞膜的扩张、染色体的复制、细胞质的分裂等关键步骤。同时,教师引导学生熟读相关概念,确保他们能够准确理解并掌握这些新名词。

在学生对细胞生长和分裂有了初步了解后，教师开始设置一系列问题，引导他们深入思考。例如："动物细胞与植物细胞在分裂过程中有哪些相似之处和不同之处？""在细胞分裂过程中，细胞的基本结构会发生哪些变化？"这些问题旨在激发学生的探究欲望，促使他们主动思考并尝试解决问题。

为了帮助学生更好地理解和回答问题，教师组织学生进行小组讨论。在小组讨论中，学生们可以自由地交换意见、分享观点，并尝试共同解决问题。这种合作学习的方式不仅促进了学生之间的交流与合作，还培养了他们的团队精神和合作学习能力。

在讨论结束后，教师还设计了一些相关的练习题，让学生们通过做题来进一步巩固所学知识。这些练习题涵盖了细胞生长和分裂的各个方面，包括细胞结构的变化、染色体的行为、细胞质的分裂等。通过做题，学生们可以更加深入地理解细胞分裂的过程和机制。

设计意图：这一环节的设计意图在于通过设置问题、激发思考的方式，培养学生思维的创造性。通过引导学生深入思考、小组讨论和做题练习，学生们不仅能够掌握新名词概念，还能够培养总结归纳能力、合作学习能力、表达能力以及逻辑思维能力。实际效果显示，学生们对这一系列教学活动表现出了浓厚的兴趣，积极参与思考、讨论和做题。他们在讨论中积极发言、分享观点，在做题时认真思考、仔细分析。通过这些活动，学生们不仅加深了对细胞生长和分裂的理解，还培养了多方面的思维能力和学习能力。

3. 自主探究，形成知识，培养学生思维的严密性

自主探究是一种有效的学习方法，它强调学生的主体性和主动性，鼓励学生通过自己的观察和思考来发现知识与解决问题。在这个过程中，学生需要运用严密的思维来分析问题、提出假设、进行实验和验证结论，从而培养思维的严密性和科学性。将这种自主探究的方法应用于细胞分裂的教学过程中，可以帮助学生更加深入地理解细胞分裂的过程和原理，并形成系统的知识体系。

教师首先引导学生回忆动物细胞与植物细胞共有的基本结构，这一步骤是为了确保学生对细胞的基本构造有清晰的认识，为后续探究细胞分裂过程中结构的变化打下基础。接着，教师提出问题："在细胞分裂过程中，这些基本结构会发生怎样的变化？"这一问题直接指向了细胞分裂的核心内容，促使学生

深入思考。

为了帮助学生更好地理解和探究这一问题，教师不仅展示了细胞分裂过程中结构变化的正确答案，还提供了丰富的图片、动画和视频资料，让学生能够直观、生动地观察细胞分裂的全过程。这些资料清晰地展示了细胞膜如何扩张、染色体如何复制与分配、细胞质如何分裂等关键步骤，使学生能够更加深入地理解细胞分裂的机制和原理。

在观察和分析这些资料的过程中，学生需要进行自主探究。他们被鼓励仔细观察细胞分裂前后的结构变化，对比不同阶段的细胞形态和特征，并尝试用自己的语言来描述这些变化。这一过程要求学生思维的严密性，他们必须确保自己的观察是准确的，描述是清晰的，才能得出正确的结论。

同时，教师还组织学生进行小组讨论。在小组中，学生可以分享自己的观察结果和分析思路，听取他人的意见和建议，并共同讨论和解决问题。通过小组讨论，学生不仅能够相互补充、相互启发，还能够培养团队合作精神和交流表达能力。

在自主探究和小组讨论的基础上，学生需要将答案标记在书上。这一步骤是为了帮助学生巩固所学知识，形成系统的知识体系。通过标记答案，学生可以更加清晰地了解细胞分裂过程中结构的变化规律和原理，为后续的学习打下坚实的基础。

设计意图： 这一环节的设计意图在于通过自主探究的方式，帮助学生形成知识，并培养他们思维的严密性。学生在自主探究的过程中，通过对比细胞分裂前后的结构变化，更加深入地理解了细胞分裂的过程和原理。同时，小组讨论、观察分析以及标记答案的过程也锻炼了学生的观察能力、分析能力、合作学习能力以及知识整合能力。通过这样的教学环节，学生不仅能够掌握细胞分裂的相关知识，还能够培养严密的思维习惯和科学的学习方法，为后续的生物学学习打下坚实的基础。

4. 师生互动，加深理解，培养学生思维的深刻性

社会建构主义学习理论强调，学习是一个社会性的过程，学生在与他人的互动交流中建构知识、发展思维。在这一理论框架下，互动交流被视为一种有效的教学策略，能够促进学生之间的思想碰撞与融合，激发他们的思维活力。特别是在培养学生思维的深刻性方面，互动交流能够鼓励学生深入思考、质疑和反思，从而帮助他们形成更为深刻、全面的理解。

在"细胞通过分裂产生新细胞"这一课中，教师组织学生进行小组讨论，分享对细胞分裂过程的理解。在这一环节中，学生之间的互动交流被充分激发，他们积极分享自己的观点，倾听他人的意见，并在教师的适时指导和点评下进行深入的思考与讨论。

教师首先通过多媒体展示细胞分裂的详细过程，包括细胞膜的扩张、染色体的复制、细胞质的分裂等关键步骤，确保学生对细胞分裂有一个直观、清晰的认识。随后，教师提出问题："细胞分裂过程中，哪些因素确保了遗传信息的准确传递？"这个问题旨在引导学生深入思考细胞分裂的复杂性和精确性。

在小组讨论中，学生们围绕这个问题展开热烈的讨论。他们结合之前所学的知识，提出各种假设和解释，如"染色体的复制确保了遗传信息的准确传递""细胞分裂过程中的精确调控机制也是关键因素"等。在讨论过程中，教师适时给予指导和点评，帮助学生澄清误解，深化理解。

设计意图：这一环节旨在通过师生互动的方式，激发学生的思维，培养他们思维的深刻性。学生在交流过程中，不仅能够加深对细胞分裂过程的理解，还能够学会从不同角度思考问题，提高思维的深度和广度。通过互动交流，学生能够更加全面地认识细胞分裂的复杂性和多样性，形成更为深刻的理解。同时，他们也能够在交流中锻炼自己的表达能力、倾听能力和批判性思维能力，为未来的学习和生活打下坚实的基础。

5. 总结反思，形成体系，培养学生思维的系统性

认知心理学认为，学习是一个信息加工的过程，而总结反思则是这一过程中至关重要的一环。通过总结反思，学生能够将所学的新知识与已有的知识体系进行联系和整合，从而形成更加系统、完整的知识结构。这一过程不仅能够帮助学生巩固所学内容，还能够促进他们思维的系统性和条理性发展。特别是在复杂知识的学习中，如细胞分裂的过程和染色体数量的变化，总结反思更显得尤为重要。

在"细胞通过分裂产生新细胞"这一课的结尾部分，教师进行了全面的总结。教师不仅详细阐述了细胞分裂的过程以及染色体数量的变化规律，还通过生动的比喻和实例，解释了细胞分裂对生物体生长、发育和遗传的重要性，仿佛为学生打开了一扇探索生命奥秘的大门。这一总结不仅帮助学生回顾了本课

的重点内容，还激发了他们对生命科学的浓厚兴趣。

随后，教师引导学生进行了一场别开生面的总结反思活动。学生被鼓励将所学的细胞分裂知识整理成自己的知识体系，并尝试用图表、文字、模型或其他创造性方式进行归纳和整理。在这一过程中，学生不仅需要对所学知识进行回顾和梳理，还需要思考这些知识之间的联系和规律，从而形成更加系统、有条理的理解。有的学生制作了精美的细胞分裂过程图表，有的学生则编写了详细的细胞分裂知识手册，还有的学生甚至用橡皮泥制作出了细胞分裂的模型。

设计意图：这一环节旨在通过总结反思的方式，帮助学生形成知识体系，并培养他们思维的系统性。学生在总结反思的过程中，能够对所学知识进行整理和归纳，形成自己的知识体系，提高思维的系统性和条理性。同时，通过创造性的总结和反思活动，学生还能够发展创新思维和实践能力。这样的教学实践不仅让学生能够更好地掌握细胞分裂的相关知识，还能够激发他们的学习兴趣和探索精神，为未来的学习和生活打下坚实的基础。

6. 迁移拓展，解决问题，培养学生思维的广阔性

迁移理论是教育学和心理学中的一个重要概念，它强调学习者能够将在一个情境下学到的知识或技能应用到另一个新的、不同的情境中去。这一理论的核心在于知识的灵活应用与思维的广阔性培养。特别是在科学教育中，通过引导学生将课堂所学迁移到实际问题的解决中，不仅能够加深他们对知识的理解，还能够培养他们的创新思维和解决问题的能力，使他们学会从不同的角度和层面去审视与思考问题。

在"细胞通过分裂产生新细胞"这一课的迁移拓展环节，教师精心挑选了实际案例，如"癌细胞的无限增殖与细胞分裂的关系"，引导学生应用所学知识进行深入的探讨。教师首先简要介绍了癌细胞的特点，包括其无限增殖的能力、形态的改变以及对身体的危害等，然后提出问题："为什么癌细胞能够无限增殖？这与我们所学的细胞分裂知识有什么关系？"这样的问题设计旨在激发学生的好奇心和探索欲，促使他们主动思考，尝试将所学的细胞分裂知识与癌细胞的特性进行联系。

学生迁移拓展，尝试将所学知识应用于实际问题的解决中。他们回顾了细胞分裂的过程，特别是染色体复制和细胞质分裂的关键步骤，并结合癌细胞的特性，进行了深入的讨论和分析。有的学生提出，癌细胞的无限增殖可能与染

色体复制的错误有关，导致细胞分裂失控；有的学生则认为，可能是细胞分裂的调控机制在癌细胞中失效了，使得细胞无法正常停止分裂。通过这样的讨论和分析，学生不仅加深了对细胞分裂的理解，还学会了如何将所学知识应用到实际问题的解决中，思维的广阔性得到了极大的提升。

为了进一步拓展学生的思维，教师还引导学生思考其他与细胞分裂相关的问题，如"细胞分裂在生物体发育和衰老过程中的作用是什么？""人类能否通过控制细胞分裂来治疗某些疾病？"等。这些问题鼓励学生将所学的细胞分裂知识与更广泛的生命科学领域相联系，进一步拓宽他们的思维视野。

设计意图：这一环节旨在通过迁移拓展的方式，引导学生应用所学知识解决问题，培养他们思维的广阔性。学生在解决实际问题的过程中，能够将所学知识进行迁移和拓展，提高思维的灵活性和广阔性。通过这样的教学实践，学生不仅能够更好地掌握细胞分裂的相关知识，还能够发展他们的创新思维和解决问题的能力，学会从不同的角度和层面去审视与思考科学问题，为未来的学习和生活打下坚实的基础。

7. 教学评一体化育人，培养学生思维的批判性

建构主义学习理论强调，学习是一个学生主动建构知识的过程，而评价则是这一过程中不可或缺的一环。通过评价，学生可以了解自己的学习进度和存在的问题，从而进行有针对性的反思和改进。特别是批判性思维的培养，更需要通过评价反馈来引导学生学会审视、质疑和反思自己的思维过程。在细胞分裂的教学过程中，教学评一体化育人，不仅能够评估学生对知识的理解和应用能力，还能够培养他们的批判性思维。

在"细胞通过分裂产生新细胞"这一课的结尾部分，教师精心设计了达标检测题，旨在全面评估学生对细胞分裂过程的理解和应用能力。这些检测题不仅涵盖了细胞分裂的基本概念、过程和结果，还涉及了细胞分裂在实际生物现象中的应用，如细胞分裂与生物体生长、发育和遗传的关系，等等。

例如，其中一道检测题是这样的："假设你是一名科学家，在研究细胞分裂的过程中，你发现了一个未知的现象。请根据你所学的细胞分裂知识，设计一个实验来探究这个现象，并预测可能的实验结果。"这样的问题设计旨在评估学生的创新思维、实验设计能力以及他们对细胞分裂知识的深入理解和应用。

学生完成检测题后，教师及时进行批改，并给予详细的反馈。反馈中，教师不仅指出了学生的正确答案和错误答案，还分析了错误的原因，并提供了改正的方法和建议。对于上述检测题，教师会特别关注学生的实验设计是否合理、预测是否基于细胞分裂的原理，等等。

随后，教师引导学生进行自我评价和反思。学生根据自己的检测结果和教师的反馈，深入思考自己在细胞分裂知识理解和应用上的问题，并尝试提出改进的措施。有的学生发现自己的实验设计存在漏洞，决定重新设计实验方案；有的学生则发现自己的预测与细胞分裂的原理不符，决定重新学习相关知识。

设计意图：这一环节旨在通过评价反馈的方式，了解学生对知识的掌握情况，并培养他们思维的批判性。学生在自我评价和反思的过程中，能够发现自己的不足之处，并进行针对性的改进和提高。通过这样的教学实践，特别是通过具体而有挑战性地检测题，学生不仅能够更好地掌握细胞分裂的相关知识，还能够发展他们的批判性思维和自我调控能力，为未来的学习和生活打下坚实的基础。同时，教师也能够通过学生的反馈和评价，了解教学效果，及时调整教学策略，实现教学相长。

（四）结论与展望

通过"二链七环节"教学策略在初中生物教学中的应用实践，我们可以明显看到这一策略在培养学生各种思维能力方面的显著效果。它不仅注重知识的传授与巩固，更着重培养学生思维的敏捷性、创造性、严密性、深刻性、系统性、广阔性以及批判性，全方位提升学生的生物学素养。

展望未来，我们可以进一步探索和完善"二链七环节"教学策略在初中生物教学中的应用。例如，可以针对不同章节和内容的特点，灵活调整七个环节的具体实施方式和顺序；可以进一步丰富和拓展实际案例与应用场景，引导学生更好地将所学知识应用于实际问题的解决中；还可以加强与现代信息技术的融合，利用多媒体、网络等现代教学手段，创设更加生动、形象的教学情境，激发学生的学习兴趣和探究欲望。

总之，"二链七环节"教学策略在初中生物教学中的应用具有广阔的前景和深远的意义。它不仅能够有效地提升学生的学习效果和思维能力，还能够为学生的后续学习和终身发展奠定坚实的基础。

"吸引·设疑·建构·调控·应用"五步教学法在初中生物课堂的应用

——以"细菌和真菌在自然界中的作用"为例

（一）引言

在初中生物教学中，激发学生的学习兴趣、促进其科学思维的发展，并提高其解决问题的能力，是每位生物教师面临的重要且紧迫的任务。传统的生物教学模式往往侧重于知识的灌输，而忽视了对学生学习兴趣的培养和思维能力、解决问题能力的锻炼。然而，在当今教育改革的背景下，越来越强调以学生为主体，注重培养其自主学习、探究学习和合作学习的能力。因此，探索一种能够有效激发学生学习兴趣、促进其科学思维发展并提高解决问题能力的教学模式显得尤为重要。

"吸引·设疑·建构·调控·应用"五步教学范式正是一种以学生为中心，注重激发学生学习兴趣，培养其科学思维和解决问题能力的教学模式。这一范式通过精心设计的教学环节，引导学生在轻松愉快的氛围中主动学习、积极思考，并通过实践操作和问题解决来深化对知识的理解与应用。本文将这一五步教学范式应用于"细菌和真菌在自然界中的作用"这一教学内容中，旨在通过具体的教学实践，探讨其在初中生物教学中的有效性和可行性，以期达到更好的教学效果，为学生的全面发展奠定坚实的基础。

（二）五步教学范式在初中生物课堂的应用

1. 吸引：创设问题情境，激发学习兴趣

在课堂导入环节，教师扮演着至关重要的角色，他们的任务是创造一个引人入胜的学习环境，使学生的注意力迅速集中并产生强烈的学习兴趣。为了实现这一目标，教师可以通过展示与细菌和真菌相关的生动图片或视频来创设问

题情境。例如，展示腐烂的树叶、发霉的面包、细菌在显微镜下的形态等，这些直观且贴近生活的素材能够迅速吸引学生的眼球，引发他们的好奇心。

在展示这些素材的同时，教师巧妙地提出启发性问题："你们认为这些现象背后的原因是什么？为什么树叶会腐烂？面包为什么会发霉？细菌和真菌在自然界中究竟扮演着怎样的角色？"这些问题不仅与学生的日常生活紧密相关，还蕴含着生物学的重要概念，能够激发学生的探究欲望和学习兴趣。

为了进一步激发学生的学习兴趣，教师还可以设计一些小实验或互动环节。例如，让学生观察不同环境下（如潮湿、干燥、光照、阴暗）细菌和真菌的生长情况，或者让他们亲手制作一个简单的霉菌培养皿，观察霉菌的生长过程。通过这些实践活动，学生能够亲身体验到科学探究的乐趣，从而更加积极地投入后续的学习中去。

在创设问题情境的过程中，教师还需要注意问题的难易程度和提问方式。问题不宜过于简单，以免学生失去思考的动力；也不宜过于复杂，以免学生感到困惑和挫败。教师应根据学生的认知水平和兴趣爱好来精心设计问题，确保每个学生都能在思考问题的过程中获得成就感和满足感。此外，教师还可以利用故事、谜语、游戏等多种形式创设问题情境，使课堂导入更加生动有趣。例如，讲述一个关于细菌和真菌的趣味故事，或者设计一个与细菌和真菌相关的谜语游戏，让学生在轻松愉快的氛围中进入学习状态。

总之，在课堂导入环节创设问题情境是激发学生学习兴趣的关键步骤。通过展示生动素材、提出启发性问题、设计实践活动以及利用多种形式来创设问题情境，教师能够有效地吸引学生的注意力，激发他们的学习兴趣和探究欲望，为后续的教学活动奠定坚实的基础。在接下来的教学过程中，教师将继续引导学生深入探究细菌和真菌在自然界中的作用，培养他们的科学思维和解决问题的能力，使他们在轻松愉快的氛围中收获知识和成长。

2. 设疑：引发认知冲突，激发探究欲望

在新课讲解环节，教师的任务不仅仅是传授知识，更重要的是引导学生主动探究、发现和理解知识。在讲解细菌和真菌如何参与物质循环，如碳循环、氮循环等，并强调其作为分解者的重要性的过程中，教师可以通过设问、举例等方式，巧妙地引发学生的认知冲突，从而激发他们的探究欲望。

首先，教师详细讲解细菌和真菌在物质循环中所扮演的角色，通过生动的例子和形象的比喻，帮助学生理解这些微生物是如何将死亡的动植物遗体分解为无机物，再被其他生物利用，从而维持生态系统的平衡的。在这一过程中，教师强调细菌和真菌作为分解者的重要性，使学生对这一知识点有深刻的认识。然后为了引发学生的认知冲突，教师可以呈现一些与学生前概念相悖的例子。例如，教师可以提到在某些条件下，细菌和真菌也能促进植物生长、改善土壤质量等。这些例子与学生之前对细菌和真菌仅作为分解者的认知产生冲突，引发他们的思考和质疑。

为了进一步激发学生的探究欲望，教师可以设计一系列问题引导学生深入思考。例如："为什么在某些条件下，细菌和真菌能促进植物生长？它们是如何做到这一点的？"或者"细菌和真菌在土壤质量改善中扮演了什么角色？它们是如何影响土壤肥力的？"这些问题不仅与学生的前概念产生冲突，还蕴含着生物学的重要概念，能够激发学生的探究欲望和学习兴趣。在引导学生质疑自己的前概念、产生探究欲望的过程中，教师还需要注意问题的难易程度和提问方式。教师应根据学生的认知水平和兴趣爱好来精心设计问题，确保每个学生都能在思考问题的过程中获得成就感和满足感。此外，教师还可以通过小组讨论、角色扮演等多种形式来引导学生深入探究这些问题。例如，可以让学生分组讨论细菌和真菌在植物生长与土壤质量改善中的作用，并派代表进行汇报；或者让学生扮演不同的角色（如植物学家、微生物学家等），从不同的角度来探讨这个问题。

总之，在新课讲解环节引发学生的认知冲突、激发他们的探究欲望是非常重要的。通过呈现与学生前概念相悖的例子、设计引导性问题以及利用多种形式来引导学生深入探究，教师能够有效地激发学生的探究欲望和学习兴趣，使他们在主动探究的过程中收获知识和成长。

3. 建构：自主构建新概念，提高思维能力

在实验探究环节，教师的角色转变为引导者和辅助者，而学生则成为学习的主体。教师提供实验材料，如不同种类的有机物（如落叶、果皮等）、显微镜、培养皿等，引导学生观察细菌和真菌的分解作用。学生分组进行实验，按照预定的步骤进行操作，记录观察结果，并分析实验结果。

在实验过程中，学生目睹了细菌和真菌如何分解有机物，将其转化为无机物。他们观察到培养皿中有机物的逐渐消失，以及细菌和真菌的生长与繁殖。

这些直观的观察结果使学生自主构建起关于细菌和真菌在自然界中作用的新概念，即它们不仅是分解者，还参与了生态系统的物质循环和能量流动。同时，教师在实验过程中提供必要的指导和帮助，确保学生能够顺利完成实验并得出正确的结论。教师解答学生的疑问，引导他们思考实验现象背后的原因，帮助他们建立起科学的思维方式和探究精神。

在师生对话与讨论环节，教师进一步引导学生分享实验观察结果和心得体会。学生描述观察到的有机物分解情况，讲述实验过程中的发现和感受。通过对话与讨论，学生不仅进一步巩固了新概念，还提高了思维能力和表达能力。在讨论中，教师鼓励学生提出观点和疑问，引导他们用科学的语言进行表达和交流。学生学会了如何倾听他人的意见、如何提出有建设性的问题，以及如何与他人合作共同解决问题。这些能力对于他们未来的学习和生活都是非常重要的。

此外，教师还可以通过一些拓展性的问题引导学生深入思考细菌和真菌在自然界中的其他作用，如它们在土壤肥力、植物生长、人类健康等方面的作用。这些问题可以激发学生的探究欲望，引导他们进行更深入的自主学习和探究。

总之，在实验探究和师生对话与讨论环节，学生通过自主构建新概念、分享观察结果和心得体会、参与讨论和提问等方式，不仅提高了思维能力和表达能力，还培养了科学探究精神和团队合作意识。这些经历对于他们未来的学习和生活都是宝贵的财富。同时，教师也在这个过程中发挥了重要的引导作用，帮助学生顺利完成了学习任务并获得了全面的发展。

4. 调控：自我监控学习过程，培养元认知能力

在总结提升环节，教师的作用不仅仅是引导学生回顾和总结本节课的学习内容，更重要的是帮助学生学会自我监控学习过程，从而培养他们的元认知能力。这一环节的设计和实施，旨在让学生成为自己学习的主宰，学会如何有效地监控和调整学习过程，以达到最佳的学习效果。

在教师的引导下，学生开始回顾自己的整个学习过程。他们不仅回顾了所学的知识和技能，还深入思考了自己在实验探究和概念建构中的表现。学生开始问自己："我在实验探究中是否足够细心？我是否准确地观察并记录了实验现象？在分析实验结果时，我是否保持了客观和严谨的态度？"通过这样的自我提问，学生开始学会从多个角度审视自己的学习过程，发现自己的优点和不足。同时，学生也被鼓励评价自己的学习方法和效果。他们开始思考："我在这节课中使用了哪些学习方法？这些方法是否有效？我是否需要尝试新的学习方法来提高学习效果？"通过这样的评价，学生开始意识到，学习不仅是一个接受知识的过程，更是一个需要不断尝试和调整策略的过程。在这一环节中，教师还要引导学生分享自己的学习体会和感悟。学生开始谈论自己在实验探究中的新发现，或者在师生对话与讨论中受到的启发。这些分享不仅让学生之间的交流和互相学习变得更加频繁与深入，还让学生开始意识到，学习是一个可以与他人共享和共同进步的过程。

通过这一环节的实施，学生逐渐培养了自我监控和元认知能力。他们开始学会如何监控自己的学习过程，及时发现并纠正自己的错误和不足。同时，他们也学会了如何对自己的学习方法和效果进行客观的评价与反思，从而不断调整和优化自己的学习策略。这些能力的培养对于学生今后的自主学习和终身学习都具有重要的意义。

更重要的是，通过这一环节的学习，学生开始意识到自己是学习的主体，而不仅仅是知识的接受者。他们开始学会如何主动地监控和调整自己的学习过程，以达到最佳的学习效果。这种自我监控和元认知能力的培养，不仅有助于学生在当前的学习任务中取得更好的成绩，还将对他们未来的学习和生活产生深远的影响。

总之，在总结提升环节，教师通过引导学生对本节课的学习过程进行反思和总结，不仅帮助学生巩固了所学知识，还培养了他们的自我监控和元认知能力。这一环节的实施有助于学生更好地认识自己的学习风格和习惯，优化学习方法，提高学习效果。同时，教师也能通过这一环节了解学生的学习情况和需求，为今后的教学提供更加有针对性的指导和帮助。

5. 应用：迁移应用新概念，提高解决问题能力

在应用迁移环节，教师的教学策略进一步转向实际应用，旨在帮助学生将课堂所学的新概念迁移到真实世界的情境中，从而培养他们的问题解决能力。教师不再仅仅满足于学生对课本知识的掌握，而是更注重学生能否将所学知识灵活应用于解决实际问题。

为了实现这一目标，教师会提供一系列新的问题情境，如污水处理、生

物肥料等实际应用案例。这些案例既与学生的日常生活紧密相连，又具有一定的挑战性和探索性，能够有效激发学生的好奇心和探索欲。在面对这些实际问题时，学生需要运用他们在课堂上所学的新概念进行分析和思考。例如，在处理污水问题的情境中，学生需要考虑如何利用细菌和真菌的分解作用来净化水质；在生物肥料的案例中，学生则需要思考如何促进微生物的生长和活动，以提高土壤的肥力。在分析问题的过程中，教师鼓励学生提出自己的见解和解决方案，并与同学们交流和讨论。这种互动不仅有助于学生拓宽思路，还能让他们学会如何从多个角度审视问题，并找到最佳的解决方案。

通过这一环节的学习，学生逐渐学会了如何将课堂所学的新概念迁移到实际问题中，并运用这些概念来解决问题。他们的思维变得更加灵活和开阔，不再局限于课本上的知识，而是能够将其应用于更广泛的领域。

更重要的是，学生在这一过程中提高了自己的问题解决能力。他们学会了如何分析问题、提出假设、制订解决方案，并通过实践来验证自己的假设。这种问题解决能力的培养对于学生未来的学习和生活都具有重要的意义，因为它不仅能够帮助他们更好地应对学业上的挑战，还能让他们在生活中更加自信和从容地面对各种困难。

此外，应用迁移环节还有助于培养学生的创新意识和实践能力。在面对实际问题时，学生需要发挥创造力和想象力，提出新颖的解决方案。而在实施这些方案的过程中，他们则需要动手实践，将理论知识转化为实际操作。这种创新意识和实践能力的培养对于学生未来的发展与成长具有不可估量的价值。

总之，在应用迁移环节，教师通过提供新的问题情境，鼓励学生将所学的新概念迁移到新的情境中，并分析问题、提出解决方案。这一环节的实施不仅有助于学生巩固和深化所学知识，还能提高他们的问题解决能力、创新意识和实践能力。这些能力的培养对于学生未来的学习和生活都具有重要的意义，能够帮助他们更好地应对各种挑战和困难。

（三）教学效果与反思

通过"吸引·设疑·建构·调控·应用"五步教学范式在初中生物课堂的应用实践，我们取得了显著的教学效果。学生的学习兴趣得到了极大的激发，他们更加主动地参与到课堂活动中，对生物世界的好奇心和探索欲明显增强。在科学思维方面，学生通过实验探究和概念建构，逐渐学会了如何观察、分析和解决问题，他们的科学思维得到了有效的发展。同时，在应用迁移环节，学生将所学的新概念应用于实际问题中，解决问题的能力也得到了明显的提高。

在教学过程中，教师充分注重了学生的个体差异和认知规律，采用了多种教学方法和手段来满足不同学生的学习需求。例如，对于学习基础较薄弱的学生，教师提供了更多的辅导和练习机会，帮助他们巩固基础知识；对于学习能力较强的学生，教师则鼓励他们进行更深层次的探究和学习，以满足他们的求知欲。然而，在教学过程中也发现了一些问题。部分学生在实验探究环节中存在记录不准确或分析不深入的问题，这可能是由于他们对实验操作的熟练度不够或者对数据分析的方法掌握不够熟练。针对这一问题，教师在今后的教学中需要加强对学生实验观察和数据分析的培训与指导，提高他们的实验技能和数据分析能力。另外，部分学生对细菌和真菌在维持生态平衡中的重要性理解不够深入，这可能是由于他们在学习过程中缺乏相关的背景知识和实践经验。为了帮助学生加深对这一知识点的理解，教师可以增加相关的案例分析或拓展阅读材料，让学生更加全面地了解细菌和真菌在自然界中的作用与应用。同时，教师还可以注重引导学生正确看待微生物世界，培养他们尊重生命、保护环境的意识。

综上所述，通过"吸引·设疑·建构·调控·应用"五步教学范式在初中生物课堂的应用实践，我们取得了显著的教学效果，但也发现了一些问题。针对这些问题，教师将在今后的教学中进行改进和优化，以进一步提高教学质量和学生的学习效果。

（四）结论与展望

"吸引·设疑·建构·调控·应用"五步教学范式在初中生物课堂的应用实践充分证明了其有效性和优越性。这一教学模式通过精心设计的教学环节和丰富多样的教学方法，成功激发了学生的学习兴趣和探究欲望，使他们更加主动地参与到课堂学习中来。同时，该教学模式还注重培养学生的科学思维和解决问题能力，通过实验探究、概念建构和应用迁移等环节，引导学生学会观察、分析、推理和解决实际问题，为他们的未来学习和生活打下了坚实的基础。

展望未来，教师在初中生物课堂的教学中可以进一步探索和完善"吸引·设疑·建构·调控·应用"五步教学范式的应用策略和方法手段。例如，教师可以结合多媒体技术和网络资源，设计更加生动有趣的教学活动和案例，以进一步吸引学生的注意力和提高他们的学习兴趣。同时，教师还应关注学生的学习需求和反馈意见，及时调整教学策略和方法，以满足不同学生的学习需求和提高教学质量。

此外，教师还可以不断优化教学方法和手段，以提高教学质量和效果。例如，教师可以采用小组合作学习、探究式学习等多样化的教学方法，鼓励学生之间的合作与交流，培养他们的团队协作能力和创新精神。同时，教师还可以通过定期的教学反思和评估，及时发现和解决教学中存在的问题与不足，以进一步提高教学效果。

最后，教师应积极寻求更好的教学方法和手段来促进学生的全面发展。除了注重学生的知识掌握和技能培养外，教师还应关注学生的情感态度和价值观的培养，引导他们形成积极的学习态度和正确的人生观、价值观。同时，教师还应注重培养学生的创新思维和实践能力，鼓励他们勇于探索、敢于创新，为未来的社会发展贡献自己的力量。

"一核五环五思"课堂教学策略在初中生物教学中的应用

——以"评价自己的健康状况"为例

（一）引言

随着教育理念的不断深化，目前教育领域正经历着变革。传统教学模式以教师为中心，注重知识的灌输，忽视了学生的主体性和能力的培养，这种模式已逐渐显露出其局限性，难以满足新时代学生全面发展的需求。特别是在初中生物这门既具科学性又贴近生活的学科中，如何激发学生的学习兴趣，培养其自主探究和解决问题的能力，成了广大生物教师亟须解决的重要课题。

面对这一挑战，我们不断探索新的教学理念和方法，"一核五环五思"课堂教学策略应运而生。这一策略以其独特的教学环节设计——独立自思、合作探思、交流助思、点拨悟思、深化拓思，以及明确的培养目标——立德树人、培养独思、探思、助思、悟思、拓思能力，给初中生物课堂带来了全新的视角和活力。它不仅关注学生的知识掌握，更重视学生思维品质的提升和综合能力的发展，为传统教学模式的革新提供了有益的尝试。

本文将以"评价自己的健康状况"这一具体教学内容为例，深入剖析"一核五环五思"课堂教学策略在初中生物课堂中的应用过程与效果。通过详细阐述该策略如何引导学生从自我认知出发，通过自主探究、合作交流、教师点拨等环节，逐步掌握评价健康状况的方法，形成科学的健康观念，进而培养学生独立思考的能力、合作探究精神以及解决实际问题的能力。同时，本文还将探讨该策略在实施过程中可能遇到的问题及解决方案，以期为一线教师提供有益的参考和借鉴。

"一核五环五思"课堂教学策略为初中生物教学开辟了一条新的路径，它不仅能够激发学生的学习兴趣，促进其全面发展，还能够为教师的专业成长提供新的动力和方向。通过本文的研究，我们期待能够为初中生物教学的改革与发展贡献一份力量。

（二）"一核五环五思"课堂教学策略概述

"一核五环五思"课堂教学策略以立德树人为核心目标，通过独立自思、合作探思、交流助思、点拨悟思、深化拓思五个教学环节，培养学生的独思、探思、助思、悟思、拓思能力。这一策略不仅符合学生的认知过程和教育教学规律，还强调学科素养的渗透和关键能力的培养。

（三）教学设计与实施

根据"一核五环五思"策略，采用讲授、讨论、案例研究、角色扮演、实验等多种教学方法，通过五个教学环节逐步引导学生掌握人教版八年级生物下册"评价健康状况"的方法和意义。

1. 导入阶段：激发兴趣，启迪思维，奠定学习基础（约5分钟）

在课堂教学的黄金起点，导入环节的设计至关重要，它如同一把钥匙，能够打开学生探索新知的大门。对于"评价自己的健康状况"这一主题，我们设计了一个多维度、互动性强的导入阶段，旨在全方位激发学生的兴趣和思考。

（1）视觉盛宴：多媒体素材的精心挑选与呈现

教师首先利用多媒体技术，播放一段精心挑选的健康主题短片或幻灯片。这段短片可能融合了人们健康生活的瞬间以及科学研究的成果展示，如细胞修复、营养吸收等微观过程，让学生在视觉上感受到健康的多样性和重要性。同时，通过色彩鲜明、动态感强的画面，吸引学生的注意力，营造出一种积极向上、充满活力的课堂氛围。

（2）心灵触动：情感共鸣与价值观引导

在展示多媒体素材的同时，教师穿插讲述一些真实感人的健康故事或案例，如通过坚持锻炼战胜疾病的励志人物、因不良生活习惯导致健康问题的反面教材等。这些故事不仅能够触动学生的心灵，引发他们对健康问题的共鸣，还能在无形中传递正确的健康观念和价值观，引导学生认识到保持健康的重要性和紧迫性。

（3）思维风暴：启发式提问与小组讨论

教师提出一系列富有启发性的问题，如"健康对于个人成长和社会发展的意义何在？""你认为哪些因素会影响我们的健康状况？""你有没有尝试过评价自己的健康状况？具体是怎么做的？"这些问题旨在引导学生从不同角度、不同层面去思考健康的概念及其评价方法，激发他们的思维火花。随后，教师组织学生进行小组讨论，鼓励他们围绕这些问题展开交流、分享观点。在小组讨论中，学生可以相互启发、相互补充，形成更加全面、深入的认识。

导入阶段通过多媒体展示、情感共鸣、启发式提问和小组讨论等多种方式相结合的活动设计，成功地激发了学生的学习兴趣和探究欲望，为后续的学习奠定了坚实的基础。在这一阶段中，学生不仅被健康的美好所吸引，更被激发起了探索未知、追求真理的热情和动力。同时，通过互动环节的设置，教师也能够及时了解学生的学习情况，为后续的教学调整和优化提供有力的支持。

2. 新课呈现：深入剖析，明晰路径（约5分钟）

在导入阶段成功激发学生的兴趣和思考之后，新课呈现环节便成为连接学生已有认知与新知识体系的桥梁。在这一环节中，教师将系统、全面地介绍评价健康状况的方法和意义，为学生后续的实践操作提供坚实的理论支撑。

（1）讲授新知：条理清晰，层层递进

教师首先明确告知学生，评价健康状况并非仅凭主观感受或单一指标就能完成，而是一个需要综合考虑多方面因素的复杂过程。接着，教师从身体、心理和社会适应三个维度出发，详细阐述了评价健康状况的具体方法。

一是在身体维度上，教师介绍了体重、身高、BMI（身体质量指数）、血压、血糖、血脂等常用生理指标的测量方法及其正常范围，强调这些指标对于评估身体健康状况的重要性。同时，教师还提到了定期进行体检的必要性，鼓励学生关注自己的身体状况，及时发现并解决问题。

二是在心理维度上，教师讲解了心理健康的概念、重要性以及常见的心理健康问题。随后，教师介绍了自我评估心理健康状况的一些简单方法，如观察自己的情绪变化、睡眠质量、应对压力的能力等。教师还强调了积极心态对于维护心理健康的重要性，鼓励学生培养乐观、自信的心态。

三是在社会适应维度上，教师阐述了个人与周围环境、人际关系之间的相互作用关系。教师指出，良好的社会适应能力是个人健康的重要组成部分。为了评估自己的社会适应状况，教师可以引导学生思考自己在家庭、学校、社区等不同环境中的表现，以及与他人交往的能力、解决问题的能力，等等。

在介绍完评价健康状况的方法后，教师进一步阐述了其意义所在。教师强调，通过定期评价自己的健康状况，我们可以及时了解自己的身体状况、心理状态和社会适应能力，从而有针对性地采取措施进行调整和改进。这不仅有助于维护个人的身心健康，还有助于提高生活质量和幸福感。

（2）辅助工具：PPT展示，直观易懂

为了使学生更好地理解和掌握新知识，教师充分利用PPT这一辅助工具进行展示。PPT内容条理清晰、图文并茂，既包含了评价健康状况的方法和意义的文字描述，又穿插了大量的实例和图表。例如，在介绍生理指标时，教师展示了不同年龄段人群的BMI正常范围表；在讲解心理健康问题时，教师列举了常见的心理症状及其表现形式。这些实例和图表不仅使抽象的概念变得直观易懂，还帮助学生加深了对新知识的理解和记忆。

此外，教师还通过PPT上的动画效果和链接功能，引导学生浏览相关网站或观看教学视频等资源，进一步拓展学生的知识面和视野。这种多元化的教学方式不仅丰富了课堂内容，还提高了学生的学习兴趣和参与度。

新课呈现环节通过条理清晰地讲授新知和直观易懂的PPT展示相结合的方式，成功地帮助学生掌握了评价健康状况的方法和意义。在这一环节中，学生不仅获得了新知识的滋养，还为后续的实践操作奠定了坚实的理论基础。

3. 学生活动：自主探索，合作共进（约20分钟）

学生活动环节是课堂教学中的核心部分，它为学生提供了将理论知识转化为实践能力的舞台。在这一环节中，通过独立自思、合作探思、交流助思以及角色扮演等多种形式的活动，学生不仅能够深化对评价健康状况方法和意义的理解，还能在实践中培养独思、探思、助思的能力，增强团队合作意识。

（1）独立自思（约6分钟）：自我驱动，初步探索

在独立自思阶段，教师首先引导学生预习教材相关内容，明确学习目标。教材作为知识的载体，为学生提供了系统、全面的信息来源。学生通过仔细阅读教材，对评价健康状况的基本方法有了初步的了解，并且完成课本上健康测评题。

学生在这5分钟内，需要静下心来，独立思考，认真完成测评。这一过程不仅考验了学生的自学能力，还培养了他们的时间管理能力和自我评估能力。在独立自思的过程中，学生可能会遇到一些困惑或不解之处，这正是他们后续合作探究的动力源泉。

（2）合作探思（约8分钟）：集思广益，深入探究

紧接着独立自思阶段，学生进入合作探思环节。教师根据学生的学习情况和性格特点，将学生分成若干小组，每组4~6人，确保小组内成员能够优势互补、相互促进。小组成立后，教师给每个小组分配一个具体的探究任务，如"探讨如何制订个性化的健康改善计划""分析不同年龄段人群在评价健康状况时的注意事项"，等等。

在小组讨论中，学生们围绕探究任务展开热烈的讨论和交流。他们分享各自在独立自思阶段的学习成果和心得体会，提出自己的疑问和见解。通过思想的碰撞和融合，学生们逐渐形成了对评价健康状况方法和意义的更加深入与全面的理解。同时，在合作探究的过程中，学生们学会了倾听他人的意见、尊重不同的观点，培养了团队合作精神和沟通能力。

（3）交流助思（约6分钟）：成果展示，全班共享

合作探思环节结束后，每个小组需要推选一名代表，在全班范围内分享本组的探究成果。这一环节不仅是对小组合作探究成果的一次展示和检验，更是全班学生共同学习和进步的重要机会。

小组代表在分享时，通常会口头报告、板演等多种形式来呈现本组的探究过程和结论。他们清晰地阐述自己的观点和发现，同时邀请其他同学提出问题和建议。在全班交流的过程中，学生们积极互动、踊跃发言，形成了良好的学习氛围。他们相互启发、相互补充，共同构建了一个更加丰富和完整的知识体系。

交流助思环节不仅锻炼了学生的表达能力和自信心，还促进了学生之间的交流和合作。学生们在倾听他人的分享时，能够拓宽视野和思路；在提出问题和建议时，能够深化对知识的理解和应用。这种全员参与、共同进步的课堂模式，正是我们所追求的理想教育状态。

学生活动环节通过独立自思、合作探思、交流助思和角色扮演等多种形式的活动设计，为学生提供了丰富多样的学习体验和实践机会。在这一环节中，学生不仅掌握了评价健康状况的方法和意义，还在实践中培养了独思、探思、助思的能力以及团队合作精神和沟通能力。这些能力和素质的提升将为学生未来的学习与生活奠定坚实的基础。

4. 点拨悟思：启迪智慧，深化理解（约5分钟）

在学生经历了独立自思、合作探思、交流助思以及角色扮演等一系列丰富多彩的学习活动之后，他们往往已经积累了大量的信息和感受，但同时也可能伴随着一些疑惑和不解。此时，教师的点拨悟思环节就显得尤为重要。这一环节不仅是对学生学习成果的提炼和升华，更是对学生思维能力的深度培养和引导。

（1）教师点拨：精准施策，答疑解惑

在点拨悟思阶段，教师首先需要敏锐地捕捉学生在前期学习活动中表现出的疑问和困惑。这些疑问可能来自对评价健康状况方法的不解，也可能来自对健康改善计划制订的迷茫，甚至可能涉及更深层次的健康观念和价值观的思考。无论问题的性质如何，教师都需要以开放、包容的态度去倾听和理解学生的声音。

针对学生的疑问，教师需要进行精准的点拨和引导。这种点拨不是简单地告知答案，而是通过提问、反问、举例等方式，激发学生的思维活力，引导他们自己去发现问题、分析问题和解决问题。例如，当学生询问如何制订个性化的健康改善计划时，教师可以先询问学生："你认为个性化的健康改善计划应该包含哪些要素？"然后根据学生的回答，进一步追问："这些要素之间有何联系？如何根据个人的实际情况进行调整和优化？"通过这样的对话，教师不仅帮助学生解决了具体问题，还培养了他们的逻辑思维能力和问题解决能力。

在点拨过程中，教师还需要注重启发式教学和探究式学习的运用。启发式教学强调通过问题引导学生主动思考，探究式学习则鼓励学生通过实践探索未知领域。教师可以结合学生的实际情况和学习需求，灵活运用这两种教学方法，使学生在轻松愉快的氛围中掌握知识、提升能力。

（2）归纳总结：提纲挈领，强化记忆

在解答了学生的疑问之后，教师还需要对整个学习过程进行归纳总结。这一环节旨在帮助学生梳理学习思路，巩固学习成果，同时强调评价健康状况的关键点。

归纳总结时，教师应首先回顾本节课的学习目标和学习内容，确保学生对本节课的主题有清晰的认识。然后，教师可以按照评价健康状况的方法和意义这一主线，将本节课的知识点串联起来，形成一个完整的知识体系。在这个过程中，教师可以通过板书、PPT等方式展示关键点，帮助学生加深记忆和理解。

在归纳总结的过程中，教师还需要特别强调评价健康状况的几个关键点。首先，评价健康状况需要综合考虑身体、心理和社会适应等多个维度，不能片面追求某一方面而忽视其他方面。其次，评价健康状况需要运用科学的方法和工具进行测量与评估，不能仅凭主观感受或经验判断。最后，评价健康状况的目的是发现问题、解决问题并促进健康水平的提升，因此评价之后需要制订相应的健康改善计划并付诸实践。

通过归纳总结，学生不仅能够更加清晰地掌握评价健康状况的方法和意义，还能够将所学知识内化为自己的认知结构和行为习惯。这种内化过程不仅能够提升学生的健康素养和生活质量，还能够为他们未来的学习和生活奠定坚实的基础。

总之，点拨悟思环节是教师引导学生深化理解、提升思维能力的重要环节。在这一环节中，教师需要通过精准地点拨和引导解答学生的疑问，通过归纳总结强化学生的记忆和理解，同时注重培养学生的逻辑思维能力和问题解决能力。只有这样，才能真正实现课堂教学的有效性和高效性。

5. 深化拓思：巩固提升，学以致用（约5分钟）

在经历了前面的独立自思、合作探思、交流助思、点拨悟思等环节后，学生已经对评价健康状况的方法和意义有了较为全面与深入的理解。然而，知识的真正掌握不仅在于理解，更在于能够灵活运用。因此，深化拓思环节作为课堂教学的收尾部分，显得尤为重要。在这一环节中，通过深化训练和迁移拓展，学生将进一步巩固所学知识，提升应用能力，实现知识的内化与迁移。

（1）深化训练：梳理思路，强化技能

深化训练是深化拓思环节的第一步，旨在通过一系列精心设计的练习题，帮助学生梳理学习思路，巩固所学技能。这些练习题不仅覆盖了评价健康状况的关键知识点，还注重考查学生的综合应用能力和问题解决能力。

在深化训练过程中，教师首先引导学生回顾本节课的学习内容，明确练习目标。然后，学生独立或小组合作完成深化练习题。这些题目形式多样，包括选择题、填空题、简答题以及案例分析等，旨在从不同角度、不同层次检验学生的学习效果。

通过深化训练，学生不仅能够加深对评价健康状况方法和意义的理解，还能够在实践中锻炼自己的逻辑思维、分析推理和归纳总结能力。同时，教师也能通过学生的答题情况，及时了解学生的学习状况，为后续的教学调整提供依据。

（2）迁移拓展：学以致用，创新实践

迁移拓展是深化拓思环节的升华部分，它要求学生将所学知识应用于实际问题解决中，实现知识的内化与迁移。在这一环节中，教师通过设计贴近学生生活实际的问题情境，引导学生运用评价健康状况的方法和技能进行分析与解决。

例如，教师可以设计这样一个迁移拓展任务："假设你的家人近期体检发现血压偏高，请你结合所学知识，为家人制订一份个性化的健康改善计划。"这个任务不仅要求学生掌握评价健康状况的基本方法，还要求学生能够综合考虑家庭成员的实际情况，制定切实可行的改善措施。

在完成任务的过程中，学生需要运用所学知识进行分析、判断和决策。他们可能需要查阅相关资料、咨询专业人士或进行实地调查，以获取更多有用的信息。通过这一过程，学生不仅能够加深对健康评价的理解和应用，还能够在实践中培养自己的创新思维和实践能力。

同时，迁移拓展环节也是学生展示自我、交流互动的好机会。学生可以将自己的成果在班级内进行分享和交流，听取他人的意见和建议。这种互动不仅有助于学生拓宽视野、丰富知识，还能增强他们的团队合作意识和沟通能力。

总之，深化拓思环节是课堂教学的重要组成部分，它通过深化训练和迁移拓展两种方式，帮助学生巩固所学知识、提升应用能力、实现知识的内化与迁移。在这一环节中，学生不仅能够加深对评价健康状况方法和意义的理解，还能够在实践中锻炼自己的逻辑思维、分析推理和创新实践能力，为未来的学习和生活奠定坚实的基础。

6. 总结反馈：凝练精华，促进反思（约5分钟）

课堂教学的尾声，总结反馈环节如同乐章的终章，既是对整个教学过程的凝练回顾，也是对学生学习成效的即时反馈。在这一环节中，教师通过精练的语言，带领学生回顾本节课的主要内容，巩固学习成果；同时，鼓励学生积极提问，教师则耐心解答，进一步激发学生的思维活力，促进知识的内化与深化。

（1）教师总结：提纲挈领，画龙点睛

教师总结是总结反馈环节的核心部分。在这一阶段，教师运用简洁明了的语言，对本节课的学习目标、关键知识点、学习方法以及学生的表现进行概括性总结，帮助学生构建一个清晰的知识框架，使学生对本节课的学习内容有了更加全面和深刻的认识。

在总结过程中，教师还注重引导学生思考所学知识在现实生活中的应用价值，以及如何通过评价健康状况来提升自己的生活质量。这种联系实际的总结方式，不仅增强了学生的学习兴趣和动力，还培养了他们的实践能力和创新精神。

（2）学生反馈：互动问答，加深理解

学生反馈是总结反馈环节的另一重要组成部分。在这一阶段，教师鼓励学生积极提问，表达自己的疑惑和见解。学生提出的问题可能是关于本节课知识点的深入探究，也可能是对评价健康状况方法的实际应用感到困惑。无论问题的性质如何，教师都应以开放、包容的态度予以回应，耐心解答学生的疑问。

在互动问答的过程中，教师不仅关注学生的知识掌握情况，还注重培养学生的思维能力和表达能力。教师引导学生从多个角度思考问题，鼓励他们提出自己的观点和见解。同时，教师还适时给予肯定和鼓励，增强学生的自信心和学习动力。

（四）教学效果与反思

1. 教学效果的深入剖析

自"一核五环五思"教学策略在初中生物课堂中实施以来，其显著的教学效果令人瞩目。首先，学生的学习积极性和参与度得到了前所未有的提升。这种提升不仅体现在课堂互动中，更体现在学生课后自主学习和探究的热情上。学生们开始主动关注自己的健康状况，运用所学方法进行评价，并积极寻求改善途径。这种从被动接受到主动探索的转变，正是教学策略成功的有力证明。

在知识掌握方面，学生们不仅熟练掌握了评价健康状况的基本方法，如生理指标的测量、心理健康的评估等，更重要的是，他们学会了如何将这些方法综合运用到实际生活中，形成了科学的健康观念。此外，通过一系列教学活动，学生们逐渐形成了独思、探思、助思、悟思、拓思的学科素养，这些素养不仅有助于他们在生物学科上的深入学习，更为他们的全面发展奠定了坚实的基础。

尤为值得一提的是，学生的思维能力在这一过程中得到了显著提升。他们学会了从不同角度、不同层面去思考问题，分析问题，解决问题的能力也随之增强。这种思维能力的提升，将给他们未来的学习和生活带来无尽的益处。

2. 教学反思的全面审视

（1）成功之处

① 教学环节设计合理：从独立自思到深化拓思，每个环节都紧密相连，层层递进，符合学生的认知规律。这种设计使得学生在轻松愉快的氛围中逐步掌握知识，提升能力。

② 学生参与度高：通过多样化的教学活动，如实践活动、角色扮演等，极大地激发了学生的学习兴趣和参与度。学生们在课堂上积极发言，勇于表达自己的观点，形成了良好的学习氛围。

③ 实践活动和角色扮演有效：这些活动不仅帮助学生加深了对知识的理解和应用，还培养了他们的实践能力和创新思维。学生们在角色扮演中体验到了不同角色的感受和责任，从而更加珍惜自己的健康。

（2）待改进之处

① 加强自我观察和自我评价的训练：虽然大部分学生能够进行基本的自我观察和评价，但仍有部分学生在这一方面存在不足。未来教学中应增加更多针对性的训练项目，帮助学生掌握更加科学、全面的自我评价方法。

② 深化小组合作交流的深度与广度：虽然小组合作在课堂上得到了广泛应用，但在部分小组中仍存在交流不充分、合作不深入的问题。未来教学中应加强对小组合作技巧的培训，鼓励学生在小组内充分交流意见、分享资源，共同完成任务。同时，还可以尝试引入跨小组合作模式，进一步拓宽学生的交流范围和合作深度。

（五）结论与展望

本研究深入探讨了"一核五环五思"课堂教学策略在初中生物教学中的应用，并取得了令人鼓舞的结论。实践证明，该策略以其独特的教学环节和培养目标，不仅显著提升了学生的思维能力，使他们学会了独思、探思、助思、悟思、拓思，还帮助学生扎实掌握了评价健康状况等关键知识和技能，实现了知识与能力的双重提升。

展望未来，我们期待"一核五环五思"策略能够拓展至更广泛的学科领域和年级层次，探索其在不同教学环境中的适应性和有效性。通过跨学科的实践研究，我们可以进一步验证该策略在促进学生全面发展方面的普遍价值。同时，随着个性化教学理念的深入人心，未来研究应聚焦如何结合学生个体差异，精准实施"一核五环五思"策略，以满足不同学生的学习需求，实现因材施教的教育理想。

附 录 ▶

附录1 "指向思维品质培养的'问题链课堂教学'研究"申报评审书

一、参评成果简况

成果名称	指向思维品质培养的"问题链课堂教学"研究				
成果类型	研究报告			成果字数	73000
出版、发表或使用时间	2022年12月结题				
	课题名称	课题类别	批准单位	批准时间	完成情况
成果立项情况	指向思维品质培养的"问题链教学"研究（2021A027）	贵州省教育科学规划年度课题（重点课题）	贵州省教育科学规划领导小组办公室	2021年7月21日立项	2022年12月结题
	特岗教师急增背景下中学物理教师微课应用能力提升策略研究（FHB150450）	全国教育科学规划教育部规划项目	全国教育科学规划领导小组办公室	2015年12月28日立项	2019年1月16日结题
成果获奖情况	1. 2024年3月《指向思维品质培养的问题链课堂教学实践研究》获毕节市优秀教育科研成果奖一等奖。 2. 2022年4月20日《激趣·激思·激成·激动·激理·激扩·激增："七激"教学模式的构建与实践探索》获毕节市教学成果一等奖 3. 2022年3月22日杨兴婕主持的《吸引·设疑·建构·调控·应用："思维型课堂"构建的实践研究》获赫章县首届教学成果一等奖				

续 表

成果获奖情况	4. 2022年7月2日《"一核五环"教学法的实践研究》获织金县教学成果一等奖 5. 2023年9月13日《培思·育人:"一核五环五思"教学策略的实践探索》获织金县教学成果奖一等奖 6. 2019年7月《高中英语教学中"多元化思维课堂"的实践探究》在全国名师工作室创新发展成果博览会上被评为一等奖(银川市教育局等) 7. 2021年3月26日《"五步思维"CREATE教学模式构建的实践探究》在全国名师工作室联盟会议上被评为创新成果发展一等奖(兰州市教育科学研究所、咸宁市教育科学研究所、呼和浩特市教学研究室、银川市教育科学研究所等)
成果社会影响	**一、成果在省外推广9场受到好评** 该成果或与成果相关的研究成果在山东省济南市章丘区章丘一中、章丘实验中学,广东省汕头市龙湖区下蓬中学,云南省镇雄县民族中学以及在海南、云南举办的全国名师工作室联盟会议上做经验交流了9场,受到了参会人员的好评。例如,济南市章丘区教育体育局分管副局长章宝义评价说,山东虽然是教育发源地,但贵州这个地方的研究给章丘也提供了新的视角,必将会推动参加交流人员的课堂研究,要求章丘一中、章丘实验中学要继续深入交流,将成果运用好。在云南交流时全国名师工作室联盟常务副理事长、教育教学专家、宁夏中语会理事长芦苇评价说,来自农村的成果参加全国交流,从课堂七环节的视角提出了思维品质的培养,给参加会议人员提供了新的思路,值得肯定和赞扬。章丘教体局教研室副主任郭道胜评价说,通过"问题链课堂教学"在章丘实验中学的实践,教师课堂气氛活跃,学生思维意识增强,思维灵活性高,课堂实效性高,学业成绩显著,近年来,教学质量提升较快,居于章丘区前列。 **二、在高校推广12场,改变了参加培训和教师的教学观念** 该成果及相关研究在贵州师范学院、六盘水师范学院、贵州工程应用技术学院推广12场。贵州师范学院王平瑞教授评价说:该成果用具体案例诠释了问题链课堂教学培养学生思维品质培养的实践,提高了学生的综合素质,学生能够在学习和生活中培养批判性思维、创新能力和团队合作能力,为即将进入教师行列的大学生们学习新的教学方式提供了重要思路,这将促进他们的课堂教学改革,提高教学质量。参加国培计划的六盘水七中王如春老师感言:你们的培训让我受益匪浅,我之前一点浅薄的想法有了落地的动力,我以前从来没有想过要去做这些事,自从我听了你们的讲座后,我就想着去思考去实践!谢谢!

续 表

成果社会影响	**三、在省内市外推广20余场，更新了教师们的课堂教学理念** 研究成果在贵州省实验中学、六盘水盘州市、兴仁市、普安县罗汉镇、水城区、印江一中、龙里中学、安顺市平坝第一中学、六盘水市八中、黔西南州兴义中学、遵义习水中学等地开展推广，参加培养教师们的课堂教学改革力得到了提升，所教学生的批判性思维、沟通能力、团队合作、创新能力得到了加强。印江一中参加培训的教师感叹：从来没有想到一个问题链课堂教学，可以按照七个环节开展，这对于我们研究课堂、践行课堂改革必将起到引领作用，能够提升我们的课堂改革能力。 **四、市内推广150余场，助力了乡村教育振兴** 研究成果在赫章县朱明镇初级中学、赫章县兴发中学、威宁县十一中学等地以执教问题链思维型示范课"种子的萌发"的形式推广，到威宁县石门民族中学、纳雍县维新中学、纳雍县第五中学、七星关区燕子口中学、七星关区朱昌二中、大方县理化初级中学、黔西市红林中学、黔西市定新中学、织金县龙场中学、百里杜鹃二中等地开展讲座推广，参训教师的课堂教学能力得以提升，教育科研能力得到锻炼。如黔西一中的王春梅老师，运用研究成果进行执教的优质课，获得市级一等奖，主持人按照"二链七环节"开展课堂教学，获得毕节市优质课一等奖。参与培训的乡村教师的教学质量得到提升。
成果被引用、转载或被采纳情况（须附证明材料）	1.2022年6月在全国中文核心期刊《中学物理教学参考》上发表论文《"七激"教学模式在高中物理教学中的应用探究》被下载57次，被人民大学报刊复印资料《中学物理教与学》2022年11月全文转载。 2.2022年2月在《贵州教育科研》（2022年第1期）上发表论文《初中生物教学中指向思维品质培养的"问题链教学"研究》，在省教育厅内刊上交流。 3.论文《"5E"教学模式在初中生物学科教学中的应用》在中国国际科技促进会国际院士联合体工作委员会上书面交流，获得好评。在中国知网上被下载243次。 4.2021年1月在《考试周刊》上发表论文《初中生物教学中利用探究激成培养学生创新思维的策略》被引用3次，下载64次。 5.论文《"5E"教学模式在高中英语学科教学中的应用效果》在中国国际科技促进会国际院士联合体工作委员会上书面交流，获得好评。在中国知网上被引用1次，下载308次。

二、成果内容简介

1. 研究的主要内容；
2. 基本观点；
3. 主要创新和学术价值；
4. 学术影响或社会效益（5000字以内）。

一、研究的主要内容

本课题研究的主要内容如下：

第一，指向思维品质培养的"问题链课堂教学"的现状调查。

第二，指向思维品质培养的"问题链课堂教学"的课堂实践。

第三，指向思维品质培养的"问题链课堂教学"的调查研究。

第四，指向思维品质培养的"问题链课堂教学"的对策研究和检验。

1. 在指向思维品质培养的"问题链课堂教学"的现状调查方面

在"指向思维品质培养的'问题链课堂教学'研究"项目中，我们采用了多元化的研究方法，包括文献研究法、问卷调查法、访谈法和课堂观察法，对覆盖8个县的216所学校进行了全面调研。我们针对535名教师发放了问卷，以深入了解他们的教学实践和看法；同时，对20位具有代表性的教师进行了深入的访谈，以获取更具体的反馈和建议。此外，我们还深入课堂，进行了超过300节的听课和问诊，以观察和分析问题链课堂教学法的实际应用情况。基于这些丰富的研究数据，我们最终确定了该研究的思维流程，为指向思维品质培养的问题链课堂教学提供了清晰的研究路径和框架。

2. 指向思维品质培养的"问题链课堂教学"的课堂实践方面

提出"问题链课堂教学"理论框架。构建"二链七环节"（二链：问题链—思维链，七环节：情境—问题—探究—交流—总结—迁移—评价）教学范式。

3. 在指向思维品质培养的"问题链课堂教学"的调查研究方面

开展指向思维品质培养的"问题链课堂教学"访谈及课堂观察，厘清问题链课堂教学中存在的问题及原因分析。

4. 在指向思维品质培养的"问题链课堂教学"的对策研究和检验方面

秉持立德树人的教育理念，坚守科学的课堂教育质量观，并积极探索和实践基于情境、问题导向的互动式、启发式、探究式、体验式教学方法。通过整合教学、评价与学生的学习过程，我们实现了教学评一体化，确保了教育目标的全面达成。在实施"问题链课堂教学"时，我们遵循"做什么—什么要求—怎么想—怎么说—怎么总结—怎么测—怎么评"的路径，确保每个环节都紧密衔接，有效推进。

为了深化这一教学模式，我们探索了多项具体策略，包括创设情境以激发学生的学习兴趣，设置问题以激发学生的深度思考，鼓励学生自主探究以形成知识体系，加强师生互动以激活学生的思维能力，通过总结反思帮助学生构建完整的知识体系，以及迁移拓展以提升学生解决问题的能力。同时，我们将教学评价融入整个教学过程，确保教育的连贯性和实效性。

经过两个学年对552名学生的实践检验，我们欣喜地发现学生的学习兴趣显著提高，学习态度发生积极转变，学习方法得到优化，探究能力得到显著发展，实验班学生的学业成绩也有了明显提升。这些成果充分证明了"问题链课堂教学"的实施效果显著，具有极高的实效性。我们坚信，这一教学模式将继续推动教育教学的创新与发展，为培养更多具有创新精神和实践能力的学生贡献力量。

续表

二、基本观点

通过上述四个方面的内容研究，得出的基本观点或重要结论如下。

（一）指向思维品质培养的问题链课堂教学实践基本现状不乐观

第一是教师对"问题链课堂教学"有了一定的认知，而教师的整体认知水平不高。第二是教师对"问题链课堂教学"的培养有了一定的重视，但重视程度不够。第三是教师对"思维型课堂"了解不够清晰，思维链形成不够。第四是教师利用"思维型课堂"的频率不高。基于调查实况的分析，确定了研究要以指向思维品质培养的"问题链课堂教学"范式为宗旨，促进符合新课标教学行为的改革，使其更好地服务于学生的学习。"问题链课堂教学"能够帮助教师全面把握教材结构，能够定位知识重难点和学情来精准设计一连串问题，使问题与问题之间是层层递进、环环相扣、逻辑严明的问题组合。它是以情境为基点、以问题为导向、以知识逻辑顺序形成发展和学生思维能力培养为主线，以小组探索、师生合作互动为基本形式的新型教学范式。基于思维品质与学生的学习存在直接、密切的关系，所以"问题链课堂教学"服务的对象是学习者本身，它的目的是改善学习、促进学生的发展。因此，在教学中，教师应该要采取"问题链课堂教学"。

（二）构建的"问题链课堂教学"理论框架能提升课堂教学质量

形成"二链七环节"教学范式实施教学。其中七环节具体为，情境：创设情境激发兴趣，培养学生思维的敏捷性；问题：设置问题激发思考，培养学生思维的创造性；探究：自主探究形成知识，培养学生思维的严密性；交流：师生互动加深理解，培养学生思维的深刻性；总结：总结反思形成体系，培养学生思维的系统性；迁移：迁移拓展解决问题，培养学生思维的广阔性；评价：教学评一体化育人，培养学生思维的批判性。

以初中生物为例，提出了实施"二链七环节"教学策略。这一策略首先聚焦明确问题链在教学中的核心作用，通过精心设计的问题序列来引导学生深入思考，从而培养他们的逻辑思维能力、批判性思维和创新能力。其次，我们致力于纠正教师可能存在的认知偏差，强调问题链教学的重要性，并努力激发学生的学习兴趣，使他们能够主动参与到学习中来。

为了提升师生对问题链教学的认同度，我们采取了一系列措施，确保问题链意识能够深入人心。教师授课方式的转变是其中一个关键环节，通过采用更加互动、启发式的教学方式，引导学生发现问题、解决问题，从而培养他们的问题意识。同时，我们积极推广思维型课堂模式，使问题链教学得到更加系统、有效的实施。最后，我们变革了现有的评价方式，不再仅仅依赖传统的考试分数来评价学生的学习成果，而是更加注重学生在学习过程中的表现、思维发展和问题解决能力。这种多元化的评价方式有助于进一步强化问题链意识，使学生更加注重对知识的深度理解和应用。通过实施"二链七环节"教学策略，我们期待在初中生物教学中取得更加显著的教学成果，为学生的全面发展奠定坚实基础。

以高中物理教学为例，提出实施"二链七环节"教学策略。以高中物理教学为范例，我们推行"二链七环节"教学策略，强调自主、合作、探究为核心的学习方式，实施"七激"教学模式，该模式涵盖互动式、启发式、探究式、体验式教学法。具体流程包括：情境激趣——通过构建引人入胜的情境，激发学生对物理学习的兴趣，激活其思维潜能，培养敏捷性;问题激思——借助精心设计的问题链,促进学生深入思考,激发其批判性和创造性思维;探究激成——鼓励学生通过自主探究和合作学习,发现新知识,构建知识体系,培养思维的严密性;交流激动——通过师生、生生间的互动合作,激发学生的思维活力,辩证吸收新知,培养思维的深刻性;总结激理——引导学生对所学知识进行总结反思,形成完整的知识体系,培养系统性思维;迁移激扩——鼓励学生将所学知识应用于解决实际问题,拓展思维广度;评价激增——在教学全程贯穿多元化评价,包括教师评价、学生自评、小组互评等,以反馈学习效果,促进全面发展。

(三)指向思维品质培养的"问题链课堂教学"课堂教学的变式实施效果好

变式一:吸引·设疑·建构·调控·应用五步教学范式。第一步的关键词是吸引,即动机激发。第二步的关键词是设疑,即激发认知冲突。第三步的关键词是建构,即自主构建。第四步的关键词是调控,即自我监控。第五步的关键词是应用,即应用迁移。成功实践了"吸引·设疑·建构·调控·应用"五个思维型课堂的有效教学策略。

变式二:"一核五环五思"教学策略。"一核五环五思"教学策略强调的是一种以培养学生思维为核心的课堂教学方式。它通过五个核心环节——独立自思、合作探思、交流助思、点拨悟思、深化拓思,旨在引导学生自主思考、合作探究、互助交流、启发领悟和拓展延伸。这种教学策略旨在培养学生独立思考、勇于探索的能力,塑造他们严密的逻辑思维和勇于探究的学习习惯。整个教学过程以激励为动力,以引导学生深入思考为核心,最终目标是全面提升学生的课堂思维能力,形成一种积极、高效的课堂教学形式。

(四)培养学生培养思维品质的问题链设计原则和策略是可行的

以高中英语为例。第一是问题链的设计要基于最近发展区理论;第二是问题链的设计要基于循序渐进的教学原则;第三是问题链的设计要基于相互关联的整体性原则;第四是问题链的设计要基于启发性原则。

(五)创设情境激发兴趣策略能够引领问题链实施来培养学生思维品质

以初中生物为例。第一是借助生活内容创设问题情境激发兴趣;第二是借助实验材料创设问题情境激发兴趣;第三是借助矛盾材料创设问题情境激发兴趣。

(六)设置问题激发思考策略能够引领问题链实施来培养学生思维品质

以初中生物为例。第一是联系生活,从生活情境中思考并提问;第二是一题多问,从课堂探究中思考并提问;第三是结合实验,从实际操作中思考并提问。

(七)自主探究形成知识策略能够引领问题链实施来培养学生思维品质

以初中生物为例。第一是"问题链"教学思路在教学前期的应用策略;第二是"问题链"教学思路在教学过程中的应用策略;第三是"问题链"教学思路在课后的应用策略。

(八)师生互动加深理解策略能够引领问题链实施来培养学生思维品质

以高中物理为例。第一是培养学生的问题意识;第二是重视对知识的归纳和总结;第三是注意对重点知识和难点知识的问题设计。

(九)总结反思形成体系策略能够引领问题链实施来培养学生思维品质

以初中生物为例。第一是利用问题链优化概念图,分解生物学科知识难点;第二是利用问题链展开知识探究,帮学生构建知识体系;第三是利用问题链检测巩固效果,强化学生学习习惯。

续 表

（十）迁移拓展解决问题策略能够引领问题链实施来培养学生思维品质 以初中数学为例。第一是创设问题情境，实现问题链迁移；第二是创设学习动机，激发学生兴趣迁移；第三是创设拓展问题，追踪导引实现迁移；第四是运用数学知识导引，实施问题迁移。 **（十一）评价激增解决问题策略能够引领问题链实施来培养学生思维品质** 教学评价是实现提高学生能力的有效手段，教学评价能够为教师教学提供极大的支持。 **（十二）指向思维品质"问题链课堂教学"能促进师生共同发展** 第一，显著提升了学生们对学习的浓厚兴趣；第二，学生的学习态度发生了明显的积极转变；第三，学生们在掌握学习方法上取得了显著进步；第四，学生的探究能力得到了有效的发展和提升；第五，实验班级的学生成绩表现出显著的提高；第六，帮扶学校的成果显著，为乡村振兴贡献了重要力量，但任务仍艰巨；第七，教师的理论水平得到了实质性的提升；第八，教师的综合素养有了显著的增强。

三、主要创新和学术价值

（一）学术思想上创新

创新教学方法："二链七环节"问题链策略：本研究提出并实施了"二链七环节"的创新教学方法，即通过精心编排的一系列相互关联的问题链，不仅引导学生深入思考，更触发其内在的思维链反应，从而全面培养与提升他们的思维品质。

聚焦思维品质的全面培养：本研究高度重视思维品质的培养，特别是批判性思维、创造性思维及逻辑思维等关键能力的塑造，旨在通过系统的教学设计与实践，全面提高学生的综合素养，为其未来的学习与成长奠定坚实基础。

理论与实践的紧密结合：本研究不仅停留在理论探讨层面，更将理论成果付诸实践，通过深入课堂教学观察、开展教学实验等多种方式，验证问题链教学法在培养学生思维品质方面的实际成效，确保研究成果的实用性与推广价值。

（二）学术观点上创新

本研究推出的"二链七环节"问题链教学法，独具匠心地引导学生层层递进地思考与探索，从而培育他们的批判性、创造性思维和问题解决能力。这种方法极大地激发了学生的学习兴趣和主动性，对提升他们的思维品质起到了关键作用。此外，我们还提出了"吸引·设疑·建构·调控·应用"五步教学法和"一核五环五思"教学策略的变式，这些创新为思维品质的培养提供了坚实的理论支撑和实践指引。

与传统以知识传授为主的课堂教学不同，本研究将重心明确置于思维品质的培养上。我们强调通过教育过程来塑造学生的批判性、创造性和逻辑思维等高阶思维能力，这一观点凸显了对学生全面素养提升的重视，体现了本研究的独特之处。

本研究不仅停留在理论创新的层面，更通过实际课堂教学实践来检验和深化这些新的教学方法与理念。通过实践研究，我们能够更直观地评估这些教学方法的有效性和实用性，为教育实践提供宝贵的经验和支持，推动教育教学的持续进步和发展。

（三）在研究方法上创新

1. 问题链设计方法：本研究采用了问题链设计方法，通过构建一系列有机联系的问题，引导学生逐步深入思考和探究。这种问题链设计方法有助于引导学生思维的连贯性和深度，促进他们批判性思维和创造性思维的发展。

2. 行动研究：研究者将教学实践与研究相结合，采用行动研究方法进行课堂教学实践，并不断反思和调整教学策略。这种行动研究方法有助于研究者深入了解教学过程中的问题和挑战，从而不断改进教学实践。

3. 定性和定量相结合：本研究在研究方法上结合了定性和定量研究方法，既通过观察和访谈等定性方法收集数据，又通过问卷调查等定量方法进行数据分析，再通过实践数据进行检验，这种方法的综合运用有助于全面深入地了解教学效果和学生思维品质的培养情况。这些为教育科学研究提供了新的思路和方法。

（四）在破解难题上创新

1. 问题链设计的创新突破：本研究在方法论上取得了显著突破，首创性地运用了问题链设计。通过精心策划一系列逻辑紧密、相互衔接的问题，我们成功引导学生逐层深入思考、逐步深入探究。这种设计极大地提升了学生思维的连贯性和深度，有效促进了他们批判性思维和创造性思维的发展，为教育教学领域注入了新的活力。

2. 行动研究法的有效融合：本研究将教学实践与科研探索融为一体，积极采用行动研究法。通过在实际课堂中实施并不断调整优化教学策略，我们能够实时捕捉教学过程中的问题与挑战，并迅速做出反馈和调整。这种研究方法不仅显著提升了研究的实效性，也为教育教学提供了丰富而宝贵的实践经验，进一步推动了教学实践的创新与发展。

3. 定性与定量研究的综合应用：本研究在研究方法上实现了定性与定量研究的完美结合。我们利用访谈、观察等定性方法深入挖掘教学现象背后的本质与规律，同时借助问卷调查等定量工具进行广泛的数据收集与深入分析。这种综合方法的应用使我们的研究结果更加全面、客观、准确，为教育科学研究开辟了新的道路，为教学实践提供了坚实的理论支持。

（五）学术价值

学术价值在于探讨如何通过问题链课堂教学实践来培养学生的思维品质。通过研究问题链课堂教学实践，可以深入了解如何引导学生提出问题、分析问题、解决问题，从而培养其批判性思维、创新性思维、逻辑思维等多方面的思维品质。此外，研究问题链课堂教学实践还可以为教育教学实践提供有益的启示和指导。通过深入研究问题链教学实践的有效性和影响因素，可以为教师提供更好的教学策略和方法，帮助他们更好地培养学生的思维品质，提高教学质量。总之，研究问题链课堂教学实践对于深化对教育教学的理解，提高教学质量，促进学生思维品质的培养具有重要的学术价值。

四、学术影响或社会效益

一是本研究能提升学生思维品质：通过问题链课堂教学实践，可以培养学生的批判性思维、创造性思维、逻辑思维等多种思维品质，帮助他们更好地理解和解决问题。二是促进学生学习兴趣：问题链课堂教学能够激发学生的学习兴趣，通过引导他们思考和解决问题，增强他们的学习动力和积极性。三是培养学生解决问题的能力：问题链课堂教学可以帮助学生培养解决问题的能力，包括问题分析、归纳总结、推理论证等技能，为他们未来的学习和工作打下良好的基础。四是促进教师教学方式的创新：通过问题链课堂教学实践研究，教师可以不断改进教学方式和方法，提高教学效果，增强学生的学习体验。

续表

（一）在省外推广成效较好（在省外推广9场，列举4场）

1. 2019年6月15日在山东省济南市章丘区章丘一中开展学术讲座"微课、思维导图互动课堂促进教师专业发展思索"

2. 2019年10月18日在广东省汕头市龙湖区下蓬中学开展学术讲座"现代信息技术与'多元化思维课堂'的整合"

3. 2021年4月10—12日"'六激'思维型课堂教学模式（SQECST）的实践研究"在全国名师工作室联盟会议上做经验交流（兰州市教育科学研究所、咸宁市教育科学研究所、呼和浩特市教学研究室、银川市教育科学研究所等）

4. 2023年4月21日赴云南省镇雄县民族中学开展学术推广活动，开展讲座"来自农村的全国名师的成长启示及'七激'教学模式构建思维课堂的实践探索"

（二）在高校得到师生认可（在高校推广12场，列举4场）

1. 2020年7月3日通过网络给贵州师范学院物理教育专业学生做"'多元化思维课堂'的构建及说课、评课实践研究"学术讲座

2. 2022年5月18日在贵州师范学院物理与电子科学学院，给2020级物理学专业学生做实践培训，并做"'思维课堂''七激'教学模式的构建与实践研究"专题讲座

3. 2022年11月18日在六盘水师范学院主讲"对高中'三新'改革的思考暨课堂改革的实施"学术讲座

4. 2022年11月25日在六盘水师范学院主讲"以'深度教学'促进新高考改革的深度实施"学术讲座

（三）在省内市外推广得到好评（在省内市外推广20余场，列举9场）

1. 2023年8月4日在贵州省实验中学开展教师培训学术讲座"指向思维品质培养的'问题链教学'实施策略研究"

2. 2021年6月18日在六盘水盘州市主讲学术讲座"'六激'教学策略构建思维开课堂"

3. 2021年8月给兴仁市251名乡村教师开展教师培训学术讲座"小学课堂教学中思维课堂的构建研究"

4. 2022年6月15日在普安县罗汉镇罗汉小学开展教师培训学术讲座"思维课堂'七激'教学模式的构建暨在小学学科教学中的应用探究"

5. 2022年11月18日六盘水市水城区教育邀请主讲"对高中'三新'改革的思考暨课堂改革的实施"学术讲座一场

6. 2023年3月17日在印江一中做学术讲座"'七激'教学模式助推高中物理'深度教学'的应用探索"

7. 2023年3月24日在安顺市平坝第一中学教师培训学术讲座"育德·培智·尚美：多元化'思维教学'育人方略建构的实践探索"

8. 2024年1月17日水城区教育局邀请赴六盘水八中开展学术讲座"中学生创新思维育人方略的实践研究暨英语教师科研能力提升路径"

9. 2024年1月25日在黔西南州兴义中学开展学术讲座"中学生创新思维育人实践及名优教师专业发展之所思所想"

续 表

（四）在市内推广遍布乡村，助力了乡村振兴，开展培训150余场

分别到七星关、赫章、威宁、纳雍、织金、黔西、大方、金沙、百管委等乡村开展帮扶活动，教师们评价特别高。

（五）论文被下载和转载情况较好

1. 2022年2月在《贵州教育科研》（2022年第1期）上发表论文《初中生物教学中指向思维品质培养的"问题链教学"研究》，在省教育厅内刊上交流。

2. 论文《"5E"教学模式在初中生物学科教学中的应用》在中国国际科技促进会国际院士联合体工作委员会上书面交流，获得好评，在中国知网上被下载243次。

3. 2021年1月在《考试周刊》上发表论文《初中生物教学中利用探究激成培养学生创新思维的策略》被引用3次，下载64次。

4. 2023年4月上旬在《新课程导学》发表论文《"CREATE教学法"视角下初中生物深度教学中的知识观、教学观、质量观》，在中国知网上被下载29次。

5. 2023年4月在《新课程导学》上旬发表论文《CREATE教学法在高中英语应用文写作中的应用探究》，在中国知网上被下载52次。

6. 论文《"5E"教学模式在高中英语学科教学中的应用效果》在中国国际科技促进会国际院士联合体工作委员会上书面交流，获得好评。在中国知网上被引用1次，下载308次。

7. 论文《"科学思维课堂"构建的实践策略——以英语学科为例》在2021年《校园英语》上发表，在中国知网上被下载33次。

8. 2022年6月在全国中文核心期刊《中学物理教学参考》上发表论文《"七激"教学模式在高中物理教学中的应用探究》被下载57次，被人民大学报刊复印资料《中学物理教与学》2022年11月全文转载。

9. 2023年7月在《新课程导学》上发表文章《问题链在高中美术教学中的应用策略》，在中国知网上被下载22次。

三、支撑材料目录

与申报成果相关的支撑材料目录				
序号	日期	名称及内容提要	出版、转载、获奖、采纳或在学术会议上交流情况	材料形式（著作、论文、报告、文件等）
1	2023年3月	《指向思维品质培养的问题链课堂教学实践研究》	获毕节市优秀教育科研成果奖一等奖	研究报告
2	2022年11月	在《中学物理教学参考》2022年第6期上发表论文《"七激"教学模式在高中物理教学中的应用探究》	中国人民大学主办报刊复印资料《中学物理教与学》2022年11月全文转载撰写的论文《"七激"教学模式在高中物理教学中的应用探究》	论文

续 表

		与申报成果相关的支撑材料目录		
序号	日期	名称及内容提要	出版、转载、获奖、采纳或在学术会议上交流情况	材料形式（著作、论文、报告、文件等）
3	2021年7月21日立项2022年12月结题	省级重点课题《指向思维品质培养的"问题链教学"研究》	结题	省教育科学规划课题
4	2015年12月28日立项2019年1月16日结题	全国教育科学规划教育部规划项目《特岗教师急增背景下中学物理教师微课应用能力提升策略研究》	结题	全国教育科学规划领导小组办公室
5	2020年7月20日立项2021年7月结题	省级重点课题《"科学思维课堂"构建的实践研究》	结题	省教育科学规划课题
6	2019年12月结题	省级重点课题《立德树人背景下多元化思维课堂的教学策略研究》	结题	省教育科学规划课题
7	2020年9月结题	毕节市社会科学课题《名师工作室助力毕节试验区乡村教育振兴实效研究》	毕节市社会科学界联合会	市级课题
8	2024年3月	《指向思维品质培养的问题链课堂教学实践研究》	获毕节市优秀教育科研成果奖一等奖	报告
9	2023年12月26日	《"七激"教学模式助力毕节试验区教师教学能力素养提升的策略研究》	获毕节市第十一届哲学社会科学优秀成果奖一等奖	报告
10	2023年12月26日	《"科学思维课堂"构建的实践研究》	获毕节市第十一届哲学社会科学优秀成果奖三等奖	报告
11	2022年4月20日	《激趣·激思·激成·激动·激理·激扩·激增："七激"教学模式的构建与实践探索》	获毕节市教学成果一等奖	报告
12	2023年10月23日	《涵德·增智·唯美·促劳：课堂教学育人策略的十五年实践探索》	获市级教育科研成果奖一等奖	报告

续　表

与申报成果相关的支撑材料目录				
序号	日期	名称及内容提要	出版、转载、获奖、采纳或在学术会议上交流情况	材料形式（著作、论文、报告、文件等）
13	2023年5月16日	《新时代背景下创新性思维在课堂教学中的培养研究》	获优秀教育科研成果奖市级二等奖	报告
14	2021年10月14日	杨兴婕执教的《输送血液的泵——心脏》	获市级优质空间应用优质课一等奖	优质课
15	2023年7月17日	参加毕节青教赛	获毕节市青教赛综合学科二等奖	优质课
16	2022年3月22日	杨兴婕主持的《吸引·设疑·建构·调控·应用："思维型课堂"构建的实践研究》	获赫章县首届教学成果一等奖	报告
17	2022年7月2日	《"一核五环"教学法的实践研究》	获织金县教学成果一等奖	报告
18	2023年9月13日	《培思·育人："一核五环五思"教学策略的实践探索》	获织金县教学成果奖一等奖	报告
19	2019年7月	《高中英语教学中"多元化思维课堂"的实践探究》	在全国名师工作室创新发展成果博览会上被评为一等奖（银川市教育局等）	报告
20	2021年3月26日	《"五步思维"CREATE教学模式构建的实践探究》在全国名师工作室联盟会议上被评为创新成果发展一等奖	兰州市教育科学研究所、咸宁市教育科学研究所、呼和浩特市教学研究室、银川市教育科学研究所等	报告
21	2023年4月15日	《以"CREATE教学法"脱贫地区中学课堂"深度教学"的实施策略》	在第五届全国名师工作室学术年会暨第十五届全国名师工作室发展论坛上获成果一等奖	报告
22	2023年11月	《中学课堂教学中创新性思维培养的科教方案》	获毕节市科技辅导员科技教育创新成果一等奖	报告

续 表

与申报成果相关的支撑材料目录				
序号	日期	名称及内容提要	出版、转载、获奖、采纳或在学术会议上交流情况	材料形式（著作、论文、报告、文件等）
23	2023年11月	《中学生创新思维育人方略的实践活动方案》	参加科技创新大赛获辅导员创新作品一等奖	报告
24	2023年4月	《"科学思维课堂"模式构建及实践探究》	获贵州省第十六届贵青杯系列活动"科技辅导员创新成果一等奖"	报告
25	2023年4月	《"七激教学法"的实践探索》	获贵州省第十六届贵青杯系列活动"科技辅导员创新成果一等奖"	报告

附录2 "指向思维品质培养的'问题链课堂教学'研究"教师调查问卷

亲爱的老师：

您好！非常感谢参与"指向思维品质培养的'问题链课堂教学'研究"教师调查问卷调查。问卷中的问题不存在对错之分，根据个人实际情况、依据真实的想法与做法回答即可。同时，调研内容也会严格保密，仅用于课题相关研究，请根据您的实际情况在方框内打"√"或在横线上填写。谢谢您的支持和配合！

"指向思维品质培养的'问题链课堂教学'研究"课题组

第一部分：基本情况

1. 性别

A. 男   B. 女

2. 年龄

A. 20～29岁   B. 30～39岁

C. 40～49岁   D. 50岁以上

3. 您从事教育教学工作的时间

A. 0～5年   B. 6～10年

C. 11～15年   D. 16～20年

E. 20年及以上。

4. 您任教的学科是

A. 语文   B. 数学

C.英语   D.物理

E.化学   F.生物

G.政治   H.历史

I.地理   J.其他学科

5.您所在的单位是_____。

第二部分：对"问题链"的了解程度

问题链是教师着眼于学生所掌握的知识情况和已有经验，为实现教学目标，针对学生学习过程中已经产生或者可能产生的疑难，将教材知识设计成层层递进、具有系统性的一连串教学问题；是一组有中心、有序列、相对独立又互相关联的问题

6.您原来知道"问题链"吗？

A.完全知道   B.知道

C.基本了解   D.知道一点

E.完全不知道

7.您认为"问题链"对学生未来的发展是否有影响？

A.影响特别大   B.有影响

C.基本影响   D.影响一点

E.不会有影响

8.您认为培养学生"问题链"在现代教学中是否可行？

A.完全可行   B.可行

C.基本可行   D.可行一点

E.完全不可行

9.您认为在教育教学中学生的学习是否需要"问题链"？

A.完全需要   B.需要

C.基本需要   D.需要一点

E.完全不需要

10.您认为"问题链"的发展与学生的学习成绩是否有关系？

A.完全有关系   B.有关系

C.基本有关系   D.有一点关系

E.完全没有关系

第三部分：教师对"问题链教学"培养的重视程度

"问题链教学"是指在具体学科教学中，教师依据教学目标将教学内容设置成以问题为纽带、以知识形成发展和培养学生思维能力为主线、以师生合作互动为基本形式的新型教学模式。

11. 您是否认同"问题链教学"的培养比单纯教授学生知识更重要？

    A. 完全认同   B. 认同

    C. 基本认同   D. 认同一点

    E. 完全不认同

12. 您是否愿意在教学过程中使用"问题链教学"来培养学生的思维品质？

    A. 完全愿意   B. 愿意

    C. 基本愿意   D. 愿意一点

    E. 完全不愿意

13. 您认为"问题链教学"模式对学生的思维品质培养是否有帮助？

    A. 完全有帮助   B. 有帮助

    C. 基本有帮助   D. 有一点帮助

    E. 完全没有帮助

第四部分：教师在教育教学中构建"思维型课堂"对学问题链意识的实施情况

14. 您是否了解利用"思维型课堂"的流程来培训学生的问题意识（思维课堂的流程："情境激趣、问题激思、探究激成、交流激动、总结激理、迁移激活"）？

    A. 完全知道   B. 知道

    C. 基本了解   D. 知道一点

    E. 完全不知道

15. 您认为"思维型课堂"的流程："情境激趣、问题激思、探究激成、交流激动、总结激理、迁移激活"对提升学生教学质量是否有用？

    A. 完全有用   B. 有用

    C. 基本有用   D. 有用一点

    E. 完全没有用

16. 您是否愿意按照"思维型课堂"的流程："情境激趣、问题激思、探究激成、交流激动、总结激理、迁移激活"来组织教学开展问题链教学提升学生思维品质?

      A. 完全愿意   B. 愿意

      C. 基本愿意   D. 愿意一点

      E. 完全不愿意

问卷到此结束，再次对您的合作表示衷心的感谢！

附录3 "指向思维品质培养的'问题链课堂教学'研究"实效性检验调查问卷

前测（　　　）、后测（　　　）

亲爱的同学：

您好！非常感谢参与"指向思维品质培养的'问题链课堂教学'研究"实效性检验调查问卷实效性检验调查问题！问卷中的问题不存在对错之分，根据个人实际情况、依据真实的想法与做法回答即可。同时，调研内容也会严格保密，仅用于课题相关研究，请根据您的实际情况在方框内打"√"或在横线上填写。谢谢您的支持和配合！

"指向思维品质培养的'问题链课堂教学'研究"课题组

第一部分：基本情况

1. 性别：

　　A. 男　　　　　　　　　　　　B. 女

2. 就读年级：

　　A. 七年级　　　　　　　　　　B. 八年级

　　C. 高一年级　　　　　　　　　D. 高二年级

　　E. 高三年级

3. 您所在的单位是＿＿＿＿＿＿＿

第二部分：对问题链的认识

问题链是教师着眼于学生所掌握的知识情况和已有经验，为实现教学目标，针对学生学习过程中已经产生或者可能产生的疑难，将教材知识设计成层层递进、具有系统性的一连串教学问题；是一组有中心、有序列、相对独立又互相关联的问题。

4. 您原来知道"问题链"吗？

    A. 完全知道   B. 知道

    C. 基本了解   D. 知道一点

    E. 完全不知道

第三部分：对"问题链教学"教学实效性的调研

5. 您认为"问题链教学"是否有利于激发学生的学习兴趣？

    A. 完全有利于   B. 有利于

    C. 基本有利于   D. 有利于一点

    E. 完全没有

6. 您认为"问题链教学"是否有利于培养学生的学习热情和实践能力？

    A. 完全有利于   B. 有利于

    C. 基本有利于   D. 有利于一点

    E. 完全没有

7. 您认为"问题链教学"是否有利于培养学生的问题意识和创新思维？

    A. 完全有利于   B. 有利于

    C. 基本有利于   D. 有利于一点

    E. 完全没有

8. 您认为"问题链教学"是否有利于增加教师知识储备，提升专业技能？

    A. 完全有利于   B. 有利于

    C. 基本有利于   D. 有利于一点

    E. 完全没有

第四部分：对教师使用"问题链教学"的调研

9. 您的任课老师（科目：   ）是否使用过"问题链教学"？

    A. 完全使用   B. 使用

    C. 基本使用过   D. 有时使用过

    E. 完全没有

10. 您是否希望您的任课老师（科目：   ）使用"问题链"开展教学？

    A. 完全希望   B. 希望

C. 基本希望   D. 无所谓

E. 完全不希望

说明：以下此题前测不作答。

11. 您感觉您的任课老师（科目：   ）使用"问题链"开展教学后您的学习效果如何？

A. 完全有效果   B. 有效果

C. 基本有效果   D. 有一点效果

E. 完全无效果

12. 您认为教师所提出的问题能够激发您主动学习的兴趣吗？

A. 完全能够   B. 能够

C. 基本能够   D. 有一点能够

E. 完全不能够

13. 在实施"问题链教学"实践后，您会主动预习、主动思考、自觉学习吗？

A. 完全会   B. 会

C. 基本会   D. 有一点会

E. 完全不会

14. 在"问题链教学"实践后，您认为您的学习方法比未实践前相比是否掌握得更好？

A. 完全掌握得更好   B. 掌握得更好

C. 基本掌握   D. 有一点

E. 完全没有

15. 在"问题链教学"实践后，您认为您在发现问题、分析问题、解决问题和从不同角度进行思考寻找多种解决问题方法上，与实践前相比是否有提升？

A. 完全有提升   B. 有提升

C. 基本有提升   D. 有一点提升

E. 完全没有提升

问卷到此结束，再次对您的合作表示衷心的感谢！

附录4　指向思维品质培养的问题链课堂听课课堂观察记录表

听课教师：　　　　听课教师单位：　　　　听课学校名称：××××初级中学

授课教师		班级		人数		学段学科	
授课时间	2022年　月　日（星期）午第　节					课型	
课题						听课范围 及人数	

一、教学行为观摩

学生 学习 行为	听课	阅读	板演	思考 环节	集体 回答	个别 回答	练习	分组 讨论	提问	观察	实物 操作
计数 （正）											
合计											

二、教师提问行为

教师提问行为	简单 提问	认知 提问	元认知 提问	是否形成 问题链	教师深入 教室中部	教师设 置情境	教师板书 情况
计数（用正字记）							
合计							

备注	1. 学习行为是指在教师的组织下，大部分学生表现出来的不间断学习行为，其中"思考"专指由教师提出明确的思考问题和要求，并给予学生思考时间和空间的学习行为； 2. 教师提问的"简单提问"指机械性、记忆性或复述性再现的提问；"认知提问"即对知识的内在本质、特征等方面的提问或需要推理推断、综合分析等思考过程才能回答的提问；"元认知提问"指对认知过程的提问或反思性提问、追问或反思性追问等，如"为什么""你是怎么想的""过程方法有什么问题""请说说理由"。

序号	描述（在相应栏目打√）	持续有效呈现	有较明显呈现	基本有呈现	偶尔有点呈现	没有呈现
1	照本宣科，基本上照着教材、讲稿、PPT念或讲解					
2	借助历史事件、图片图表、典型案例、情境故事、实验演示、问题引导、归纳抽象、类比推理等讲授					
3	能突出重点、抓住难点、提炼关键，时间控制好；讲授富有思想性、启发性，情感融入与调动较好					
4	能观察关注学生学习亮点、特点、障碍和重要细节，及时进行点评、提问、激励、引导、互动等					

三、教学内容概要

	瞬时评价
对这堂课的总体评价：优秀（ ），良好（ ），中等（ ），较差（ ），差（ ）	
同时听课教师2人签名		授课教师签名		听课学校签章

249

参 考 文 献

[1] 林崇德.思维发展心理学［M］.北京：北京师范大学出版社，1986.

[2] 郭道胜.迈进思维的殿堂——构建高效思维课堂的理念与实践研究［M］.山东：济南出版社，2015.

[3] 周文.思维力开展与训练［M］.哈尔滨：黑龙江人民出版社，2001.

[4] 李吉林.田野上的花朵——对话：情境教学的萌发［M］.北京：教育科学出版社，2013.

[5] 中华人民共和国教育部.普通高中英语课程标准（2017年版）［M］.北京：人民教育出版社，2017.

[6] 林崇德.构建中国化的学生发展核心素养［J］.北京师范大学学报（社会科学版），2017（1）：66-73.

[7] 袁筑英.基于问题链的高中英语阅读教学实践［J］.学周刊（教学动态），2021（4）：148.

[8] 方林，陶士金，高爱英.高中物理单元教学"问题链"的编制研究［J］.基础教育课程，2021（1）：54-61.

[9] 隆固妹.基于思维课堂建构的问题链设计研究［J］.语文教学与研究·下半月刊，2020（12）：111-113.

[10] 江炜炜.精心设计"问题链"，有效提高问题价值——例谈初中数学问题链的设计原则［J］.中学数学研究，2019（12）：24-25.

[11] 肖雪.问题教学与议题式教学及其比较分析［J］.中学政治教学参考，2020（9）：69-71.

[12] 鞠翠美.高中英语阅读教学中如何应用"问题链"发展学生思维品质——以The Color of Hope课外阅读课为例［J］.英语教师，2020（17）：22-25.

［13］熊兰云.借助问题链培养学生创造性思维品质［J］.海外英语，2020（9）：130–131.

［14］姚盛春.探讨基于问题链课堂教学的初中英语阅读思维品质培养［J］.英语广场，2020（12）：131–133.

［15］赵蕾.立德树人背景下"多元化思维课堂"的教学策略研究［J］.教育科学，2019（12）：362–365.

［16］王后雄.问题链的类型及教学功能——以化学教学为例［J］.教育科学研究，2010（5）：50–54.

［17］胡先锦.胡天保.基于发展学科核心素养的高中化学教学实践与思考［J］.中学化学教学参考，2016（7）：4–7.

［18］程丽华.问题链课堂教学法在高中思想政治课中的应用研究［D］.成都：四川师范大学，2020.

［19］周郁.小学数学问题链设计与实践研究［D］.喀什：喀什大学，2020（5）.

［20］王后雄."问题链"的类型及教学功能——以化学教学为例［J］.教育科学研究，2010（5）：50–54.

［21］杨慧.高中数学教学的"问题链"设计研究［D］.上海：上海师范大学，2012.

［22］胡先锦.创设"问题链"驱动课堂促进化学知识结构化［J］.化学教与学，2016（2）：46–49.

［23］胡文娜.基于思维品质培养的初中英语阅读教学中的问题链设计［J］.英语教师，2018，18（7）：135–140.

［24］李雪奎.促进高中物理深度学习的"问题链"策略研究［J］.中学物理教学参考，2019，48（17）：1–4.

［25］唐恒钧，张维忠，陈碧芬.基于深度理解的问题链课堂教学［J］.教育发展研究，2020，40（4）：53–57.

［26］吴志明.递进式问题链的教学设计与应用［J］.物理教师，2015，36（1）：33–36.

［27］吕彩荣.基于问题链的教学设计研究［D］.大连：辽宁师范大学，2017.

［28］杨永忠.2021年高考理综全国甲卷第24题评析——兼谈对落实思维型课堂的思考［J］.中学物理教学参考，2021，50（22）：15-17.

［29］陆晓平.课虽终，思未了——课堂总结的方法［J］.学科教育，2002（8）：15-18.

［30］裴松.问题链在高中英语阅读教学中的运用［J］.山东师范大学外国语学院学报（基础英语教育），2011，13（6）：75-79.

［31］杨平平.基于问题链设计的初中英语阅读教学探讨［J］.中小学教材教学，2018（3）：61-64.

［32］龚作导.指向深度阅读的高中英语问题链课堂教学［J］.中小学英语教学与研究，2020（4）：48-52.

［33］曹紫云.问题链在高中英语阅读教学中的运用探究［J］.英语教师，2021，21（03）：157-159+169.

［34］罗青石.问题情境应用在初中生物自主学习课堂构建中的探究［A］.中国管理科学研究院教育科学研究所.2021教育科学网络研讨会论文集（七）［C］.中国管理科学研究院教育科学研究所：中国管理科学研究院教育科学研究所，2021：885-887.

［35］张建军.基于问题情境创设的初中生物课堂教学［J］.新教育，2021（34）：64-65.

［36］张旭.用"问题情境"撬动初中生物的课堂教学［J］.考试周刊，2019（23）：182.

［37］梁子彬.创设情境，激发兴趣——浅谈初中生物教学的问题情境创设［J］.新课程（中学），2018（5）：71.

［38］杨丽芳.整体观视角下的课堂教学问题链设计——以人教版小学数学"解决问题"新授课的教学为例［J］.教育与教学研究，2018，32（3）：59-63+128

［39］冯光庭.大学数学教学：问题、本质和策略——基于湖北省第五届高校青年教师教学竞赛的分析［J］.教师教育论坛，2017（3）：84-88.

［40］张妍.生活化教具在初中物理教学中运用的实例研究［D］.扬州：扬州大学，2021.

［41］丁研.基于深度学习理念的初中物理混合式教学实践研究［D］.呼和浩特：内蒙古师范大学，2021.

［42］宋飞.问题引导下的初中生物自主课堂研究［J］.数理化解题研究，2020（35）：98-99.

［43］陆正莲.浅谈生本理念下递进式问题链在生物教学中的设计应用［J］.天天爱科学（教育前沿），2020（7）：182.

［44］唐玉琳.生本理念下生物学科教学问题链的核心抓取研究［J］.新智慧，2019（36）：111.

［45］古丽阿尔·哈再提.问题链，登顶知识高峰的索道——浅谈初中生物课堂中的问题链设计［J］.新课程（中），2018（11）：129.

［46］谷海跃，陈新华.促进高中物理深度学习的"问题链"策略研究——以"电表的改装"教学为例［J］.物理教学，2020，42（11）：25-28+3.

［47］吕雨雨，高永伟.面向高中物理课堂的"问题链"教学策略研究——以"牛顿第三定律"为例［J］.物理通报，2021（11）：30-34.

［48］杨睦毅.基于单元整体的教学问题链设计——以鲁科版高中教材《物理（必修第二册）》"圆周运动"教学设计为例［J］.福建教育，2021（19）：55-57.

［49］李兴，陆妍.进阶理论视域下高中物理问题链的设计——"牛顿运动定律综合应用"教学的探索［J］.教学月刊·中学版（教学参考），2021（Z1）：84-87.

［50］陈茜.问题链在初中生物复习课中的应用——以"健康地生活"复习课教学为例［J］.福建教育学院学报，2022，23（6）：59-60+66.

［51］张轶，李杰，贺芳.生理学实验教学中"问题链·导学"模式的应用与研究［J］.中国高等医学教育，2022（3）：129-130.

［52］张桂梅.初中生物学课堂教学主线的创设［J］.基础教育课程，2020（2）：67-71.

［53］王会.生物教学中"问题链"的设计原则［J］.科技创新导报，2012（3）：169.

［54］戴秋梅.浅谈如何在小学数学课堂上设计问题链［J］.黑龙江教育（教育与教学），2020（12）：60-61.

［55］陈静.用"好问题"撬动深度学习［J］.小学数学教育，2020（8）：4-6.

［56］金淑梅.优化问题链课堂教学，提高学生思维能力［J］.第二课堂（D），2021（8）：25-26.

［57］冯路毅.小学数学教学中"问题链"的设计策略［J］.小学时代，2018（8）.

［58］蔡益文."问题链"教学在小学数学教学活动中的运用［J］.新课程导学：中旬刊，2015（9）.

［59］斯琴高娃."问题链"教学在初中数学教学中的运用研究［D］.呼和浩特：内蒙古师范大学，2014.

［60］童玉峰.初中数学常用概念问题链课堂教学的课例探究——完全平方公式的问题链课堂教学设计与反思［J］.吉林教育：综合，2015（25）：59-60.

［61］李春美.巧设"问题链"发展学生思维——对初中数学课堂有效提问的探索［J］.新一代：理论版，2012.

［62］李想.初中数学专家教师与新手教师问题链课堂教学的比较研究［D］.苏州：苏州大学，2016.

［63］李轶.浅谈数学课堂"问题导引教学法"［J］.天津教育，2021（13）：41-42.

［64］国务院办公厅关于新时代推进普通高中育人方式改革的指导意见［J］.西藏教育，2019（11）：3-6.

［65］杨永忠."七激"教学模式在高中物理中的应用［J］.中学物理教学参考，2022，51（16）：8-11.